PERSPECTIVES COMPARATISTES
sous la direction de Véronique Gély et Bernard Franco
44

Série *Littérature et mondialisation*
dirigée par Jean-Marc Moura
5

La Fiction hérétique

Ouvrage publié avec le soutien de l'université de la Nouvelle-Calédonie

Mounira Chatti

La Fiction hérétique

Créations littéraires arabophones et francophones en terre d'Islam

PARIS
CLASSIQUES GARNIER
2016

Mounira Chatti est professeure à l'université Bordeaux – Montaigne. Ses travaux sur la littérature francophone et arabe des XXe et XXIe siècles (récit, théâtre, essai) s'intéressent au rapport entre histoire et fiction, au statut de la littérature dans le champ arabo-islamique, ainsi qu'à la théorie postcoloniale et à la question du genre.

ISBN 978-2-406-05730-7 (livre broché)
ISBN 978-2-406-05731-4 (livre relié)
ISSN 2103-480X

INTRODUCTION

Fiction et hérésie, en langue arabe, sont les deux faces de la chose nouvellement inventée ou créée : telle est la proposition sur laquelle repose *La Fiction hérétique*. Une multitude de notions arabes, donnant lieu à une terminologie flottante et vertigineuse, désigne la fiction : *wahm* (وهم) ou *khayâl* (خيال), imagination, fantaisie, chimère ou vision, par opposition à *haqîqa* (حقيقة), vérité, réalité, ou *haqîqi* (حقيقي), réel, vrai ou véritable, authentique, sincère, ou encore *wâqi'* (واقع) le réel, l'existant. Plusieurs termes servent à nommer le récit de fiction : *qissa* (قصة) ou *hikâya* (حكاية), conte, histoire, récit, narration, et *riwâya* (رواية), roman, récit, narration. La fiction est conçue entre deux pôles, l'imaginaire et le réalisme (autrement dit la vérité et le mensonge), mais c'est l'obsession du réel qui l'emporte. Cela révèle un trait plus général qui caractérise, selon R. Jacquemond, le champ littéraire égyptien, mais que l'on pourrait étendre à tous les champs littéraires arabes, à savoir « le double refus de la "littérature d'évasion" et de "l'art pour l'art" au nom du "réalisme" et de "l'engagement"[1] ». Dans son analyse du statut de l'écrivain en Égypte à travers son rapport avec la société et l'État, R. Jacquemond montre que la mission de l'écrivain (à la fois romancier et intellectuel) s'articule avec un « paradigme réaliste[2] » qui définit la création romanesque.

Au nom de ce canon, le genre romanesque doit représenter le réel social. Alaa el-Aswany évoque avec humour cette visée didactique et qui induit un déni de fiction et un mode de réception de tout art. L'écrivain raconte la première séance de cinéma en Égypte, en 1896 à Alexandrie, qui effraya des spectateurs incapables de saisir le caractère fictionnel des images projetées, « imaginant que ce qu'ils avaient sous les yeux était réel[3] ». Alaa el-Aswany

1 R. Jacquemond, *Entre scribes et écrivains. Le champ littéraire dans l'Égypte contemporaine*, Arles, Actes Sud, 2003, p. 25.

2 *Ibid.*, p. 114.

3 A. el-Aswany, *Nirân sadîqa* / نيران صديقة (2004), *J'aurais voulu être égyptien*, trad. G. Gauthier, Arles, Actes Sud, 2009, p. 8.

relie cet amalgame au problème de la censure en rapportant comment il fut forcé d'écrire un « désaveu » de son premier roman dont la publication était alors interdite : « Je soussigné, auteur de ce roman, annonce que je ne suis absolument pas d'accord avec les opinions de son héros[1]. » Ce récit burlesque, pour ne pas dire ubuesque, désavoue à son tour le crédo réaliste, la confusion entre le romancier et ses personnages, entre l'imaginaire et le réel.

Mais peut-on se contenter du « paradigme réaliste » pour expliquer le refus et la peur de la fiction dans le champ littéraire et culturel arabo-islamique ? En langue arabe, les mots *bad'* (بدع), qui désigne la nouveauté, la chose nouvelle ou ce qui est original, et *bid'a* (بدعة), qui se traduit par hérésie, mais aussi innovation, idée ou chose nouvelle ont la même racine. Lorsque l'innovation transgresse les codes ou les limites d'un cadre épistémologique et paradigmatique orthodoxe, elle bascule dans l'hétérodoxie, dans l'hérésie. Une autre séparation se dessine entre l'ancien (*qadîm*, قديم), et le moderne (*hadîth*, حديث) ou le nouveau (*jadîd*, جديد). L'étude comparée d'un ensemble de fictions arabophones et francophones, depuis l'entre-deux-guerres et l'âge d'or du réalisme en Égypte jusqu'à la décennie noire en Algérie, mettra en lumière les sous-entendus, les clôtures, les paradigmes des contextes de production et de réception que les procès intentés aux écrivains et aux textes dévoilent. Depuis la tradition cervantesque, la fiction s'est affranchie de la référence textuelle ; elle est le lieu du désenchantement, de l'ambiguïté, du rire. Selon Françoise Lavocat, les approches « triadiques » estiment que « la fiction est précisément ce qui est étranger au critère de la vérité et du mensonge ». Elle ajoute :

> La fiction, dans cette optique [...] constitue un domaine autonome, créant son propre domaine de référence n'ayant pour justification que d'être le produit de l'imagination et, à partir du XVIIIe siècle, de l'art [...]. La mise en avant de la notion de "feintise", par Searle et par Schaeffer, notamment, témoigne de la consolidation contemporaine de ce tiers exclu du dualisme traditionnel. Des conceptions de ce type (que les théoriciens actuels ont tendance à considérer comme celles qui définissent le mieux la fictionnalité) se sont exprimées plutôt rarement dans l'histoire. Elles ne sont pas, à l'heure actuelle, hégémoniques. De plus, elles s'imposent souvent de façon provisoire. [...] Les fictions qui s'affichent comme une pure feintise ludique ont un statut fragile[2].

---

1 *Ibid.*, p. 21.

2 F. Lavocat, « Pour une approche comparatiste des usages de la fiction », *Fiction et cultures*, dir. F. Lavocat et A. Duprat, Paris, Lucie éditions / SFLGC, collection « Poétiques comparatistes », 2010, p. 22-23.

Qu'en est-il des usages de la fiction dans des sociétés saturées par les croyances et les dogmes religieux, et engluées dans une vision épique et fantasmatique du passé, des ancêtres, de l'héritage ? Dans le champ littéraire arabophone et francophone, l'Égypte et l'Algérie font figure d'exemples ou d'expériences emblématiques. L'exception algérienne se justifie à plus d'un titre, elle est d'ordre historique, linguistique, esthétique. L'émergence, la richesse et la notoriété de sa littérature francophone nourrissent, de manière cruciale, les débats sur la francophonie, sur le choix de la langue, sur les fondations d'une identité culturelle nationale. Quant à la littérature égyptienne arabophone, elle occupe une place essentielle, sinon hégémonique due à son histoire, à ses caractéristiques, à ses influences.

Le corpus arabophone compte les textes de trois écrivains égyptiens qui ont contribué à renouveler et à orienter la littérature égyptienne et plus largement la littérature arabe moderne : Tâha Hussein (*Al-Ayyâm*[1]), Nagîb Mahfûz (*Awlâd hâratinâ*[2]) et Nawâl Al-Saadâwi (*Zina*[3]). Les fictions francophones de Kateb Yacine (*La Kahina ou Dihya*[4]), Assia Djebar (*Loin de Médine*[5]), Salim Bachi (*Le Silence de Mahomet*[6]) et Tahar Djaout (*Le Dernier Été de la raison*[7]) participent d'une histoire littéraire à la fois nationale et transnationale, d'une littérature postcoloniale où s'allient l'innovation poétique et l'engagement éthique et politique. La question de l'identité et de l'altérité est au cœur de ces fictions. La « problématisation de la dimension étrangère dans un texte, chez un écrivain, dans une culture[8] » constitue, selon Daniel-Henri Pageaux, le point du départ de l'approche comparatiste.

Par ailleurs, cette approche « se définit précisément par une certaine liberté d'aborder des textes sans y appliquer les catégories ou

1 T. Hussein, *Al-Ayyâm* / الأيام (1929, 1939, 1955), Le Caire, Markaz al-Ahrâm, 2004 ; *Le Livre des jours*, trad. J. Lecerf et G. Wiet, Paris, Gallimard, 1947, et *La Traversée intérieure*, trad. G. Rocheblave, Paris, Gallimard, 1992.

2 N. Mahfûz, *Awlâd hâratinâ* / أولاد حارتنا (1959, 1967), Beyrouth, Dâr al-Âdâb, 1998 ; *Les Fils de la médina*, trad. J.-P. Guillaume, Arles, Actes Sud, 1991.

3 N. el-Saadawi, *Zina* / زينة, Beyrouth, Dâr Sâqi, 2006 ; *Zina ou le roman volé*, trad. H. B. Ghacham, Bruxelles, Le grand miroir, 2008.

4 Y. Kateb, « La Kahina ou Dihya », *Parce que c'est une femme*, Paris, Éditions des femmes, 2004.

5 A. Djebar, *Loin de Médine*, Paris, Albin Michel, 1991.

6 S. Bachi, *Le Silence de Mahomet*, Paris, Folio, 2010.

7 T. Djaout, *Le Dernier Été de la raison*, Paris, Seuil, 1999.

8 D.-H. Pageaux, « Littérature comparée et comparaisons », Vox Poetica, 2005, en ligne.

dichotomies habituelles (Orientaux *versus* Occidentaux, arabophones *versus* francophones ou "acculturés", roman *versus* poésie, autobiographie *versus* fiction, etc.[1] ». Les textes égyptiens et algériens sont novateurs car ils engagent le conflit, la contradiction, le dialogue avec l'héritage arabo-islamique. Les certitudes de l'origine et les tabous de la tradition s'y trouvent altérés par la rencontre avec l'étranger et l'autre, par la polyphonie et le doute. L'interrogation menée depuis ces deux positions extrêmes – du dedans et du dehors – donne lieu à une scénographie hérétique, à une poétique de l'impureté. La place éminente qu'occupe le sacré est, comme le note Xavier Luffin, un trait caractéristique de la littérature arabe contemporaine :

> D'une certaine manière, la religion est un motif récurrent dans la littérature arabe contemporaine, reflétant en cela sa place dans la culture arabe de manière générale. Néanmoins, cette récurrence ne signifie pas pour autant qu'elle y est toujours présentée de la même manière : certains auteurs s'y réfèrent simplement pour cadrer leur récit, d'autres lui accordent une place centrale, suivant l'importance de la foi dans leur propre parcours personnel, d'autres encore la placent dans une perspective critique. Cette dernière position n'est pas toujours sans risque[2].

Dans leurs fictions hérétiques, les écrivains construisent une poétique de la démystification et privilégient une « relation éthique à l'altérité par rapport à l'identité-racine[3] ». Tous engagent une relecture de l'héritage arabo-islamique dont ils dévoilent et interrogent la violence. Violence de la littéralité du Coran et de sa mémorisation ; violence d'un récit d'origine qui refuse de reconnaître ses sources juives ou chrétiennes, pour ne citer que ces références bibliques ; violence d'un récit historique qui se construit sur la négation de l'histoire préislamique ; violence enfin de la réclusion des femmes, condensation et symbole de l'exclusion de l'autre. La fiction hérétique démystifie les narrations et les personnages sacrés, elle inscrit le corpus canonique dans le processus historique, contestant ainsi son caractère révélé, atemporel, anhistorique. Porteuse de symboles et d'allégories, elle « adopte une attitude irrévérencieuse

1 E. de Dampierre-Noiray, *De l'Égypte à la fiction*, Paris, Classiques Garnier, 2013, p. 27.

2 X. Luffin, *Religion et littérature arabe contemporaine*, Bruxelles, Académie royale de Belgique, 2012, p. 11.

3 Y. Clavaron, *Poétique du roman postcolonial*, Saint-Étienne, Publications de l'université de Saint-Étienne, 2011, p. 105.

envers l'Histoire et la déstructure en une multitude d'histoires[1] ». La fragmentation et la déconstruction des grands récits à fonction légitimante ne signifient pas un désengagement éthique. Convaincus que toute identité est essentiellement narrative, les écrivains revendiquent, et pratiquent, leur droit à raconter autrement l'histoire et à en concurrencer les versions orthodoxes.

Les trois volumes de la fiction autobiographique de Tâha Hussein, *Al-Ayyâm*, ont été publiés successivement en 1929, 1939 et 1955. L'auteur raconte, à la troisième personne, le destin d'un personnage aveugle qu'il appelle « notre ami » (صاحبنا). La critique acerbe de l'enseignement archaïque de l'école coranique (كتاب) et d'Al-Azhar donne lieu à une déconstruction poétique et éthique de l'héritage, une déconstruction aiguisée par l'expérience de l'étranger, notamment en France. D'ailleurs, c'est en ces termes que Pierre Brunel formule le projet intellectuel de Tâha Hussein : « [...] retrouver, grâce à la critique et à la philosophie françaises, le sens vrai et primitif de la philosophie et de la critique arabes[2]. »

En 1959, quand Nagîb Mahfûz publie *Awlâd hâratinâ* (littéralement : « les enfants de notre quartier »), sous forme de feuilleton dans le quotidien *Al-Ahrâm*, le champ littéraire égyptien est encore dominé par une esthétique et une théorie héritées de l'époque médiévale. Jugé blasphématoire à la suite d'une *fatwa*, l'ouvrage fut censuré dès sa parution. Trente-cinq ans après, le 14 octobre 1994, deux jeunes fanatiques ont tenté d'assassiner l'auteur. Cet acte d'agression est profondément symptomatique d'un rapport complexe à l'origine, au nouveau, à l'altérité, singulièrement à la fiction. *Awlâd hâratinâ* est le *Don Quichotte* arabe dans lequel Nagîb Mahfûz ne se contente pas de tourner en dérision l'origine et les aïeux, mais il ambitionne aussi de concurrencer le Coran.

Pour sa part, Nawâl el-Saadâwi « passe pour la romancière et théoricienne du féminisme arabe[3] ». Elle fut révoquée de ses fonctions au ministère de la Santé en août 1972 après la publication d'un essai dans lequel elle condamne l'excision. Elle a également connu la prison, en 1981, et l'exil. Jugée pour hérésie et condamnée à mort pour avoir écrit,

1 *Ibid.*, p. 103.
2 P. Brunel, « Tâha Hussein et la France. Quelques réflexions », *Revue de littérature comparée*, Paris, Klincksieck, n° 315, 2005, p. 311-325.
3 K. Jihad Hassan, *Le roman arabe (1834-2004)*, Arles, Actes Sud, 2006, p. 122.

en 1987, *Sûqût al-imâm* (*La Chute de l'imam*[1]), elle fut finalement acquittée. Dans *Zina*, elle raconte l'histoire de Zina bent (fille de) Zinat, dont le nom signifie aussi « Zina enfant bâtarde ». La narratrice déploie l'ironie et multiplie les perspectives afin de décomposer la tradition sacrée et défaire le système patriarcal.

La littérature francophone algérienne, créative et diverse, compte de nombreux « écrivains francophones classiques[2] ». Elle est ce déferlement stylistique et imaginatif qui vient se fracasser contre les tabous, les silences, les falsifications du grand récit historique nationaliste et religieux. Les fictions élaborent une poétique de la déconstruction de l'origine, de l'héritage, de l'identité de l'Algérie. Dans *La Kahina ou Dihya*, Kateb Yacine s'engage dans une écriture du dévoilement pour faire entendre aux Algériens leur histoire. L'entrecroisement entre l'histoire et le théâtre renvoie à l'Algérie un visage surprenant d'elle-même, un visage autre ou étranger, un visage de femme. Cette perspective féministe, au sens où elle intègre les femmes et leur action dans les grands récits de l'histoire et de la mémoire nationales, s'allie avec l'idée que c'est la berbérité, et non l'islam, qui constitue la nation algérienne d'aujourd'hui.

Une riche intertextualité littéraire, historique, mythologique travaille *Loin de Médine* d'Assia Djebar dans une perspective de déconstruction, de distanciation, de recréation du passé épique. Une écriture fragmentaire et discontinue restitue aux femmes une place dans la genèse de l'islam : « Femmes en mouvement "loin de Médine", c'est-à-dire en dehors, géographiquement ou symboliquement, d'un lieu de pouvoir temporel qui s'écarte irréversiblement de sa lumière originelle[3]. » *Le Silence de Mahomet* se situe dans le sillage fictionnel de *Loin de Médine*. Pour saisir Mahomet en tant que figure historique et messager de Dieu, Salim Bachi puise dans diverses sources, le Coran, la poésie arabe classique, les hagiographies des chroniqueurs musulmans, les ouvrages de chercheurs contemporains consacrés aux premières périodes de l'histoire arabo-islamique. Dans *Le Dernier Été de la raison*, tout en procédant à une critique de la transmission des textes et des valeurs canoniques, Tahar Djaout privilégie la représentation de la violence et de l'horreur de l'islam radical ou politique.

1 N. el-Saadawi, *Suqût al-imâm* / سقوط الإمام (*La Chute de l'imam*), Le Caire, Dâr Sâqi, 2000.
2 C. Chaulet Achour, *Dictionnaire des écrivains francophones classiques*, Paris, Champion, 2010.
3 *Loin de Médine*, *op. cit.*, p. 7.

La comparaison des fictions arabophones et francophones invite à examiner le rapport entre la littérature profane et les textes canoniques et sacrés, et plus singulièrement l'ambivalence face à la fiction. En effet, cette poétique de la subversion dévoile un phénomène contradictoire composé à la fois du désir de fiction et de la peur de celle-ci. La comparaison peut donc s'articuler autour de la question de l'innovation littéraire et de la manière dont celle-ci bouscule le cadre esthétique et éthique canonique. Pour signifier l'impossibilité historique, due à la violence originelle et contemporaine de l'islam politique, les destins individuels et collectifs sont marqués du sceau du tragique, de la fatalité, de la circularité. Dès lors, la fiction hérétique doit s'entendre dans les deux sens : accusation et revendication. Cette fiction est hérétique, « croassent[1] » ses adversaires ; pour une fiction hérétique, proclament ses partisans.

Dans ces fictions d'Égypte et d'Algérie, c'est la notion du doute qui « problématise la question de la réception et de la transmission de la parole divine[2] ». Les notions de *modernité* et de *postcolonial* sont essentielles pour étudier la scénographie interne aux œuvres, c'est-à-dire le contexte d'énonciation que celles-ci se donnent. De nombreuses tensions, liées essentiellement à la domination d'un corpus canonique, amènent ces fictions novatrices à « une définition forte de l'espace d'énonciation[3] ». L'autre se décline alors sous des formes multiples, mouvantes, obligeant au déplacement, à la séparation, à la dissension. Le juif saisit le musulman ; le berbère saisit l'Algérien ; la femme saisit l'homme ; l'hérétique saisit le fondamentaliste ; l'Occidental saisit l'Oriental. Rencontre et différence viennent, dans la scénographie externe, se fracasser contre les murailles des certitudes ; dans la fiction (ou scénographie interne), elles mettent à nu les contradictions et des négociations poétiques et éthiques.

La problématisation de la relation entre fiction et hérésie, suivant le fil ténu de l'innovation, ouvre l'acception de la fiction hérétique. Dans le *Tombeau de la fiction*, Christian Salmon propose principalement une argumentation prévisible quant à l'*affaire Salman Rushdie* où se déclinent des éléments autour du déni de la fiction, du droit de la fiction, des

1 M. Naimy, *Al-Ghirbâl* / الغربال (*Le Tamis*, 1934), Beyrouth, Novel, 1998, p. 97 : par cette expression : « grenouilles de la littérature » (ضفادع الأدب), l'auteur désigne ceux qui refusent toute innovation linguistique, thématique, esthétique.

2 *Poétique du roman postcolonial*, *op. cit.*, p. 109.

3 J.-M. Moura, *Littératures francophones et théorie postcoloniale* (1999), Paris, PUF, 2007, p. 141.

limites qui séparent la réalité de la fiction, de la fiction comme menace du monde, du monde qui conjure la fiction. Ce plaidoyer pour la fiction en arrive, de manière très heureuse, à cette formulation fondamentale :

> Le sujet principal des *Versets* est l'irruption du nouveau dans le monde, et pour mettre en scène cet événement, Rushdie a recours aux formes et à la syntaxe du carnavalesque chères à Rabelais : la logique des choses à l'envers, la parodie et le travestissement, la métamorphose, les alternances de l'ancien et du nouveau[1]...

Selon Christian Salmon, le « nouveau » qui fait ainsi irruption dans *Les Versets sataniques* correspond à une figure singulière : le migrant, l'exilé, l'expatrié, celui qui ne peut pas se retourner vers le passé, celui qui n'a plus rien à reconquérir, et qui a tout à créer : « Celui qui a été coupé de ses origines, de sa langue est par excellence un sujet ouvert à l'étrangeté, à l'altérité, aux métamorphoses[2]. » Assurément. Mais le déraciné peut aussi, en raison même de ce déracinement, de cette fragilité ou de cette faille, demeurer fermé à toute influence, et sombrer dans une recherche identitaire désespérée sinon pathologique. Dans tous les cas, il importe de marquer l'importance du lien que Christian Salmon découvre entre le refus de la fiction, d'une part, et le « nouveau » à quoi la fiction donne forme et signification, d'autre part. Le critique reconnaît ici un phénomène essentiel, sans en mesurer ni en vérifier la portée historique et esthétique dans le champ arabo-islamique qui n'est pas, d'ailleurs, l'objet de sa réflexion.

Les limites du *Tombeau de la fiction* résident justement dans cette approche qui ne se soucie pas véritablement du contexte socio-historique des fictions, ni du dialogue que celles-ci instaurent avec leur héritage littéraire et culturel. Or dans *Les Versets sataniques* l'intertextualité coranique est le lieu où se joue la crise de la réception. Le « nouveau » qui se trouve condamné, et qui reste lié à la dimension étrangère, doit être lu au prisme des paradigmes propres à l'orthodoxie arabo-islamique. En effet, la fiction hérétique actualise un débat central entre sciences intruses, rationnelles ou profanes et sciences religieuses ou traditionnelles.

La première partie se consacre aux controverses et procès (au sens également juridique) qui animent la scène littéraire, notamment en Égypte

1 C. Salmon, *Tombeau de la fiction*, Paris, Denoël, 1999, p. 51.
2 *Ibid.*

et en Algérie. L'imaginaire arabo-islamique est saturé de représentations fantasmatiques et épiques qui éliminent la perspective historique. Cela pose la question de la relation entre foi et raison, plus précisément entre littérature sacrée et littérature profane. La fiction hérétique construit un point de vue historique, et introduit le trouble et le doute dans cette histoire jusque-là écrite du point de vue orthodoxe. L'étude de la réception des œuvres innovantes montre l'asymbolie de la critique, prisonnière de la littéralité du corpus normatif, ainsi que la gravité des enjeux qu'implique la représentation littéraire de la mythologie, de l'histoire et de l'identité nationales. Dans le champ littéraire et social algérien ou égyptien, la dissociation entre le langage et la vie est loin d'être acquise – de la même façon qu'il est impossible de dissocier la vie et la religion, ce qui interdit de fonder une conception autonome de la littérature. Les fictions arabophones et francophones questionnent librement les fondations identitaires et les représentations dans leurs sociétés.

La deuxième étape de cette étude s'attache à analyser les scénographies hérétiques, c'est-à-dire la force subversive qui se traduit par la disposition d'une poétique de la remémoration et du travestissement. Les fictions se jouent des contraintes et interdits esthétiques et moraux qui ont longtemps pesé sur l'horizon culturel arabo-islamique. L'héritage sacré se trouve ainsi revivifié par le rire, la dérision, le symbole, l'allégorie. Tâha Hussein dénonce, avec humour et irrespect, les limites de la pratique de mémorisation du Coran, l'un des fondements de la tradition, ainsi que l'archaïsme de la transmission des savoirs religieux et littéraires. Nagîb Mahfûz convoque le mythe biblique, rappelant que l'islam ne fait que répéter le message juif, ce qui invite à s'interroger sur l'origine et l'identité arabo-islamiques. Chez Nawal el-Saadawi, la déconstruction de la figure du père et de l'émir islamiste implique celle de l'héritage biblique et coranique. La fiction dramatique de Kateb Yacine met en scène un moment de crise et de violence, celui de la conquête arabo-islamique du Maghreb. Le poète fait revivre le personnage historique de Dihya comme symbole de la liberté des femmes et comme mythe d'origine fondateur de l'Algérie. Assia Djebar et Salim Bachi (à la différence de Tahar Djaout qui condense l'histoire en des situations de crise contemporaines) choisissent une amplification temporelle qui remonte aux débuts de l'islam et à la mythologie qui s'y rapporte. La polyphonie et l'hybridité suggèrent une interprétation créatrice et humaniste de l'histoire, qui s'oppose radicalement à la sécheresse esthétique et politique orthodoxe.

La mise en fiction de la violence historique sera abordée dans une troisième partie. La transformation de l'Algérie et de l'Égypte en fiction passe par des modélisations fluctuantes de l'histoire et de la mémoire. Certains textes suggèrent une allégorie du temps mythique, messianique et historique, d'autres convoquent des figures du passé islamique ou préislamique, dans une perspective éminemment poétique et historique. De nombreux prismes sont à l'œuvre pour dire et interroger la violence : la relation entre mythe et histoire, la relation entre le Coran et les livres profanes, la question du genre et de la minorisation de la femme. Le caractère tragique de l'histoire est nuancé et contrebalancé par la possibilité de restaurer l'équilibre et la liberté, en revenant sur le passé. L'histoire ne relève pas de la fatalité, mais elle génère le sentiment tragique que l'anéantissement est inexorable. La violence contemporaine de l'islam politique semble indissociable de la violence originelle des conquêtes islamiques ainsi que de la violence séculaire exercée à l'égard des femmes. La fiction hérétique est une écriture de l'« entre-deux[1] » qui instille le doute, le trouble, la faille et l'impur dans les grands récits et l'identité arabo-islamiques.

---

1 D. Sibony, *Entre-deux. L'origine en partage*, Paris, Seuil, 1991.

PREMIÈRE PARTIE

PROCÈS DE LA FICTION

FICTION ET HÉRÉSIE

HUMANISME ET ISLAM

L'imaginaire islamique commun, dont la genèse historique remonte aux corpus classiques fondateurs de la croyance, puise ses concepts et contenus dans un islam fantasmé, soustrait à toute connaissance historique et à tout effort critique d'interprétation. Dans *Humanisme et islam*, l'historien Mohammed Arkoun examine les conditions historiques, intellectuelles et culturelles qui ont conduit à la disparition progressive, dans le champ islamique, de la pensée et de la pratique humanistes depuis le XIIIe siècle. Il cite l'essayiste égyptien Anouar Al-Joundî, auteur de *Tâha Hussein sur la balance de l'islam*, comme un exemple emblématique de la clôture dogmatique contemporaine. Al-Joundî disqualifie Tâha Hussein, et saisit l'affaire de la poésie antéislamique (en 1926) pour insister, dans un texte composé d'après le modèle ancien des professions de foi, sur la supériorité indépassable de la seule « religion vraie ».

Mohammed Arkoun rappelle les vingt-et-une propositions énumérées dans *Tâha Hussein sur la balance de l'islam*. Les éléments du *credo* d'Al-Joundî sont énoncés comme des vérités qui se situent au-delà de tout soupçon, de toute discussion, ayant pour objectif de filtrer tous les dangers de « l'agression culturelle » moderne (الغزو الفكري). Al-Joundî glose, dans la septième proposition, sur des notions qui lui semblent être fondamentales en islam : « Il n'y a pas de séparation entre la religion et la vie, entre cette vie-ci et l'Autre, entre l'esprit et le corps, entre le réel et l'idéal. » De la sorte, ajoute-t-il, l'islam « élimine un grand nombre des dangers qui se présentent à la pensée contemporaine et à l'âme humaine et qui sont à l'origine de la crise de l'homme moderne[1] ».

---

1 M. Arkoun, *Humanisme et islam. Combats et propositions*, Paris, Vrin, 2005, p. 42.

Quand certains intellectuels musulmans se détournent de ces valeurs pour embrasser les théories occidentales, cette tentation de l'ailleurs se heurte aussitôt à la résistance de l'islam :

> Une des composantes les plus saillantes de la pensée islamique est, sans doute, sa capacité permanente de résister à toute agression et à tout ce qui est contraire à nos conceptions et à nos valeurs, tout au long de l'histoire[1].

Alors que le discours coranique construit la figure du Dieu vivant dont le nom *Allah* (الله) revient à 1697 reprises (sans compter ses attributs), l'orthodoxie islamique et toute la littérature produite dans le même sillage fantasmatique ont fini par lui substituer le mot-sac *islam* (إسلام) :

> La fixation de l'attention sur l'islam comme instance d'énonciation du licite et de l'illicite, du vrai et du faux, du beau et du laid, du bien et du mal consacre la promotion des *'ulamâ* comme médiateurs incontournables d'un pseudo magistère religieux asservi, en fait, aux partis-états qui annulent toute séparation des instances du spirituel et du temporel, de l'espace de discrétion [...] et de l'espace citoyen où s'exercent les compétences et les responsabilités civiques du citoyen[2].

Les relations entre foi et raison se caractérisent, au début même de l'islam, par une tension permanente et un combat inégal entre les défenseurs de l'orthodoxie islamique et les rationalistes. Prônant la réflexion dialectique et le questionnement de l'islam au travers de nombreux mouvements philosophiques ou de libre pensée, les seconds allumèrent des contrefeux au discours dogmatique. Historiquement, et dès le VIIIe siècle, un clivage à la fois intellectuel, social et idéologique a commencé à s'esquisser entre les sciences religieuses ou traditionnelles (علوم دينية أو نقلية) et les sciences rationnelles ou intruses (علوم داخلة أو عقلية). Toute approche du champ épistémologique arabo-musulman doit prendre en compte, insiste Mohammed Arkoun, à la fois la dichotomie et l'interpénétration entre ces sciences :

> Les premières n'ont pas été totalement à l'abri de l'influence des secondes et l'exercice de celles-ci a sans doute été limité par la résistance continue et finalement victorieuse de celles-là. La définition du champ intellectuel dépend ainsi des échanges ou des ruptures entre deux domaines de production de la

1 *Ibid.*, p. 43.
2 *Ibid.*, p. 40. Dans le corpus coranique le terme *islam* (إسلام) n'apparaît qu'à six reprises.

> connaissance qui rivalisent dans la quête de cohérence rationnelle, de méthodes d'investigation, de validation des faits et des vérités, de transmission intègre des savoirs[1].

Dès le Xe siècle, l'humanisme arabe se déploie dans une riche littérature que Mohammed Arkoun appelle « l'*adab* philosophique », et dont l'expansion est assurée par des conditions favorables d'ordre politique, culturel, économique, social. Culturellement, c'est la maîtrise de la philosophie et des sciences grecques qui permet l'affermissement de cet « humanisme laïcisant » où se multiplient les « signes annonciateurs de la naissance d'un sujet humain soucieux d'autonomie, de discernement libre dans l'exercice des responsabilités morales, civiques, intellectuelles[2] ». Nombreuses sont les figures d'humanistes dont les écrits célèbrent les conquêtes de la raison et du cosmopolitisme. Les œuvres de Tawhîdî, Miskawayh, Avicenne (ou Ibn Sîna), Ghazâlî et Averroès (ou Ibn Rushd) sont exemplaires à cet égard :

> Tawhîdi a voulu déritualiser la religion pour en faire le lieu d'un approfondissement spirituel, lier l'action politique à une éthique concrète de l'homme en société, enrichir la rhétorique d'Aristote par la sémantique et la grammaire de l'arabe, exploiter l'historiographie pour clarifier les débats théologiques et juridiques, convoquer toutes les disciplines, tous les savoirs disponibles et dûment contrôlés pour expliquer le mystère de l'homme, du monde, de l'histoire. [...] Miskawayh [...] illustre la sérénité, la pédagogie patiente, la vision pondérée du sage philosophe nourri de la plus ancienne culture iranienne, ouvert à une histoire « universelle » des cultures et des peuples [...], conquis par la force explicative de la physique, de la métaphysique, de l'éthique, de la logique d'Aristote. [...] Ibn Sîna [...] est ouvert lui aussi à tous les grands vents de l'esprit, alliant plus que les précédents la rigueur de la raison et les élans de l'imagination créatrice. Il puise autant dans la riche tradition iranienne [...], dans les œuvres accumulées par la pensée islamique parvenue à sa maturité classique et, bien sûr, dans la tradition philosophique retravaillée par les apports syriaques et arabes. [...] En métaphysique, Ghazâlî et Ibn Rushd [...] ont porté le débat à un niveau de fécondité théorique qui non seulement n'a jamais été dépassé dans la pensée islamique, mais a été oublié depuis le XIIIe siècle jusqu'à nos jours[3].

On peut noter l'importance des enseignements de l'histoire de l'humanisme arabe telle que Mohammed Arkoun la raconte. Les

1 *Ibid.*, p. 140.
2 *Ibid.*, p. 24.
3 *Ibid.*, p. 25-26.

conditions d'émergence d'une pensée humaniste sont à la fois politiques, culturelles, économiques et sociales ; l'attitude humaniste est essentiellement cosmopolitisme et interpénétration des langues, des disciplines et des savoirs. Il y a longtemps que cet humanisme a été oublié, mais des penseurs modernes et contemporains tentent de le réactualiser.

L'essai intitulé *L'islam et les fondements du pouvoir* que l'Égyptien Ali Abd al-Râzik publie en 1925, renoue avec l'exigence intellectuelle humaniste. L'auteur justifie son sujet et sa méthode critique, et réaffirme son refus de la clôture dogmatique léguée par la pensée islamique depuis le XIe siècle. En effet, son expérience comme juge dans les tribunaux égyptiens l'a amené à faire des recherches sur l'histoire du droit musulman. Il en est arrivé à soumettre à l'investigation scientifique l'hypothèse communément admise selon laquelle le *califat* (chez les sunnites) et le grand *imamat* (chez les chiites) seraient le fondement de tout pouvoir en islam. Après avoir examiné cet essai, le conseil des grands *'ulamâ* d'Al-Azhar a adressé à l'auteur une lettre détaillant sept remarques, ou accusations, sur les conclusions qu'il propose. Cette énumération suffit à rendre compte de la traque opérée par l'orthodoxie islamique à l'encontre de tout effort de réinterprétation au sein de la raison juridique :

جعل الشريعة الإسلامية روحية محضة،لا علاقة لها بالحكم والتنفيذ في أمور الدنيا. وأن الدين لا يمنع من أن جهاد النبي كان في سبيل الملك، لا في سبيل الدين، ولا لإبلاغ الدعوة إلى العالمين. وأن نظام الحكم في عهد النبي كان موضوع غموض أو إبهام أو اضطراب أو نقص، وموجبا للحيرة. وأن مهمة النبي كانت بلاغا للشريعة مجردا عن الحكم والتنفيذ. وإنكار إجماع الصحابة على وجوب نصب الإمام، وعلى أنه لابد للأمة ممن يقوم بأمرها في الدين والدنيا. وإنكار أن القضاء وظيفة شرعية. وأن حكومة أبي بكر والخلفاء الراشدين من بعده كانت لا دينية.

« 1/ faire de la loi islamique (*chari'a*) une législation purement spirituelle n'ayant aucun rapport avec le pouvoir politique et la pratique des choses temporelles ; 2/ soutenir qu'il n'est pas contraire à la religion de croire que la lutte armée (*jihad*) du prophète visait le pouvoir politique et non l'œuvre religieuse ou la transmission de la prédication à l'ensemble de l'humanité ; 3/ affirmer que le régime politique à l'époque du prophète était empreint d'obscurité, d'ambiguïté, de confusion, d'imperfection, toutes choses de nature à provoquer la perplexité ; 4/ prétendre que la mission du prophète consistait à transmettre la loi, à l'exclusion de l'exercice du pouvoir et de la mise en application de principes ; 5/ contester l'accord unanime des compagnons du prophète quant à l'obligation d'instituer un *imam* et à la nécessité pour la communauté de se doter d'un responsable qui prenne en main ses affaires religieuses et temporelles ; 6/ contester que la judicature soit une fonction légale, impliquée par la loi islamique ; 7/ soutenir que le gouvernement d'Abou Bakr et des califes "bien guidés" qui lui ont succédé était de type laïque[1]. »

En exergue du *memorandum* dans lequel il répond à ces reproches, Abd al-Râzik note que la qualité de *'alim* implique l'obligation de « recherche » et de « quête des vérités » (البحث والتماس الحقائق). Il rappelle que l'unique moyen de s'opposer à une étude scientifique consiste à en discuter, « sachant que l'indulgence prônée par la religion et le respect des lois n'autorisent pas plus que ce droit[2] ». La conclusion finale de cet ouvrage frappe de sa modernité et de son actualité puisque l'auteur affirme que le *califat*, qui désigne littéralement la succession politique du prophète, est un régime désuet, et que l'islam ne s'occupe guère des affaires politiques :

> والحق أن الدين الإسلامي بريء من تلك الخلافة التي يتعارفها المسلمون [...]. والخلافة ليست في شيء من الخطط الدينية، كلا ولا القضاء ولا غيرهما من وظائف الحكم ومراكز الدولة. وإنما تلك كلها خطط سياسية صرفة، لا شأن للدين بها، فهو لم يعرفها ولم ينكرها، ولا أمر بها ولا نها عنها، وإنما تركها لنا، لنرجع فيها إلى أحكام العقل، وتجارب الأمم، وقواعد السياسة. [...] لا شيء في الدين يمنع المسلمين أن يسابقوا الأمم الأخرى، في علوم الاجتماع والسياسة كلها، وأن يهدموا ذلك النظام العتيق الذي ذلوا له واستكانوا إليه، وأن يبنوا قواعد ملكهم، ونظام حكومتهم، على أحدث ما أنتجت العقول البشرية، وأمتن ما دلت تجارب الأمم على أنه خير أصول الحكم.

> « En vérité, cette institution que les musulmans ont convenu d'appeler *califat* est entièrement étrangère à leur religion [...]. Le califat ne compte point parmi les actions prônées par la religion, pas plus que la judicature ou n'importe quelle fonction gouvernementale ou étatique. Ce ne sont là que des actes purement politiques, pour lesquels la religion n'a aucun intérêt, qu'elle ne cherche ni à connaître ni à ignorer, et ne peut ni recommander ni rejeter. La religion les a abandonnés aux hommes, pour qu'ils agissent en la matière conformément aux lois de la raison, à l'expérience des nations et aux règles de la politique[3]. »

Tout effort intellectuel qui instille l'idée d'une nécessaire séparation entre la religion et le pouvoir politique se trouve farouchement combattu. Ce régime de vérité institue dialectiquement un régime de terreur. Dans la Tunisie des années 1930, Tahar al-Haddâd en a fait la

---

1 A. Abd al-Râzik, *Al-islam wa ûsûl al-hûkm* / الإسلام وأصول الحكم. بحث في الخلافة والحكومة في الإسلام (1925), Sousse, Dar al-Ma'ârif, 2001 ; trad. A. Filali-Ansary, *L'islam et les fondements du pouvoir*, Paris, La Découverte, 1994, p. 124-135/157-158.

2 « ولا تبيح سماحة الدين ولا عدالة القوانين أكثر من هذا الحق », *ibid.*, p. 123/158.

3 *Ibid.*, p. 121/155.

douloureuse expérience. S'attaquant au thème de l'émancipation des femmes dans *Notre femme dans la charia et la société*, cet ancien élève de la Zitouna a osé briser un tabou. La résistance à ce travail réformateur fut d'une violence inouïe dont atteste le titre en forme de jeu de mots d'un ouvrage contradicteur, « el-Hidâd 'ala imrât al-Haddâd » (الحداد على امرأة الحداد) qui veut dire « le deuil sur la femme d'al-Haddâd », les mots *hidâd* et *Haddâd* ayant la même racine et la même orthographe, avec une notation différente des voyelles brèves. La « réforme » (إصلاح) haddadienne est ainsi associée à la mort. Dans une argumentation audacieuse, historicisante, de portée jugée sacrilège, al-Haddâd appelle à une réinterprétation de la tradition en débarrassant « l'islam pur » (الإسلام الخالص) des scories, des idées reçues, des coutumes désuètes.

La polygamie, la répudiation, le voile, la prévalence masculine sont autant de travers jugés incompatibles avec « l'islam pur » : « L'islam est la religion du réel avec lequel il évolue[1]. » *Notre femme dans la charia et la société* est ainsi un plaidoyer contre toutes les formes de l'oppression des femmes, et pour l'égalité des sexes. L'émancipation de la femme apparaît comme la condition de la survie même du peuple tunisien et, plus largement, de l'Orient : « C'est la clé qui nous délivrera des souffrances de la mort, et qui fera jaillir l'aube vraie de la liberté[2]. »

Quarante années après, à Beyrouth, un autre retentissant procès mettait sur le banc des accusés à la fois un livre, *Critique de la pensée religieuse*[3], son auteur Sadeq al-'Adhm et son éditeur. L'acte d'accusation établi par le tribunal précise que l'auteur traite des monothéismes, en général, et de l'islam, en particulier, en déployant le doute, le blasphème, l'ironie. Dans les interrogatoires, plusieurs points ont été âprement discutés comme l'emploi du mot « mythe » (أسطورة), à propos du récit coranique de la genèse, ou encore ce que l'auteur nomme la « tragédie du diable » (مأساة إبليس). Chassé du paradis pour avoir refusé de se prosterner devant Adam, puis désigné comme la source du mal et son incarnation, le diable semble avoir été dupé par Dieu. Face au tribunal, l'auteur réitère ce qu'il entend par « mythe », à savoir « l'ensemble de la

---

1 T. al-Haddâd, *Imraâtûna fî a-charî'a wa al-mûjtama'* / امرأتنا في الشريعة والمجتمع (*Notre femme dans la charia et la société*, 1929), Sousse, Dar al-Ma'ârif, 2004, « إنما الإسلام دين الواقع وبتطوره يتطور », p. 18.

2 « ذلك هو سر خلاصنا من آلام الموت وانبثاق فجر الحرية الصادق », *ibid.*, p. 222.

3 S. al-'Adhm, *Naqd el-fikr a-dînî* / نقد الفكر الديني (*Critique de la pensée religieuse*, 1969), Beyrouth, Éditions Dar al-Talî'a, 1988.

production imaginaire[1] » que nous lègue une culture ; il défend aussi la finalité scientifique de son interprétation de la version coranique de l'histoire du diable :

> لقد قصدت القول أن قصة إبليس هي أسطورة بالمعنى العلمي [...] وتكمن أهميتها في معناها الرمزي ومغزاها الأخلاقي وليس في انطباقها انطباقا حرفيا على الواقع. كما أن قصدي من الكتابة حول هذا الموضوع بالذات هو إثبات وجود عنصر المأساة في التراث الإسلامي - العربي لأنه متهم بافتقاره إلى العنصر المأساوي الذي نجده في التراث الأسطوري اليوناني مثلا وفي التراث المسيحي والثقافة الأوروبية، وقد حاولت أن أبين أن قصة إبليس كما جاءت في القرآن تحتوي على العناصر الدرامية الكافية لتشكيل مأساة حقيقية مثلها كمثل أي مأساة كلاسيكية.

> « L'histoire du diable est un mythe au sens scientifique [...] dont l'importance réside dans sa signification symbolique et sa morale et non dans sa coïncidence littérale avec la réalité. En écrivant précisément sur ce sujet, je voulais prouver la présence du tragique dans l'héritage arabo-islamique parce que celui-ci est accusé d'en manquer contrairement, par exemple, à l'héritage grec ou chrétien et à la culture européenne. J'ai essayé de montrer que l'histoire du diable telle qu'elle est rapportée dans le Coran contient les éléments dramatiques nécessaires pour former une véritable tragédie semblable à n'importe quelle tragédie classique[2]. »

Il est aisé de mesurer l'impact désastreux, sur la littérature arabe, de ce dogme qui interdit d'explorer le Coran selon les perspectives symboliques et mythiques. Al-'Adhm et son éditeur ont finalement été acquittés, en mai 1970, au bout d'un procès de six mois. Mais les questions herméneutiques, épistémologiques et idéologiques pour lesquelles des penseurs sont jugés demeurent entières comme en témoigne la récente affaire autour d'un ouvrage d'Abou Zeid. En Égypte, la multiplication des procès à l'encontre des essayistes et créateurs donne une nouvelle dimension à une histoire émaillée de censures et de persécutions. Les groupes extrémistes religieux tentent de substituer l'imitation à la création, l'accusation d'impiété à la pensée, la superstition à la science. La critique du discours religieux, prônée par Nasr Abou Zeid, lui a valu un double procès, à l'université du Caire puis au tribunal qui a prononcé un jugement confirmant l'accusation d'impiété. Ces procès visent en réalité le courant de pensée rationaliste et laïque. La force du fanatisme montre que la pensée arabo-islamique vit encore selon un mode épique que des essais ou des fictions viennent transgresser, métamorphoser, inquiéter.

1 « مجموع النتاج الخيالي », *ibid.*, p. 153.
2 *Ibid.*

Jâber 'Asfûr retrace les étapes de cette affaire qui commence en 1992 lorsque la commission des spécialistes de l'université du Caire a refusé de valider les travaux d'Abou Zeid qui portent sur les théories de l'herméneutique et des sciences du langage. *Critique du discours religieux* (نقد الخطاب الديني), une étude qui ambitionne de construire une méthode pour étudier le discours religieux suivant les fondements scientifiques modernes, fut particulièrement mise en cause. Abou Zeid propose d'examiner le discours religieux en tant qu'il est lié aux intérêts des énonciateurs ou des producteurs de discours. Par « critique du discours religieux », il désigne la mise en question des interprétations et des représentations du texte religieux chez les croyants, les pratiquants, les chercheurs.

Le procès intenté à cet universitaire est symptomatique de la fragilité des traditions scientifiques en Égypte et ailleurs dans les pays arabo-islamiques. Les courants fanatiques, ces « ennemis de la science » (أعداء العلم[1]), ont réussi à s'imposer dans les universités égyptiennes où les chercheurs non islamistes demeurent parfois passifs. Dans son rapport, un membre de la commission de spécialistes met en doute la foi religieuse d'Abou Zeid qu'il accuse d'apostasie ou d'impiété. Il reproche au chercheur de « nier les évidences » propres à la religion, de « déformer l'histoire du Coran », de « défendre le rationalisme qui est lié à l'athéisme[2] ». Le jugement de la foi du chercheur, conclut Jâber 'Asfûr, « crée un grave précédent qui menace la liberté de la recherche scientifique[3] ».

Les travaux d'Abou Zeid défendent des principes cruciaux pour la pensée et la littérature arabo-islamiques. Ils marquent l'émergence d'un courant rationaliste qui prône les Lumières et refuse l'imitation figée. Dans *Critique du discours religieux*, l'étude de la langue du Coran occupe une place importante. Inspirée des sciences modernes, cette approche fait apparaître, dans le champ critique arabe, des concepts nouveaux tels que *discours religieux* (خطاب ديني), *critique* (نقد) de ce discours, *texte* (نص), *niveaux d'interprétation* (مستويات التأويل), *lecture scientifique* (قراءة علمية), sens *explicite* (منطوق), *implicite* ou *non-dit* (مسكوت عنه). Le critique met l'accent sur le rôle déterminant du *lecteur* (قارئ) dans ce processus de réinterprétation de l'héritage arabo-islamique.

---

1 J. Asfûr, *Dhid a-ta'sûb* / ضد التعصب (*Contre le fanatisme*), Casablanca, Al-markaz al-thaqâfî al-'arabî, 2001, p. 41.

2 « إنكار البديهيات », « تشويه لتاريخ القرآن », « دفاع عن العقلانية المقترنة بالإلحاد », *ibid.*, p. 43.

3 « يضع سابقة خطيرة تهدد حرية البحث العلمي », *ibid.*, p. 53.

Par ailleurs, Abou Zeid affirme qu'il n'existe aucune différence de nature entre le discours dit « modéré » (معتدل) et l'autre, dit « extrémiste » ([1]متطرف). Ces deux types de discours reposent sur les mêmes « mécanismes » (آليات) et « postulats » (منطلقات) du discours religieux en général :

> هذه الآليات يمكن لنا إجمالها فيما يلي : 1- التوحيد بين الفكر والدين وإلغاء المسافة بين الذات والموضوع. 2 - تفسير الظواهر كلها بردها جميعا إلى مبدأ أو علة أولى، تستوي في ذلك الظواهر الاجتماعية أو الطبيعية. 3 - الاعتماد على سلطة السلف أو التراث وذلك بعد تحويل النصوص التراثية - وهي نصوص ثانوية - إلى نصوص أولية تتمتع بقدر هائل من القداسة لا تقل - في كثير من الأحوال - عن النصوص الأصلية. 4 - اليقين الذهني والحسم الفكري القطعي، ورفض أي خلاف فكري - من ثم - إلا إذا كان في الفروع والتفاصيل دون الأسس والأصول. 5 - إهدار البعد التاريخي وتجاهله، ويتجلى هذا في البكاء على الماضي الجميل يستوي في ذلك العصر الذهبي للخلافة الرشيدة، وعصر الخلافة التركية العثمانية.

> « Nous pouvons résumer ces mécanismes comme suit : 1 – Unir la pensée et la religion en supprimant toute distance entre le sujet et l'objet. 2 –Expliquer tous les phénomènes par un principe ou une cause première, en mettant sur le même plan les phénomènes sociaux ou naturels. 3 – S'appuyer sur l'autorité des ancêtres ou de l'héritage après avoir transformé les textes patrimoniaux, qui sont des textes secondaires, en des textes premiers jouissant d'un degré formidable de sacralité qui, dans la plupart des cas, égale celle des textes originaux. 4 – Recourir à la certitude mentale et au tranchement intellectuel péremptoire, et refuser ensuite toute dissension intellectuelle à l'exception de celle qui porte sur les branches et les détails sans toucher aux fondations ni aux origines. 5 – Annihiler ou feindre ignorer l'éloignement historique, ce qui se manifeste dans la nostalgie du beau passé assimilant l'âge d'or du sage califat à l'époque du califat turco-ottoman[2]. »

Dans ce cas précis, la bataille engagée entre les religieux et les laïques s'est terminée par l'échec des seconds. Dès 1993, les islamistes ont porté l'affaire en justice, exigeant qu'Abou Zeid soit divorcé de force de son épouse pour apostasie. Supposée par ses détracteurs, celle-ci ne fut jamais avouée ni revendiquée par le chercheur. L'argumentation dogmatique a consisté à rappeler que les droits de Dieu sont supérieurs à ceux de la Constitution égyptienne qui garantit la liberté de la croyance. Dans un premier temps, le tribunal a prononcé un non-lieu, mais les islamistes interjetèrent appel. En 1996, la Cour a rendu son arrêt confirmant l'apostasie d'Abou Zeid et la séparation d'avec son épouse.

1 N. Abou Zeid, *Naqd al-khitâb a-dînî* / نقد الخطاب الديني (*Critique du discours religieux*), Casablanca, Al-markaz a-thaqâfî al-'arabî, 2007, p. 13.

2 *Ibid.*, p. 14.

Derrière chaque *fatwa* condamnant une œuvre novatrice, se trouve la peur de la *fitna* au sens de la sédition, de la subversion.

LE CANON CORANIQUE

L'islam dépasse la simple convocation d'une spiritualité et s'enracine au plus profond de la civilisation. Partout présent au cœur de la société et de l'individu, il opère non seulement sur la foi et ses rites, mais régente aussi le quotidien et la vie politique. Selon André Miquel, « la force de son emprise apparaît dans ce fait majeur, au moins jusqu'à l'époque contemporaine, que la plupart des œuvres écrites en arabe sont, pour la prose en tout cas, le reflet de préoccupations religieuses ou dérivées de la religion[1] ». Initialement confinée à la péninsule arabique, la littérature arabe, souvent une littérature de combat ou engagée, devient conquérante avec l'islam. L'extension de la langue arabe au fil des conquêtes islamiques aura un triple effet : la diffusion du Coran, le prolongement de la poésie antique péninsulaire, l'enregistrement et la sauvegarde de l'héritage arabe.

Chronologiquement, la poésie est antérieure au Coran, et se poursuit une quarantaine d'années après la mort du prophète. Cependant, « le Coran est bien, par son importance propre comme par les conséquences qu'il entraîne, la première œuvre des lettres arabes, leur monument, leur miroir par excellence[2] ». Le *credo* islamique affirme que le Coran n'est pas une œuvre humaine. Dicté par l'ange Gabriel à Mahomet, entre 612 et 632, il provient d'un archétype divin transcrit en « langue arabe facile à entendre » ([3]بلسان عربي مبين). Manifestation orale transmise directement par celui qui en était le dépositaire, le texte sacré a été établi pendant le règne du troisième *calife* (entre 644 et 655). Sa mise au net, explique André Miquel, devait répondre à un problème essentiel : « Celui d'assurer, par un texte un, admis de tous sans exception, la

1 *La littérature arabe*, *op. cit.*, p. 7.
2 *Ibid.*, p. 10.
3 Le Coran, « A-shû'arâ » / الشعراء (Les poètes), XXVI, 195, trad. Kasimirski, Paris, Garnier-Flammarion, 1970, p. 292.

cohésion sans faille de la communauté[1]. » Le Coran est réparti en cent quatorze sourates, divisées en versets, dont la critique distingue celles données à La Mecque de celles révélées à Médine, après l'exil (هجرة). Ce que Régis Blachère appelle « le fait coranique » marquera l'ensemble de la littérature. Une évidence s'impose, comme l'affirme André Miquel :

> Le Coran n'est pas seulement l'œuvre par excellence de la littérature arabe, il crée, pour une large part, cette littérature elle-même, non seulement parce qu'il lance dans le monde une civilisation que cette littérature exprimera, mais, plus précisément, parce que la religion qu'il résume est à l'origine d'un grand nombre de démarches intellectuelles où s'illustreront les écrivains[2].

La littérature arabe est donc née du Coran et elle a grandi dans son sillage, avant d'être bousculée et bouleversée par les impulsions venues du dehors, ce qui met l'écrivain contemporain dans une situation délicate où il n'aura de cesse de flirter avec l'hérésie. Mais le Coran a eu d'autres impacts tout aussi décisifs. Sur le plan linguistique, le texte sacré manifeste le triomphe de l'arabe. D'entre tous les idiomes que comptait l'Arabie, le Coran a choisi le langage des poètes préislamiques. L'arabe classique (ou littéral) est ainsi né de la poésie préislamique et confirmé par la révélation. À cela s'ajoute le rôle du Coran dans la fixation du goût littéraire qui découle de l'adaptation qu'il fait d'une langue poétique et de l'autorité qu'il lui donne. Cela revient « à accentuer, plus encore qu'en toute autre culture, la coupure entre langage noble et langage parlé, entre littérature et dialecte, entre littérature enregistrée et littérature populaire[3] ». La fiction moderne (notamment narrative et dramatique) s'est trouvée confrontée à cette épineuse question portant sur le choix même de son expression, de son langage.

La coupure entre les langages se double d'une autre, encore plus retentissante. Puisque le Coran s'exprime dans la langue des poètes, les formes stylistiques qu'il emploie évoquent certains procédés de la poésie et de la prose d'alors, par exemple la prose rythmée et rimée (سجع) de ce personnage de la tribu préislamique, le voyant (كاهن). D'où une critique intolérable aux yeux de l'islam quand les adversaires du prophète le qualifient précisément de devin ou de rimeur. La première

---

1 *La littérature arabe*, *op. cit.*, p. 10.

2 *Ibid.*, p. 13.

3 *Ibid.*, p. 14.

parole révélée au prophète, par la médiation de Gabriel, se conjugue à l'impératif et a valeur de commandement :

أقرأ باسم ربك الذي خلق.

« Lis, au nom de ton Seigneur qui a créé tout[1]. »

Dieu s'adresse indirectement à Mahomet et lui commande de lire : « La révélation ainsi conçue se distingue de l'inspiration poétique[2]. » En effet, le Coran assure que le prophète n'est pas un poète :

وما علمناه الشعر وما ينبغي له إن هو إلا ذكر وقران مبين.

« Nous n'avons point enseigné à Mohammed l'art de la poésie ; elle ne lui sied pas. Le Coran n'est qu'un avertissement et un livre évident[3]. »

Par le biais de cette différentiation, l'islam condamne la poésie soupçonnée de valoir au prophète ces fameuses accusations. Poète en arabe se dit *shâ'ir* (شاعر) : cela signifie qu'il sait ce que le commun des mortels ne sait pas. Le poète tient son savoir d'un démon inspirateur qui lui est proprement attaché et qui lui souffle ses vers. D'où la condamnation du verbe poétique au nom du verbe sacré : « L'incompatibilité entre la prophétie et la poésie tient à l'origine de l'inspiration, divine dans la première, démoniaque dans la seconde[4]. » L'islam va délibérément creuser une double distance fondée d'une part sur la nouveauté du message coranique, et d'autre part sur l'originalité et l'ampleur de son langage et de son style. Au-delà des rythmes et des rimes, « la spontanéité » de la phrase coranique fait « une différence essentielle avec la poésie, enserrée dans les constructions rigoureuses et complexes de sa prosodie[5] ». La figure préislamique du génie inspirateur déserte alors la scène littéraire arabe, ce qui va transformer le traitement des mystères de l'éloquence :

À partir de ce moment, l'accent est mis sur la maîtrise de la technique poétique et l'habileté de la composition ; à l'image du poète inspiré par une force occulte se substitue celle du poète appliquant les recettes d'un art (*sinâ'a*).

1 Le Coran, *op. cit.*, « Al-alaq » / العلق (Le sang coagulé), XCVI, 1, p. 490.
2 A. Kilito, *Les Arabes et l'art du récit*, Paris, Actes Sud, collection « Sindbad », 2009, p. 15.
3 Le Coran, *op. cit.*, « Yâ sîn » / يس (Yâ Sîn), XXXVI, 69, p. 343.
4 *Les Arabes et l'art du récit*, *op. cit.*, p. 15.
5 *Ibid.*

> Sous ce rapport, le métalangage employé pour le désigner est significatif : il est comparé au joaillier, à l'orfèvre, au tisserand[1].

Le poète est perçu comme un artisan qui produit des poèmes pour rivaliser sur le plan rhétorique. Pour autant, le démon inspirateur n'a pas véritablement disparu :

> Cet être inspirateur qui contraignait le poète à être son porte-parole a simplement pris un nouvel aspect. Il a désormais les traits d'un personnage autoritaire dont dépend tout discours, en vers ou en prose[2].

Ce processus est à l'œuvre dans *Les Mille et Une Nuits*, *Kalila et Dimna* d'Ibn Al-Muqaffa', *Les Impératives* de Ma'arrî, *Hayy ibn Yaqzân* d'Ibn Tufayl, *Bayân* ou encore *Le Livre des animaux* de Jâhiz. La situation initiale de l'écrivain se caractérise par une crise par rapport à l'autorité politique ou symbolique : le roi ou le lecteur est son ennemi avec lequel il est amené à négocier. Selon Jâhiz, « tout écrivain est alors dans la situation de Shahrazâd[3] ». La prégnance du thème du secret (سر), l'hermétisme, la dissimulation, le symbole (رمز) ou l'allusion (إشارة), l'attribution de son propre texte à autrui, sont autant de ruses du discours qui témoignent de la méfiance à l'égard des autres et de soi-même :

> On le voit, il s'agit d'un art d'écrire dicté par la prudence et la crainte de la persécution. La vérité n'est pas toujours bonne à dire, ni à dire à tout le monde ; la révéler est dans certains cas une action répréhensible, susceptible de provoquer la *fitna*, la sédition qui peut perturber l'esprit des individus et semer le désordre dans la communauté[4].

Chez l'écrivain, la tentation de la parole conduit à un autre danger mortel : le désir conscient ou inconscient de se mesurer au Coran, de rivaliser avec la parole de Dieu. Or l'islam décrète qu'il n'y a aucune comparaison possible entre le Coran et tout autre langage puisque seul le premier est transcendant. De cette affirmation découle le dogme de l'*i'jâz* (إعجاز) qui désigne le caractère inimitable et unique du Coran dont les conséquences, sur le plan littéraire, apparaissent immenses. André

1 *Ibid.*, p. 16.
2 *Ibid.*
3 *Ibid.*, p. 19.
4 *Ibid.*, p. 18.

Miquel affirme que l'utilisation coranique d'une prose riche en rythmes et échos phonétiques et l'affirmation du principe de l'inimitabilité « revenaient en même temps à poser un modèle d'expression et à déclarer d'avance que tout exercice de style en ce sens était non seulement voué à l'échec, mais blasphématoire[1] ». La prose arabe classique a dû attendre près de trois siècles avant de s'épanouir, en particulier en Irak et en Iran, où divers brassages avaient créé les conditions d'une relative liberté.

Le Coran est ainsi la parole incomparable et totalisante qui fixe l'origine et les lois de l'existence sociale de l'ensemble des croyants, membres d'une vaste *oumma* (أمة) ou communauté. *Oumma* est un mot sémite – de racine *oum* (أم) ou mère – qui désigne, selon Daniel Sibony, « une nation, n'importe laquelle en principe ». La Bible parle de *léoum* et *léoumim*, les nations, mais « selon le Coran, à chaque *oumma* un cycle a été assigné, marqué par une prophétie, et s'il le faut par un "livre". D'où l'importance du livre final, censé les englober[2] ». En raison de son statut problématique, le Coran tend à concurrencer tous les livres et à en contrôler la lecture. Ce que Roland Barthes dit de l'« asymbolie » de la critique française classique, incapable de « percevoir, ou de manier des symboles, c'est-à-dire des coexistences de sens[3] », vaut singulièrement pour la critique arabe traditionnelle : « Qu'est-ce qui menace dans le symbole ? Fondement du livre, pourquoi le sens multiple met-il en danger la parole autour du livre[4] ? » Cette interrogation de Barthes suggère à la fois l'importance et le refus de la fonction symbolique.

La critique arabe, surdéterminée par les références religieuses, ne voit pas l'indécidable de la fiction ni la pluralité de ses significations. Le *fiqh* (فقه), jurisprudence canonique, occupe une place abusive et étouffante, notamment dès l'élimination des philosophes et des soufis mystiques dont on a brûlé les livres à la fin du XIIe siècle, ce qui marqua les débuts de la décadence. Le droit canon n'a cessé de se développer au détriment de la science, de la littérature, de la philosophie, des arts plastiques. À ce propos, l'interdiction coranique du culte des idoles ne manque pas de poser la question des images. La création artistique est subordonnée à une loi d'humilité qui condamne formellement certains arts (surtout

1 *La littérature arabe*, *op. cit.*, p. 16.
2 D. Sibony, *Les trois monothéismes. Juifs, chrétiens, musulmans entre leurs sources et leurs destins*, Paris, Seuil, 1992, p. 27.
3 R. Barthes, *Critique et vérité*, Paris, Seuil, 1999, p. 43.
4 *Ibid.*, p. 45.

la sculpture et la figuration des prophètes), et restreint le champ de la fiction, plus largement du langage :

> L'idée profonde est qu'il faut éviter de rivaliser orgueilleusement avec la puissance créatrice divine. Au jugement dernier, Dieu mettra au défi les artistes d'animer leurs œuvres, et ils seront confus de n'y point parvenir[1].

Par ailleurs, la pensée arabe est marquée par le cadre spatio-temporel de la représentation d'après le Coran qui circonscrit des coordonnées spatio-temporelles précises. Toute perception donne lieu à une représentation mentale par référence à un espace et à un temps déterminés. Mohammed Arkoun explique que l'univers est décrit comme un réservoir de signes qui « manifestent la puissance créatrice de Dieu et la sollicitude du Créateur pour l'homme[2] ». Les cieux, les étoiles, le soleil, la terre, la lune, tout est donné « à percevoir non comme des êtres et des phénomènes physiques concrets, mais comme des témoignages[3] ». Il s'agit de faire mesurer à l'homme l'infinie distance entre son incapacité à produire aucun de ces êtres et la puissance ordonnatrice qui, seule, fait exister l'univers tel qu'il est. Aussi le discours coranique instaure-t-il « un regard de la conscience sur le monde extérieur, mais ne propose pas une connaissance du monde[4] ». Témoignage de la puissance divine, l'univers entier est, en quelque sorte, mis au service de l'homme, mais ce « privilège traduit une grâce qui, en retour, exige une reconnaissance[5] ». La perception coranique de l'espace se résume en ceci : l'homme prend conscience de soi ; en même temps, il découvre sa faiblesse face à l'univers, donc, face à Dieu. Il en découle une difficile connaissance rationnelle du monde.

Cette perception de l'espace est supplémentée par la vision du temps de l'histoire spirituelle. En effet, tout le discours coranique réfère à trois temps hiérarchisés : le temps de cette vie immédiate, ou temps court de la mise à l'épreuve de l'homme par Dieu ; le temps de la mort dont la durée est indéterminée ; le temps de la vie éternelle vers lequel est tendue toute la création. S'agissant du temps court, Mohammed Arkoun note

1 É. Dermenghem, *Mahomet et la tradition islamique*, Paris, Seuil, 2003, p. 70-71.
2 M. Arkoun, *La pensée arabe*, Paris, PUF, 2005, p. 18.
3 *Ibid.*
4 *Ibid.*
5 *Ibid.*, p. 19.

que « la valeur du passé et du présent de l'homme dépend strictement de leur lien avec le temps eschatologique[1] ». Toute action humaine, individuelle et collective, doit tendre vers l'avenir eschatologique : la fin du monde, la résurrection, le jugement dernier. Le temps de la mort, conçu comme celui du passage du temps court au temps infini, marque la fin du pacte qui, dans le temps de la vie immédiate, liait Dieu à chaque homme. Il implique aussi le début de l'accomplissement des promesses et des menaces contenues dans le pacte :

> En définitive, l'espace et le temps s'inscrivent eux-mêmes dans le cadre concret du pacte qui, dès le début de la création, situe Dieu et l'homme dans une réciprocité de perspectives[2].

La parole de Dieu vient rappeler régulièrement, par le cycle de la prophétie, les modalités et les exigences de cette réciprocité. La prophétie est une catégorie essentielle de la révélation juive, chrétienne et coranique. En témoigne, en islam, l'importance de la valeur documentaire de cette littérature hagiographique (rédaction des vies des saints et/ou prophètes) « où se dévoilent les procédés et les degrés de transfiguration du personnage historique en un personnage mythique[3] ». L'attitude religieuse ignore toute référence à l'histoire et « s'en tient au culte fervent d'une figure symbolique sacralisée[4] ». La fonction prophétique se caractérise par « la parfaite homogénéité du dire et du vécu » car le dire prophétique « transcende et universalise le cas particulier » ; ce qui donne lieu à des énoncés intemporels (dont le contexte est effacé, oublié) :

> Ainsi, le prophète maintient dans l'histoire immédiate l'exigence d'un témoignage spécifique : il est le témoin du divin auprès des hommes et des hommes auprès de Dieu[5].

Cette structure trinitaire est caractéristique de la révélation monothéiste : Dieu/messager–témoin/hommes. Le prophète (نبي) / envoyé (رسول) « a la charge expresse de communiquer une parole dont la forme et le sens sont articulés par Dieu lui-même[6] ». Ce langage de structure mythique

1 *Ibid.*
2 *Ibid.*
3 *Ibid.*, p. 20.
4 *Ibid.*
5 *Ibid.*, p. 22.
6 *Ibid.*

est « un système complexe de connotations » ; pour le comprendre, il est nécessaire de passer par « l'analyse littéraire qui suppose elle-même une sémiotique du langage religieux[1] ». Se définissant comme un des modes d'expression de vérités vécues par des collectivités, le mythe « doit être intégré dans une histoire compréhensive, visant la reconstitution à la fois exhaustive et explicative du passé[2] ». Le mythe doit être soumis à l'historiographie, et non le contraire. Cette perspective d'historicisation, de rationalisation, de démystification flirte avec l'hérésie.

L'HÉRÉSIOGRAPHIE

Les philosophes, les savants, les mystiques, les écrivains ont continûment transgressé les limites du tout-religieux, ils ont été aux premières lignes du cercle de la raison pour contester le droit musulman ou la doxa. Pour ces passeurs de frontières, « il n'y a jamais eu d'autre alternative à la soumission feinte que l'exil ou le silence[3] ». Pour combattre la réforme et l'innovation, l'orthodoxie islamique a pris l'habitude d'accuser ses adversaires de sédition (فتنة) et d'hérésie (كفر). Ces accusations séculaires sont le symptôme de clôtures dogmatiques afin que les portes de la réflexion demeurent fermées. Dans le Coran, la notion d'hérésie est évoquée implicitement, sous la forme atténuée d'« innovation » (بدعة). Ce verset de la sourate du *Bétail* (الأنعام) est souvent invoqué pour justifier la condamnation coranique de l'innovation :

وأن هذا صراطي مستقيما فاتبعوه ولا تتبعوا السبل فتفرق بكم عن سبيله.

> « Ceci est mon sentier. Il est droit. Suivez-le, et ne suivez point plusieurs sentiers, de peur que vous ne soyez détournés de celui de Dieu[4]. »

Dans la tradition arabo-islamique, un corpus de citations et de paroles attribuées au prophète et à ses compagnons, rapportées et interprétées par les historiens et les chroniqueurs, contribuent à renforcer la ligne

1 *Ibid.*, p. 23.
2 *Ibid.*, p. 25.
3 M. Chebel, *L'islam et la raison. Le combat des idées*, Paris, Perrin, 2006, p. 144-145.
4 Le Coran, *op. cit.*, « Al-an'âm » / الأنعام (Le bétail), VI, 154, p. 131.

orthodoxe quant à la question de l'innovation. Al-Bukhâri et Muslim rapportent cette parole prophétique (حديث) d'après Ibn Mas'ud où le prophète déclare licite le meurtre du musulman qui renonce à sa foi :

> لا يحل دم امرئ مسلم [...] إلا بإحدى ثلاث : الثيب الزاني، والنفس بالنفس، والتارك لدينه المفارق للجماعة.
>
> « Le sang du musulman [...] ne peut être légalement versé que s'il relève de l'un de ces trois cas : l'homme marié qui commet l'adultère, le meurtrier qui devra subir le sort de sa victime et, enfin, celui qui renie sa foi et qui se sépare de sa communauté. »

Un célèbre aphorisme joue sur l'ambiguïté sémantique en associant ce qui est nouveau ou inventé à ce qui est hérétique : « Toute innovation religieuse sera rejetée » (لا بدعة في الدين). Cela provient probablement d'une autre parole rapportée par Abû Dâoud et Al-Tirmîdhi, d'après Ben Sâria : « Gardez-vous des nouveautés religieuses car toute innovation est égarement[1]. » La tradition est riche en paroles prophétiques qui appellent à se contenter des *bonnes choses licites*, car le licite comme l'illicite sont patents. Entre les deux, il y a des *choses équivoques* qu'il est impératif d'éviter puisque toute invention est une innovation, et toute innovation est une aberration qui conduit à l'enfer. Le doute et l'équivoque sont bannis d'après cette autre parole rapportée par Al-Tirmîdhi et An-Nassî'i : « Évite ce qui suscite en toi le doute au profit de ce qui ne provoque aucun doute[2]. »

La confusion entre la nouveauté et l'hérésie est donc originelle, elle est à la source même de la langue, des croyances, des représentations, d'où le soupçon à l'égard de la création. Les annales de l'inquisition musulmane sont riches en procès intentés aux intellectuels, mystiques, athées, agnostiques. Poète mystique, Al-Hallâj fut taxé d'hérésie pour pratiques magiques (سحر), puis pour avoir prétendu être Dieu. En 922, il fut décapité à cause de son innovation touchant au « pèlerinage spirituel ». Par cette notion, le poète suggère que le pèlerinage matériel à la Mecque n'est pas obligatoire pour le croyant qui en comprend la symbolique profonde. Dans le champ littéraire arabe, son exécution « est restée comme le symbole vivace de toute la martyrologie *hallajienne* ultérieure[3] ».

---

1 « وإياكم ومحدثات الأمور، فإن كل بدعة ضلالة ».

2 « دع ما يريبك إلى ما لا يريبك ».

3 M. Chebel, *L'imaginaire arabo-musulman*, Paris, PUF, 1993, p. 169.

L'athéisme pose ainsi un problème à la jurisprudence : en témoigne la richesse de la terminologie arabe hérésiographique. L'islam répertorie pas moins de soixante-douze formes d'hérésie ! Sept termes arabes, aux sémiologies distinctes, sont susceptibles de couvrir l'ensemble des cas où une peine d'apostasie est prononcée : innovation (بدعة), hérésie ou athéisme (زندقة، هرطقة، إلحاد), surenchérissement (غلو), apostasie (كفر), rétraction (ارتداد) qui consiste à rejeter l'islam après l'avoir connu. Le procès perpétuel de l'innovation a une portée éminemment politique, comme l'explique Mohammed Arkoun :

> Ainsi l'histoire met en mouvement des structures archaïques et les structures réagissent à l'« innovation » (la fameuse *bid'a* traquée par les juristes théologiens musulmans à une échelle plus vaste et avec les enjeux plus complexes de vérité divine opposée à la vérité humaine) par la voix de ceux qui y puisent la légitimité de leur pouvoir[1].

Pour s'en tenir à la littérature, la construction binaire et antithétique (fiction *vs* fanatisme) caractérisant la plupart des discours suscités par le scandale des *Versets sataniques* semble réductrice. En effet, des perspectives anthropologiques se dessinent au travers d'une conception du texte et du temps, d'un rapport à l'origine et aux anciens, d'une relation radicalement soupçonneuse à l'égard des sciences intruses, de l'ailleurs, de l'autre (singulièrement de l'autre sexe), d'un rapport négatif à la sexualité et, partant, à sa propre identité. Dans ce contexte, le roman se heurte à une contradiction, à une situation proprement impossible : en tant que genre anti-épique et irrévérencieux, il devient, en terre d'islam, l'objet d'une « inquiétante étrangeté ».

L'« inquiétante étrangeté », selon Freud, est un terme conceptuel spécifique. Lorsqu'elle est définie sans précision, cette notion coïncide avec ce qui suscite l'angoisse d'une manière générale : « L'inquiétante étrangeté est cette variété particulière de l'effrayant qui remonte au depuis longtemps connu, depuis longtemps familier[2]. » Freud propose de démontrer comment le familier peut devenir étrangement inquiétant, effrayant. L'examen minutieux de la définition du terme allemand *heimlich* (familier) révèle une nuance de signification où il coïncide avec son antonyme *unheimlich* (non familier). Le mot *heimlich* n'est donc pas

1 *Humanisme et islam. Combats et propositions*, *op. cit.*, p. 300.
2 S. Freud, *L'inquiétante étrangeté et autres essais*, Paris, Gallimard, 1985, p. 215.

univoque. Il appartient à deux ensembles de représentation fort différents : celui du familier, du confortable, d'une part ; celui du caché, du dissimulé, d'autre part. *Unheimlich* serait alors l'antonyme de la première signification (le familier), mais non de la seconde.

Aussi, ce mot qui signifie à la fois « non familier » et « familier » est comparable, dans une certaine mesure, au mot arabe *bid'a* (بدعة) qui désigne à la fois « innovation » et « hérésie », jetant ainsi une inquiétante étrangeté sur la fiction. Art occidental, art intrus, le roman doit cependant se conformer à la lettre et à l'esprit de l'imaginaire arabo-islamique. Or, depuis *Don Quichotte*, ce genre « est lié au déploiement éternellement vivant de la parole et de la pensée non officielles[1] ». Si *Les Versets sataniques* en sont l'expression, la *fatwa* condamnant à mort Salman Rushdie a bipolarisé, et mondialisé, deux manifestations exhibant le rapport au texte : l'une accusant la fiction d'attentat au sacré ; l'autre l'affranchissant de tout interdit. Par-delà le retentissement médiatique, Fethi Benslama s'efforce de comprendre, dans *Une fiction troublante*, le signe de cette violence inouïe. Alors que chez les musulmans, l'écriture et la lecture sont encore séparées par un espace interdit (à Dieu la parole (كلام), à l'homme la récitation (تلاوة)), la littérature comme toute la textualité européenne est marquée par la technique du dévoilement :

> L'œuvre de fiction en reconnaissant depuis *Don Quichotte* son essence extravagante, a imposé un droit à la dérision, une éthique de l'insolence qui déchirent les conventions[2].

À ce titre, Salman Rushdie mène, dans *Les Versets sataniques*, « une expérience de la fiction de l'origine[3] » où s'affrontent ceux qui veulent parachever la mise à mort du récit mythique du père, et ceux qui y résistent désespérément. La récente controverse autour des *Filles d'Allah*[4] de Nedim Gürsel réactive l'*affaire Rushdie*, et relance le débat sur le statut de la fiction en contexte islamique. Accusé de blasphème, puis acquitté, Nedim Gürsel sera de nouveau jugé devant la plus haute cour de Turquie encourant six mois à un an de prison pour avoir « dénigré

1 M. Bakhtine, *Esthétique et théorie du roman*, Paris, Gallimard, 1978, p. 456.
2 F. Benslama, *Une fiction troublante. De l'origine en partage*, Paris, Éditions de l'Aube, 1994, p. 16.
3 *Ibid.*, p. 81.
4 N. Gürsel, *Les Filles d'Allah / Allah'in Kizlari* (2008), trad. J. Descat, Paris, Seuil, 2009.

les valeurs religieuses d'une partie de la population[1] ». La « présidence des affaires religieuses » (*diyanet*) reproche à l'écrivain d'avoir qualifié Mahomet d'« enfant ignorant », plus largement d'en avoir fait un personnage de roman.

La censure de la série télévisée *Al-Farouk Omar Ibn al-Khattab* illustre également cet interdit qui pèse sur toute représentation artistique. Le *mufti* général de l'Arabie Saoudite, Abdel Aziz al-Cheikh, a prononcé une *fatwa* énonçant la criminalisation de la « matérialisation » (تجسيد) des prophètes et de leurs compagnons. Le *mufti* a affirmé son refus de la « représentation » (تمثيل) des prophètes et des *califes*, suivant les pas de l'imam d'Al-Azhar. La « transformation » (تحويل) en art dramatique de la « biographie » (سيرة) des califes et des compagnons pourrait exposer ces derniers au quand-dira-t-on. Or la « diffamation » (تجريح) et la « critique » (نقد) tombent sous le coup de l'« erreur » (خطأ) et du « crime » (جريمة). Les auteurs de la série *Al-Farouk Omar* et tous ceux qui y ont participé ont été déclarés « en faute » (مخطئين).

Dans toutes ces affaires, depuis la guerre de succession consécutive à la mort du prophète, semble se rejouer la crise d'un islam contre un autre. Tel est le point de vue de nombreux critiques, comme Jacques Berque qui rappelle que l'*ijtihâd* est sans doute le concept clé de toute nouvelle réflexion en islam, car « sans une réinterprétation des textes sacrés, sans ce nouvel *ijtihad*, l'islam restera corseté pour longtemps, sans perspective nouvelle ni orientation doctrinale claire[2] ». Mais la fracture se situe-t-elle réellement entre un islam ouvert et modéré et un islam orthodoxe et dogmatique ? Fethi Benslama en suggère une autre qui allie l'approche psychanalytique à une prise en compte de l'histoire et de la politique. Il note que les mouvements de libération « ont appuyé leur soulèvement sur deux causes : au nom de l'origine islamique et au nom des principes de l'universel[3] ». L'émancipation nationale s'est fondée sur la vérité de l'originaire et celle de l'universel, or « la contradiction entre ces deux vérités est parvenue aujourd'hui à son point culminant[4] ». Le fondamentalisme « qui se réclame de l'idée d'un retour à des valeurs ou à des temps originaires » témoigne d'une « forme de conscience de

1 N. Gürsel, « Les jeunes ne supportent plus la chape de plomb en Turquie », *L'Humanité*, 23 juillet 2013.

2 *L'islam et la raison. Le combat des idées*, *op. cit.*, p. 145-146.

3 *Une fiction troublante*, *op. cit.*, p. 76.

4 *Ibid.*, p. 77.

l'accomplissement du texte universel[1] ». Les laïques ou modernistes, quant à eux, « s'ils se présentent comme les héritiers de l'universel, ignorent en général de quoi ils héritent[2] ». Dans le champ culturel arabo-islamique, la plupart des réformateurs « ont prétendu islamiser la modernité, plutôt que l'inverse[3] ». Dans ce contexte, *Les Versets sataniques* mettent en scène les conflits, les tensions, les illusions, les mensonges qui fondent une identité malade ou schizophrène.

PROMESSES ET TENSIONS DE LA *NAHDA*

L'ANCIEN ET LE NOUVEAU

Marquée par la rencontre avec l'Occident, la *nahda* (نهضة) est porteuse d'une contradiction extrême entre l'autre et soi-même, entre occidentalisation – le plus souvent jugée comme acculturation – et idéalisation allant jusqu'à l'essentialisation du passé. Dans un imposant ouvrage au titre provocateur *Hérésies*, le critique syrien Georges Tarabîchi affirme que le monde arabe vit tragiquement une « blessure narcissique » (جرح نرجسي), de nature anthropologique, née du moment où « il s'est découvert arriéré dans le miroir de l'Occident développé[4] ». Cette blessure fut double car, dans la conscience arabe commune, l'Occident était arriéré, et l'Orient développé. Dans la langue arabe, la signification du mot « culture » (ثقافة) va se changer sous l'effet de l'« acculturation » (مثاقفة) alors que, depuis le VIIIe siècle, « culture » signifiait « habileté » ([5]حذق). De même, jusqu'à la campagne d'Égypte, « héritage » (تراث) avait seulement un sens matériel qui, en réaction à la culture occidentale, va se transformer :

> إذن فمفهوم التراث، بل الوعي بوجود تراث، بمعنى ثقافة الأسلاف قد رأى النور عقب صدمة اللقاء مع الغرب ومن جراء الاحتكاك بثقافة الآخر. [...] وغني عن البيان أنه، بدءا بثنائية التراث والثقافة التي

1 *Ibid.*, p. 82.
2 *Ibid.*
3 *Ibid.*, p. 84.
4 G. Tarabîchi, *Hartaqât* / هرطقات (*Hérésies*), Beyrouth, Dar Sâqi, 2002, « فقد اكتشف نفسه متأخرا في مرآة الغرب المتقدم », p. 94.
5 *Ibid.*, p. 95.

> هيمنت على القرن التاسع عشر، وكانت في الأساس الابستمولوجي لما عرف باسم عصر النهضة. تطورت على امتداد القرن العشرين ثنائيات شتى متلاحقة بدءا بثنائية القديم والجديد، ومرورا بثنائية الإتباع والإبداع، وانتهاء بثنائية الأصالة والحداثة.

> « La notion d'héritage – ou plutôt la prise de conscience de l'existence d'un héritage au sens de la culture des anciens – a donc vu le jour à la suite du choc de la rencontre avec l'Occident et du contact avec la culture de l'autre. [...] À partir de la dualité de l'héritage et de la culture, qui a dominé le XIXe siècle, et constitua le fondement épistémologique de ce qui est connu sous le nom de la renaissance, des dualités multiples et successives se sont développées tout au long du XXe siècle : l'ancien et le nouveau, la tradition et l'innovation, l'authenticité et la modernité[1]. »

Alliant culture et politique, la *nahda* correspond à divers mouvements d'émancipation de la pensée, de la langue, des femmes, de la nation arabe en contexte ottoman ou colonial. La signification originelle du mot *nahda*, « le pouvoir et la force », évoque l'oisillon appuyé sur le rebord du nid et prêt à prendre son envol. L'emploi au sens figuré de ce terme, au cours du XIXe siècle, met en exergue la dynamique et les signes d'éveil intellectuel, politique et social dans les pays arabes. Le concept de *nahda* suggère la revendication de la liberté en littérature, l'émergence de l'idée de nation, la relecture d'un héritage idéalisé, le conflit entre l'ancien et le nouveau. Porteur d'une tension structurelle entre ouverture à l'autre et repli sur soi, il a aussi une forte composante identitaire.

Schématiquement, la *nahda* se joue en un prologue et quatre actes. Le prologue est celui de l'expédition française en Égypte. Du côté de l'Occident, cette expédition est certes un échec militaire et administratif mais une réussite scientifique, d'où naîtra l'égyptologie. Du côté arabe, une résistance stimulée par l'islam va de pair avec une fascination devant les signes de la puissance occidentale. Mohammed ʻAli, premier roi d'Égypte, inaugure le premier acte en imposant à son pays un programme immense pour rattraper son retard en tous domaines. Les missions étrangères se multiplient, une imprimerie nationale se voue à éditer des traductions et des ouvrages d'histoire ou techniques, la conviction que l'éducation est la clé du progrès prend ancrage. C'est dans ce contexte que grandit Rifâʻa Râfiʻ al-Tahtâwî, le précurseur des mouvements nationalistes et réformistes.

---

1 *Ibid.*, p. 96-97.

Le deuxième acte se joue dans un Liban ouvert sur l'Occident grâce à ses minorités chrétiennes et à ses choix politiques. Vers les années 1840, la *nahda* s'ouvre notamment par une émulation pour les traductions en arabe, celle de la Bible mais aussi d'autres œuvres de l'Occident, ainsi que la rédaction de dictionnaires et d'encyclopédies arabes. Ce mouvement se poursuit, mais il revient en Égypte, alors en pleine effervescence culturelle. Les intellectuels syro-libanais harcelés par l'autoritarisme du sultan ottoman y trouvent refuge. La presse égyptienne en langue arabe prend son élan. En même temps, note André Miquel, « les préoccupations deviennent plus nettement religieuses, sans pour autant se désintéresser des problèmes nationaux[1] ». Peu à peu, se dessine alors « l'idée nationale » en ce sens que « les Arabes sont promus à jouer le rôle essentiel dans la renaissance musulmane[2] ».

Le troisième acte se situe entre les deux guerres mondiales et porte sur l'indépendance officiellement accordée. Elle permet de se débarrasser du Turc, mais l'Européen demeure grâce au régime des mandats, ou, comme en Égypte et en Irak, par la voie de traités (le cas de l'Algérie, administrée sous la forme d'un département, étant exceptionnel). Le quatrième acte prolonge, à partir de la seconde guerre mondiale et dans les décennies qui l'ont suivie, la crise des indépendances formelles. Les mots clés de ce débat furent socialisme et arabisme. L'acte qui se joue aujourd'hui cristallise, à travers les récents mouvements arabes, les inquiétudes et les espoirs autour de l'islam politique ou de la laïcité.

La *nahda* constitue également un tournant dans l'histoire de la littérature arabe moderne. La question de l'autre est, selon Georges Tarabîchî, le trait définitoire du roman arabe. Elle est liée à l'émergence de ce genre dont elle détermine la structure narrative. Bien que l'on ait souvent tenté de l'enraciner dans la culture arabe, c'est-à-dire de le raccrocher à d'autres formes traditionnelles du récit, la fiction narrative pourrait se définir comme « l'art de l'autre » (فن الآخر[3]). Dans son histoire à la fois descriptive et analytique du *Roman arabe* qui couvre la période allant de la *nahda* à nos jours, Kadhim Jihad Hassan conteste ce point de vue. Certes l'héritage littéraire arabe « recèle un immense trésor de

1 *La littérature arabe*, *op. cit.*, p. 98.
2 *Ibid.*, p. 99.
3 *Ibid.*, p. 157.

contes, de récits, de *akhbâr*[1] et d'anecdotes », mais aussi « d'œuvres cadrant parfaitement avec la définition que nous nous faisons aujourd'hui du roman[2] ». Kadhim Jihad Hassan égrène des exemples célèbres témoignant d'une « accumulation narrative et romanesque qui aurait pu provoquer l'émergence du roman arabe moderne[3] ».

Le recueil des fables *Kalîla et Dimna*, traduit du persan par Ibn al-Muqaffa', « réunit des textes que leur continuité transforme en une ample excursion, à visée gnomique, dans le monde des animaux » ; les *maqâma*[4] inventées dès le xe siècle par Hamadhânî « amorcent une littérature proche de celle que l'Europe consacrera plus tard sous le nom de littérature picaresque[5] ». Par ailleurs, à partir de la mention coranique du voyage de Mahomet jusqu'au Trône se développe une littérature piétiste et mystique. Les *Mille et Une Nuits* sont enfin une référence incontournable pour la littérature arabe et mondiale, inspirant des romanciers comme Marquez et Mahfûz : « C'est à ces *Nuits* que l'on revient désormais pour puiser, entre autres procédés, de bons exemples de développement narratif et de récits emboîtés[6] ». En raison de la richesse et de la diversité de ce legs narratif, Kadhim Jihad Hassan renvoie dos à dos « les partisans d'une autogenèse du roman arabe, comme ceux qui en soulignent la provenance exogène[7] ». Il admet, cependant, que l'émergence du roman arabe demeure « inimaginable dans la torpeur que connaissait la littérature arabe au début du XIXe siècle[8] ». La rencontre avec l'Occident est un élément déterminant dans l'histoire littéraire arabe :

> Un contact avec l'étranger se révélait nécessaire pour que la passion du récit reprenne ses droits et approche la conception moderne du roman. Non seulement le roman arabe, mais l'ensemble du mouvement connu sous le nom

1 A. Bounfour, « Khabar », *Dictionnaire de littératures de langue arabe et maghrébine francophone*, dir. J. E. Bencheikh, Paris, Quadrige/PUF, 1994, p. 199 : « Le *khabar* est une sorte de discours rapporté qui fut à la base de la constitution de la culture arabo-islamique et le moyen privilégié de son expression et de sa transmission. Le *hadîth*, *khabar* qui a enregistré les faits et dits de Mahomet, en est l'exemple le plus clair. »

2 K. Jihad Hassan, *Le roman arabe (1834-2004)*, Arles, Actes Sud, collection « Sindbad », 2006, p. 13.

3 *Ibid.*, p. 14.

4 *Maqâma* (مقامة) : ce terme désigne une œuvre rédigée en prose entrecoupée de poèmes.

5 *Le roman arabe (1834-2004)*, *op. cit.*, p. 14.

6 *Ibid.*

7 *Ibid.*

8 *Ibid.*

> de la *nahda*, dans son surgissement et son évolution, demeure redevable à ce contact avec l'Occident. [...] Sans cette ouverture sur les autres, la torpeur culturelle aurait sans doute perduré. Sans l'aptitude à la narration que la culture arabe recèle comme toute autre culture, sans cette immense production accumulée, l'incitation apportée par l'élément étranger n'aurait pas agi avec le même degré d'intensité[1].

Il est incontestable que les Arabes ont développé et pratiqué l'art du récit en l'enrichissant par des découvertes et des traductions d'autres langues, comme le persan ou l'indien. Quelques œuvres ont eu des influences décisives en Occident ou ailleurs. On sait la part importante tenue, dans l'inspiration des *Fables* de La Fontaine, par les contes d'origine orientale, singulièrement *Kalîla et Dimna* dont la version arabe d'Ibn al-Muqaffa fut établie dans la première moitié du VIIIe siècle[2]. Par ailleurs, les *Mille et Une Nuits* exercent une captation durable sur les créateurs orientaux et occidentaux. D'autres textes, susceptibles de suggérer des voies narratives originales, restent encore à faire connaître. Cependant, ces éléments n'amènent pas à conclure que le roman arabe dans sa forme moderne était en germe, dans un état de torpeur, dans l'attente d'un simple contact avec l'étranger pour éclore et s'épanouir. Le roman arabe en tant que déploiement profane du langage a comme origine le roman occidental moderne. Dire cela n'amoindrit en rien la qualité esthétique de la fiction arabe qui, depuis la *nahda*, connaît un extraordinaire développement auquel la place qu'elle occupe sur la scène mondiale ne rend pas justice.

Orientée vers la reprise critique du passé, prônant les réformes et les émancipations modernes, la *nahda* émerge en tant que volonté déterminée à réveiller les Arabes de leur coma. L'Égyptien Rifâ'a Râfi' al-Tahtâwî suggère des horizons prometteurs à une pensée ouverte à toutes les conquêtes humanistes de la modernité d'alors. Dans le récit qu'il rapporte de son séjour à Paris entre 1826 et 1831, intitulé *Purification de l'or pour le résumé de Paris*[3], Al-Tahtâwî délivre un message essentiel : l'ouverture sur les autres, pour s'en inspirer, peut s'allier à l'affirmation

---

1 *Ibid.*

2 A. Miquel, *Propos de littérature arabe*, Paris, Le Calligraphe, 1983.

3 Rifâ'a Râfi' al-Tahtâwî, « Takhlîs al-ibriz fî talkhis bâris » / تخليص الإبريز في تلخيص باريس، (1934), trad. A. Louca, *L'Or de Paris*, Paris, Sindbad – Actes Sud, collection « La bibliothèque arabe », 1988.

de ses attaches identitaires et culturelles. La découverte de l'ailleurs implique, pour le voyageur, un retour critique sur soi. La France semble être un détour vital pour assurer l'éveil de l'Orient. Les historiens de la littérature, qui font légitimement remonter la naissance du roman arabe aux débuts de la *nahda*, citent le récit du voyage d'Al-Tahtâwî « comme le premier élément d'une production qui ira en s'intensifiant et en s'affinant[1] ». Ce dernier fera également avancer le roman arabe par ses traductions, notamment celle des *Aventures de Télémaque* de Fénelon.

Le contact avec l'Occident explique largement l'écart qui se creuse entre la littérature arabe classique et la littérature arabe moderne. Bouleversant les données traditionnelles, ce contact a impulsé une littérature dont le trait majeur est, selon André Miquel, l'engagement. La *littérature de l'émigration* (أدب المهجر) ou l'école syro-libanaise a bousculé de manière déterminante les cadres traditionnels de la création. La poésie, le théâtre et le roman sont les domaines où le rajeunissement et l'innovation se manifestent d'une manière éclatante. En milieu arabe, la poésie occupe une place privilégiée et exceptionnelle. La force de la poésie – depuis l'Arabie païenne où le poète jouait déjà le rôle d'« écho sonore » de la tribu – fut « que son expression, polie et repolie par des générations, se trouva toujours spontanément accordée au jaillissement du cri[2] ».

Le renouvellement de la poésie arabe se fera grâce aux traductions ou à la lecture des monuments de la poésie étrangère, depuis Homère jusqu'aux œuvres les plus récentes. La poésie moderne se nourrit ainsi aux sources de la poésie américaine et européenne : romantisme, symbolisme, surréalisme. La poésie de l'émigration est à l'origine de cette révolution qui affecte les thèmes et les techniques de la poésie moderne. Le romantisme américain, où se mêlent de multiples influences, le pessimisme nietzschéen ou la mélancolie des romantiques, toutes ces références trouvent un écho puissant chez les écrivains syro-libanais. C'est dans « le contexte de l'exil, lui-même contrepoint de cet autre thème qu'est l'amour de la patrie libanaise perdue[3] » que les écrivains de l'émigration vont vivre et recréer, en arabe ou en anglais, ces thèmes occidentaux. Quant aux techniques ou aux formes, la poésie arabe goûte

1 *Le roman arabe (1834-2004)*, *op. cit.*, p. 15.
2 *La littérature arabe*, *op. cit.*, p. 107-108.
3 *Ibid.*, p. 110.

la nouveauté séduisante du poème en prose et du vers libre. Du Machreq au Maghreb, c'est par cette poésie des *Américains* que « la poésie née dans les pays arabes fut gagnée aux thèmes européens[1] ».

Le théâtre naît aussi de ces impulsions venues du dehors et de l'étranger. En dépit des antécédents ou préfigurations que l'on peut trouver (comme le théâtre d'ombres en Égypte), André Miquel affirme que le « théâtre au sens vrai sera révélé, ici encore, par les traductions, du français et de l'anglais surtout[2] ». L'ignorance de l'art dramatique se manifeste dans la traduction de la *Poétique* et de la *Rhétorique* d'Aristote par Averroès. D'après Umberto Eco, cette traduction est « l'exemple le plus flagrant de méprise culturelle, qui engendre une chaîne de méprises linguistiques[3] ». À l'instar des traducteurs précédents, Averroès essaie d'adapter à la tradition littéraire arabe le texte d'Aristote :

> Tout ce qu'Aristote réfère à la tragédie est référé, dans le Commentaire d'Averroès, à la poésie, et à cette forme poétique qu'est la *vituperatio* ou la *laudatio*[4].

Cette poésie épidictique se sert de représentations verbales qui incitent à des actions vertueuses, énonçant une intention moralisante : « Et bien sûr, cette idée moralisante de la poésie empêche Averroès de comprendre la fondamentale conception aristotélicienne de la fonction cathartique (non didactique) de l'action tragique[5] ». La méprise culturelle et linguistique se manifeste notamment dans son commentaire des paragraphes 1450 et suivants de la *Poétique*, où Aristote énumère les parties de la tragédie : *mûthos*, *êthê*, *léxis*, *diánoia*, *ópsis* et *melopoiía* (récit, caractère, élocution, pensée, spectacle et musique) :

> Averroès entend le premier terme comme « affirmation mythique », le deuxième comme « caractère », le troisième comme « mètre », le quatrième comme « croyance », le sixième comme « mélodie » (mais évidemment, Averroès pense à une mélodie poétique, pas à la présence de musiciens sur scène). Le drame vient avec la cinquième composante, *ópsis*. Averroès ne peut penser qu'il existe des représentations spectaculaires d'actions, et il traduit en parlant d'un type

1 *Ibid.*
2 *Ibid.*, p. 114.
3 U. Eco, *Dire presque la même chose*, Paris, Grasset, 2006, p. 209.
4 *Ibid.*, p. 210.
5 *Ibid.*, p. 211.

> d'argumentation qui démontre la bonté des croyances représentées (toujours à des fins morales)[1].

Amusé par cette méprise, Borges imagine, dans une nouvelle intitulée *La Recherche d'Averroès*, Ibn Rushd tandis qu'il essaie de commenter la *Poétique*. Averroès ne connaît pas des mots comme *tragédie* et *comédie*, qui évoquent des formes artistiques ignorées de la tradition arabe. Pendant qu'il cherche désespérément la signification de ces termes, des enfants, sous ses fenêtres, jouent à incarner un *muezzin*, un minaret et les fidèles, faisant donc du théâtre. Plus tard, quelqu'un raconte au philosophe une curieuse cérémonie vue en Chine. Contrairement au lecteur, les personnages ne comprennent pas qu'il s'agit d'un spectacle théâtral. Averroès poursuit sa méditation et en conclut que « Aristû appelle "tragédie" les panégyriques et "comédie" les satires et anathèmes. D'admirables tragédies et comédies abondent dans les pages du Coran et dans les *mu'allakas* du sanctuaire[2] ». La situation réelle du philosophe arabe inspire cette comédie borgésienne des équivoques, illustrant les problèmes que pose la traduction singulièrement lorsque celle-ci se trouve face à la nouveauté et à l'étrangeté d'une langue et d'un art.

Quant au roman, « le grand phénomène des lettres arabes contemporaines », son histoire réfléchit celle des pays arabes. André Miquel retrace l'évolution du roman depuis son avènement : « Le roman, c'est ici l'irruption, dans la littérature, soit de la fresque historique, soit du monde du réel et notamment du petit peuple des villes et des campagnes[3]. » Son histoire dessine une courbe évolutive : d'abord rejeté, le roman connaît un relatif succès entre les deux guerres, avant de se confirmer depuis les années 1950. André Miquel en déduit que l'avènement du roman arabe « suit fidèlement celui des indépendances[4] », et note que c'est encore la traduction des œuvres étrangères qui lancera véritablement le roman dans les lettres arabes. Paru en 1914, *Zaynab* de Mohammed Husayn Haykal est considéré comme le premier grand roman égyptien et arabe. Mi-pastoral mi-réaliste, ce texte trace l'avenir du genre romanesque sur la voie du réalisme. Pour sa part, *Al-Ayyâm* (*Le Livre des jours* et *La Traversée intérieure*) de Tâha Hussein ouvre dès

1 *Ibid.*, p. 211.
2 *Ibid.*, p. 210.
3 *La littérature arabe*, *op. cit.*, p. 116.
4 *Ibid.*, p. 117.

1929 sur l'autobiographie. Au lendemain de la seconde guerre mondiale, une nouvelle génération s'engage, un peu partout, dans le roman jusque-là dominé exclusivement ou presque par l'Égypte et le Liban. Ainsi des grandes œuvres de fiction voient le jour dans la plupart des pays du Maghreb et du Machreq. Mais c'est en Égypte encore que se trouve Nagîb Mahfûz, celui que l'on appelle le *maître du roman arabe* contemporain.

Mis à part ce problème de réception lié à la nouveauté et à l'intrusion du genre romanesque dans le champ littéraire arabe où règnent les canons orthodoxes, l'écrivain arabe rencontre d'autres problèmes spécifiques. La situation de cet ancien colonisé s'alourdit d'un « complexe » que Nagîb Mahfûz décrit ainsi :

> Nous autres, les écrivains des pays dits en développement ou sous-développés, nous pensions que la découverte de notre véritable identité littéraire n'était possible qu'au moyen d'un étouffement de notre personnalité ; autrement dit, la forme romanesque occidentale était sacrée, s'en éloigner était un parjure[1].

Or une « contribution authentiquement arabe » à la littérature universelle exige, selon l'écrivain, le renouvellement des thèmes et des formes : « L'imitation, qu'elle reproduise des modèles anciens ou modernes, demeure une prison. [...] Pas plus que je n'imite la *maqâma*, je n'imite Joyce[2]. » L'innovation formelle et thématique serait ainsi la condition pour faire exister la fiction arabe sur la scène nationale et internationale. Roman-fleuve déployant réalisme et symbole et dont l'ambiguïté va nourrir des interprétations et des controverses diverses et contradictoires, *Awlâd hâratinâ* (*Les Fils de la médina*) est emblématique de cette quête. Débordant le cadre de la littérature de la *nahda*, qui exige de représenter le réel social dans une perspective réformiste, cette fiction explore des procédés et des thèmes d'une grande originalité. Nagîb Mahfûz ne cache pas ici son ambition de rivaliser, par le biais du pastiche, avec les livres sacrés comme l'Ancien Testament et singulièrement le Coran. Outre un prologue, la fiction compte cinq parties (comme le Pentateuque) et cent quatorze chapitres, le nombre exact des sourates du Coran. Parallèlement

1 N. Mahfûz, *Nagîb Mahfûz yatadhakkar* / نجيب محفوظ يتذكر, Le Caire, Akhbâr al-Yawm, 1987 ; trad. K. Osman, *Mahfouz par Mahfouz, Entretiens avec Gamal Ghitany*, Paris, Sindbad – Actes Sud, collection « La bibliothèque arabe », 1991, p. 111.

2 *Ibid.*, p. 111-112.

à cette exploitation intertextuelle des grands récits sacrés, Nagîb Mahfûz innove dans l'art de raconter. Selon Richard Jacquemond, c'est par sa dimension réflexive qu'*Awlâd hâratinâ* (*Les Fils de la médina*) fait entrer le roman arabe dans la modernité littéraire :

> En même temps, par cette insertion de techniques et de contenus empruntés à la tradition narrative arabe, il montre la voie à l'indigénisation du roman arabe, c'est-à-dire au dépassement du chiasme entre contenu local et forme importée qui l'avait caractérisé jusque-là[1].

Dans le domaine du roman arabe, la position égyptienne a été particulièrement dominante sous Nasser. Mais depuis les années 1960, du Maghreb au Machreq, une politique volontariste a soutenu le développement des productions artistiques qui sont venues concurrencer celles d'Égypte. Aujourd'hui, le champ égyptien n'est plus hégémonique, mais il jouit encore d'une position privilégiée qu'il doit continûment négocier :

> Pour autant, l'émergence d'un champ littéraire « panarabe » n'invalide pas l'approche « nationale ». Ce débat, récurrent dans la critique arabe, s'impose sans doute au plan de la critique textuelle : à ce niveau, l'unité de la langue et le parallélisme des évolutions politiques et esthétiques imposent sans doute de considérer la production arabe comme un ensemble cohérent dans lequel tout découpage suivant des frontières politiques ou autres est nécessairement arbitraire. Mais dès lors que l'on met l'accent sur l'histoire sociale de la littérature et de ses écrivains, le poids des déterminismes locaux (politiques notamment) saute aux yeux[2].

La *nahda* s'est traduite ainsi par un élan intellectuel et poétique grâce auquel ont pu être formulées les interrogations vitales portant sur la langue, l'identité nationale, la relation à l'héritage et aux anciens, la relation à l'Occident. Les grands manifestes qui prônent une révolution littéraire arabe viendront d'Égypte et surtout des écrivains de l'émigration ou de l'exil (أدباء المهجر). Cette expression désigne les écrivains syro-libanais qui, harcelés par le pouvoir politique ottoman, ont émigré aux États-Unis. Auteurs d'œuvres en arabe et/ou en anglais, ils sont aussi connus sous le nom de la *Ligue de la plume* (الرابطة القلمية), fondée à New York en avril 1920, essentiellement par Gibran Khalil Gibran et Mikhail Naimy. Présidée par Gibran Khalil Gibran, la *Ligue*

1 *Entre scribes et écrivains. Le champ littéraire dans l'Égypte contemporaine*, *op. cit.*, p. 17.
2 *Ibid.*, p. 28.

de la plume adopta une perspective et un programme ambitieux visant à tirer la littérature arabe de l'abîme de la passivité et de l'imitation afin qu'elle devienne une puissance active et efficace dans la vie de la communauté ou de la nation.

LE TAMISAGE

Dans le champ culturel arabo-islamique, un parfum de blasphème ou d'hérésie plane sur toute innovation sous prétexte qu'elle est importée d'Occident. Cela a réduit la littérature arabe à un champ de ruine dont Mikhail Naimy fait l'inventaire dans son fameux essai *Al-Ghirbâl* (littéralement « le tamis » ou « le crible ») paru en 1923. Considéré comme la fondation de la modernité dans les lettres arabes, *Al-Ghirbâl* est un livre-manifeste dont la pertinence est encore actuelle. Naimy y ouvre une nouvelle ère dans la critique puisqu'il ne se contente pas d'autopsier les clôtures de la langue et de la littérature arabes, il repère aussi les œuvres novatrices qui marquent enfin une césure radicale avec l'ancien. La critique et la redéfinition du canon littéraire arabe font la force de ce « livre-école » (مدرسة في كتاب) selon la formule de son éditeur. Par canon il faut entendre des pratiques de lectures figées, fondées sur la mémoire poétique (رواية) et l'imitation, qui ignorent la dynamique propre à toute histoire littéraire et procèdent seulement à la périodisation et à l'accumulation des œuvres. En revanche, les partisans de l'innovation proposent des lectures alternatives, qui impliquent la modernisation de la langue arabe, et le recours aux dialectes notamment dans la fiction dramatique, ainsi que la réécriture d'une autre histoire littéraire dialectique, faisant émerger le principe de rupture esthétique.

Confrontée à un cadre spatio-temporel de la représentation, à la fois archaïque et indépassable, la littérature s'est paupérisée au point de devenir exsangue. L'écrivain égyptien Abbas Mahmoud al-Aqqâd rend hommage à cet « appel au nouveau » (الدعوة إلى الجديد) et, pointant l'immobilisme de la littérature arabe, il insiste sur la chance immense que représente un tel appel[1]. Libérés des « chaînes de l'imitation » (قيود التقليد) des « paradigmes habituels » (الأوزان المعهودة) et de « la rime antique » (القافية العتيقة), les écrivains migrants ont ainsi réussi à saisir la « vérité de

1 *Al-Ghirbâl* (*Le Tamis*), *op. cit.*, p. 7-8.

la littérature » ([1]حقيقة الأدب). Le « tamisage » (الغربلة) selon Naimy consiste en cette exigence, pour l'écrivain comme pour le critique, de s'affranchir des « fables » (خرافات) du passé et des « sornettes » ([2]ترهات) du présent.

Naimy renvoie dos à dos les tenants des deux positions extrêmes face à la civilisation occidentale : ceux qui la haïssent et l'accusent d'avoir fait souffler « un esprit de débauche, d'obscénité et d'athéisme[3] », et ceux qui en sont fascinés et y succombent sans aucune réserve. La connaissance et la traduction de la littérature occidentale seraient la condition même de l'innovation des lettres arabes. Dès lors, Naimy invite à « reconnaître ne serait-ce qu'un seul bienfait de l'Occident, celui de ses lettres sur les nôtres[4] ». Aussi, la renaissance littéraire « n'est autre qu'un souffle parvenu jusqu'à certains de nos poètes et écrivains depuis les jardins des lettres occidentales[5] ». Des générations durant, la langue arabe a souffert d'une « paralysie » (شللا) qui l'a séparée de la vie et en a fait une « charogne » ([6]جيفة) dont se nourrissent les conservateurs, les imitateurs et toutes sortes de compositeurs. La rencontre avec l'Occident a permis d'en tirer une leçon (أمثولة) dont on a fait la « pierre angulaire » (حجر زاوية) de la renaissance littéraire arabe :

> وتلك الأمثولة هي أن الحياة والأدب توأمان لا ينفصلان، وأن الأدب يتوكأ على الحياة، والحياة على الأدب [...]. أدركنا - بفضل الغرب - أن نظم الشعر ممكن في غير الغزل والنسيب، والمدح والهجاء، والوصف والرثاء، والفخر والحماسة [...]. وانتقلت إلينا - بفضل الغرب كذلك - الرواية [...] فوجدنا فيها مجالا واسعا لوصف الحياة والتأثير على العقول والقلوب بواسطة القلم.

> « Cette leçon consiste à dire que la vie et la littérature sont des gémeaux inséparables, que la littérature s'appuie sur la vie, et la vie sur la littérature [...]. Grâce à l'Occident, nous avons compris qu'il était possible d'écrire une poésie autre qu'érotique, élogieuse, satirique, descriptive, élégiaque, glorieuse, héroïque [...]. Le roman s'est transplanté chez nous également grâce à l'Occident [...]. Nous y avons trouvé un vaste domaine pour décrire la vie et émouvoir les esprits et les cœurs par le moyen de la plume[7]. »

Des poètes ont ainsi osé transgresser « les limites sacrées » (الحدود المقدسة) de la poésie arabe classique. De même, la découverte du roman a permis de prendre conscience des possibilités infinies du langage.

1 *Ibid.*, p. 12.
2 *Ibid.*, p. 18.
3 « روح فسق وخلاعة وكفر », *ibid.*, p. 29.
4 « أن نعترف ولو بفضل واحد للغرب – وهو فضل آدابه على آدابنا », *ibid.*
5 « ليس سوى نفحة هبت على بعض شعرائنا وكتابنا من حدائق الآداب الغربية », *ibid.*
6 *Ibid.*, p. 30.
7 *Ibid.*

Mais cette renaissance « demeure encore dans les langes[1] » car la fiction dramatique y est presque inexistante. La représentation théâtrale est confrontée à des stéréotypes qui bloquent toute innovation :

> نحن لا نزال ننظر إلى الممثل نظرنا إلى بهلوان، وإلى الممثلة كعاهر، وإلى التياترو كمقصف، وإلى التمثيل كنوع من القصف واللهو.
>
> « Nous considérons encore le comédien comme un funambule, la comédienne comme une prostituée, le théâtre comme un cabaret, la représentation comme une sorte d'orgie et d'amusement[2]. »

Partisan de l'innovation, de l'originalité, de la traduction, de la migration, il adresse une critique acerbe à ceux qu'ils nomment les « grenouilles de la littérature » (ضفادع الأدب[3]) qui coassent continûment pour que l'ancien demeure en l'état. Le refus des néologismes, l'idée que « la langue est la finalité de la littérature[4] » et inversement, l'idée que la poésie est tout entière une affaire de prosodie, autant de blocages qui ont contribué à paralyser la langue et la littérature arabes. L'affirmation selon laquelle « la langue n'est qu'un réservoir de symboles[5] » va à l'encontre de la sacralisation de l'arabe et attire les accusations d'athéisme dont Naimy se moque. Aussi, accumulant les noms des créateurs arabes célèbres, anciens et contemporains, il assène qu'aucun d'entre eux ne peut égaler Homère, Virgile, Dante, Shakespeare, Milton, Byron, Hugo, Zola, Goethe, Heine, Tolstoï[6]. Ces créateurs occidentaux sont « des chandelles qui brûlent dans les ténèbres du monde pour lui indiquer la lumière[7] » ; ce sont les « maîtres de l'humanité et ses guides[8] ». Incapables de les atteindre, les Orientaux ont

> [...] أيد أثقلتها سلاسل القيود، وعيون امتصت الظلمة ماءها، وعقول لم تتحرر بعد من أوهام الماضي وأشباحه وغرور المستقبل لتدرك حاضرها.
>
> « [...] les mains alourdies par les chaînes des carcans, les yeux asséchés par l'obscurité, les esprits prisonniers des illusions et des fantômes du passé, et de la vanité du futur[9]. »

1 « لا تزال في القمط », *ibid.*, p. 31.
2 *Ibid.*, p. 33.
3 *Ibid.*, p. 102.
4 « غاية الأدب في اللغة », *ibid.*, p. 106.
5 « اللغة ليست سوى مستودع رموز », *ibid.*, p. 111.
6 *Ibid.*, p. 51.
7 « هؤلاء شموع موقدة في دياجير العالم لتهدي العالم إلى النور », *ibid.*, p. 52.
8 « هؤلاء معلمو الإنسانية وقوادها », *ibid.*
9 *Ibid.*

Naimy adresse une ultime provocation : « En un mot : avez-vous des écrivains ? Non, vous avez plutôt des lucioles[1] ! ». Ce bilan négatif sera contrebalancé par le vibrant hommage qu'il rend au premier des novateurs, un autre écrivain de la migration : « À mes yeux, affirme-t-il, Gibran Khalil Gibran est avant tout une révolution… une révolution en soi[2] ». Trois ans plus tôt, Gibran avait écrit en arabe *Al-'Awâsif* (*Les Tempêtes*), un recueil d'articles, de nouvelles, de pièces de théâtre, de poèmes en prose dont la forme surprend, et choque, l'horizon arabe de réception. En analysant l'écart qui sépare la critique traditionnelle et l'œuvre nouvelle, Naimy insiste sur le style, la mélodie, la précision de la description chez Gibran, qualités qui appellent une conception esthétique novatrice :

> غير أن الأمم العربية بل الآداب العربية وإن أنكرت جبران عاما ستقدس ذكراه أجيالا. [...] فجبران سيحيا في آدابنا لأنه ثورة زعزعت أركان حصوننا الأدبية المتداعية وجاءتنا بمقاييس جديدة للجمال في البيان. سيحيا جبران لأنه عاصفة اقتلعت كثيرا من أغراسنا المسنة البالية التي كانت بلا ظل ولا ثمر.

> « Les nations arabes, plutôt les lettres arabes, si elles renient Gibran pour une année, elles vénèreront sa mémoire pour des générations. […] Gibran vivra dans nos lettres parce qu'il est une révolution qui a ébranlé nos citadelles littéraires déclinantes et nous a apporté des normes esthétiques nouvelles. Gibran vivra parce qu'il est une tempête qui a arraché beaucoup de nos plants vieillissants, vétustes, sans ombre ni fruits[3]. »

Dans « Anesthésiques et scalpels » (المخدرات والمباضع), une sorte de plaidoirie où s'allient philosophie, esthétique et ironie, Gibran répond à ses détracteurs qui ont férocement attaqué son œuvre qui transgresse les voies familières. En effet, les choix poétiques de Gibran célèbrent l'irrespect des anciens, la modernisation de la langue arabe, enfin libérée de son statut de symbole sacré, enrichie de néologismes ou d'emplois originaux d'un mot. Son écriture déchire le voile sur un univers inconnu, et porte la trace des influences occidentales comme le romantisme ou Nietzsche. Face à l'agressivité de ses adversaires, dont il rapporte les paroles, Gibran assume son insolence et sa rébellion :

> هو متطرف بمبادئه حتى الجنون. هو خيالي يكتب ليفسد أخلاق الناشئة. [...] هو فوضوي كافر ملحد ونحن ننصح لسكان هذا الجبل المبارك بأن ينبذوا تعاليمه ويحرقوا مؤلفاته [...]. قد قرأنا له الأجنحة المكسرة فوجدنا السم في الدسم.

---

1 « وبكلمة – هل عندكم كتاب ؟ كلا – بل عندكم حباحب ! », *ibid.*, p. 57.

2 « فجبران خليل جبران في نظري هو ثورة قبل كل شيء… ثورة بحد ذاته », *ibid.*, p. 250.

3 *Ibid.*, p. 270-271.

> « Il est excessif dans ses principes jusqu'à la folie. C'est un chimérique. Il écrit pour corrompre les mœurs de la jeunesse. [...] C'est un anarchiste, un athée, un apostat. Nous recommandons aux habitants de cette montagne bénie de rejeter ses instructions et de brûler ses œuvres [...]. Nous avons lu *Les Ailes brisées* : c'est du poison mêlé à de la graisse[1]. »

En guise de réponse à ces accusations, Gibran confirme sa haine du sacré et son désir d'extirper les rites, les croyances, les traditions : « Je ne mêle pas le poison à la graisse, plutôt je le répands pur[2]. » Dans un style satirique – subtile, très précis dans le choix de chaque mot, dans la création des images ou métaphores, dans la construction rigoureuse de l'argumentation – il fait un portrait chirurgical de l'Orient. L'auteur file la métaphore d'un Orient endormi et malade qui consomme continûment des anesthésiques, sans réussir à guérir ses maux. Les Orientaux exigent que le savant se consacre à l'étude de l'histoire de leurs ancêtres, de leurs ruines et de leurs coutumes, de leurs langues, et qu'il porte à leur connaissance ce que les anciens ont déjà dit, et que des générations de littérateurs ont maintes fois répété. L'Orient encense le passé au point d'en oublier le présent et le futur, c'est pourquoi il semble être un territoire de la mort sinon de l'agonie :

> وبالاختصار فالشرقيون يعيشون في مسارح الماضي الغابر ويميلون إلى الأمور السلبية المسلية المفكهة ويكرهون المبادئ والتعاليم الإيجابية التي تلسعهم وتنبههم من رقادهم العميق المغمور بالأحلام الهادئة.
>
> « En résumé, les Orientaux vivent dans les théâtres du passé d'antan. Ils inclinent vers les choses négatives, divertissantes et plaisantes. Ils haïssent les principes et les enseignements positifs qui les piquent, et les tirent d'un sommeil profond, submergé par des rêves paisibles[3]. »

Résignés à « la philosophie de la fatalité » ([4]فلسفة القضاء والقدر) les Orientaux se maintiennent dans un état de décadence sociale, politique, culturelle, refusant toute remise en question de l'héritage et des ancêtres, de la religion, de la condition de la femme, du pouvoir politique. Selon Gibran, il convient d'arracher le mal avec des scalpels plutôt que de

1 G. K. Gibran, *Al-'Awâsif* / العواصف (*Les Tempêtes*, 1920), Beyrouth, Dar al-Jîl, 2005, p. 135.
2 « أنني لا أمزج السم بالدسم بل أسكبه صرفا », *ibid.*, p. 132.
3 *Ibid.*, p. 140.
4 *Ibid.*, p. 141.

calmer la douleur avec des anesthésiques. Dans *Al-'Awâsif* (*Les Tempêtes*), les poèmes, les histoires et les personnages sont une invitation à la révolution. Le récit inaugural, « Le creuseur de tombes » (حفار القبور), raconte une rencontre nocturne et décisive entre le narrateur Abdallah et un « spectre géant » (شبح جبار). Un dialogue allégorique s'engage dans une langue arabe revivifiée où expression et rythme se combinent ; ce style témoigne de la valeur que Gibran accorde au choix des mots et des images. Figure nietzschéenne en tant qu'une variante du surhomme, le spectre se surnomme « le Dieu fou » (الإله المجنون) et pratique le métier de creuseur de tombes. Il incarne la tempête, élément de la nature, qui constitue le cadre des histoires de Gibran, et le symbole de la révolte et de la vraie vie. Résolument tourné vers le présent, le spectre annonce le désastre que représente l'asservissement des modernes (descendants) vis-à-vis de l'héritage des anciens (ascendants) :

> إن بلية الأبناء في هبات الآباء، ومن لا يحرم نفسه من عطايا آبائه وأجداده يظل عبد الأموات حتى يصير من الأموات.
>
> « Les dons des parents font le malheur des enfants : celui qui ne se prive pas des offrandes de ses aïeux demeure l'esclave des morts jusqu'à ce qu'il meure[1]. »

Abdallah (عبد لله), littéralement le « serviteur de Dieu », va se métamorphoser à l'issue de cette étonnante rencontre. Il abandonne sa femme pour épouser une fille des *djinns* (الجن). Il renonce à la poésie, « cette profession archaïque et obsolète qui ne fait ni chaud ni froid[2] ». Il se détourne de sa religion, fondée sur la croyance en Dieu et en ses prophètes, pour embrasser celle du spectre qui se dit être le Dieu de soi-même, adorant ainsi sa propre personne. Il apprend que « le mort tremble face à la tempête alors que le vivant va avec elle en courant[3] ». Enfin, il devient creuseur de tombes, « un métier qui débarrasse les vivants des cadavres empilés autour de leurs maisons, de leurs tribunaux, de leurs temples[4] ». Il recommande aussi à ses trois enfants ce même métier en donnant à chacun une pelle et une pioche. Dans ce recueil, Gibran personnifie la nature, source de ses symboles littéraires (soleil, eau, vent, terre, brume, saisons) et allie les contraires pour suggérer une image originale. Il

1 *Ibid.*, p. 50.
2 « هذه مهنة عتيقة مهجورة لا تنفع الناس ولا تضرهم », *ibid.*
3 « إن الميت يرتعش أمام العاصفة، أما الحي فيسير معها راكضا », *ibid.*, p. 51.
4 « صناعة تريح الأحياء من جثث الأموات المكردسة حول منازلهم ومحاكمهم ومعابدهم », *ibid.*, p. 50.

exploite diverses références religieuses et philosophiques tels le soufisme, la résurrection, l'éternité spirituelle, la trinité, la réincarnation.

Écrit en anglais, dans la langue de l'exil, *The Prophet* paraît à New York en 1923 et sera le point culminant des ambiguïtés de l'écrivain. Gibran y explore diverses généalogies littéraires et s'interroge sur la condition même de l'écrivain. Amin Maalouf décrit, dans une préface à la traduction française, les paradoxes de la postérité de ce texte :

> Le livre de Gibran est avant tout le testament d'un homme d'Orient confronté à la réalité d'une métropole d'Occident. [...] Ouvrage inclassable, et auteur tout aussi inclassable, puisqu'il a écrit la plupart de ses livres en arabe, sa langue maternelle, mais que son œuvre maîtresse, *Le Prophète*, a été écrite en anglais. Ni tout à fait Libanais, ni tout à fait Américain, ni philosophe, ni poète... [...] C'est peut-être, d'ailleurs, le destin de Gibran, de demeurer ainsi longtemps, trop longtemps, dans le purgatoire des lettres, exilé comme il l'a toujours été[1].

L'exil est la condition géographique et existentielle de Gibran. En Orient comme en Occident, il a continûment le sentiment d'être cet étranger (بيرغ) dont il célèbre la figure et la voix dans « Le poète » (رعاشلا), un poème en prose qui clôt *Al-'Awâsif* (*Les Tempêtes*). La critique littéraire arabe n'a pas su comprendre comment un écrivain pouvait s'apercevoir comme étranger à soi-même :

> أنا غريب في هذا العالم. [...] أنا غريب عن أهلي وخلاني [...]. أنا غريب عن نفسي [...]. أنا غريب عن جسدي [...] أنا غريب في هذا العالم. أنا غريب وقد جبت مشارق الأرض ومغاربها فلم أجد مسقط رأسي ولا لقيت من يعرفني ولا من يسمع بي. [...] أنا غريب وليس في الوجود من يعرف كلمة من لغة نفسي.
>
> « Je suis un étranger en ce monde [...]. Je suis étranger à ma famille et à mes amis [...]. Je suis étranger à moi-même [...]. Je suis étranger à mon corps [...]. Je suis un étranger en ce monde. Je suis un étranger, et j'ai parcouru la terre entière sans trouver mon lieu de naissance, sans rencontrer quelqu'un qui me connaisse ni qui ait jamais entendu parler de moi. [...] Je suis un étranger et, en ce monde, nul ne sait le moindre mot de ma langue[2]. »

Gibran suggère la solitude, l'étrangeté, l'exil de tout artiste qui exerce son droit à l'innovation, à l'insolence, à l'irrévérence. Les écrivains syro-libanais ont pu en mesurer les risques, singulièrement Gibran dont le

---

1 G. K. Gibran, *Le Prophète* / *The Prophet* (1923), trad. J. Levy, Paris, Librairie Générale Française, 1993, préface d'A. Maalouf, p. 10-13.

2 *Al-'Awâsif* (*Les Tempêtes*), *op. cit.*, p. 334-337.

recueil de nouvelles *Al-Arwâh al-mûtamarrida* (*Les Esprits rebelles*) avait été jugé hérétique par le pouvoir ottoman et brûlé en place publique en 1910.

Quelques années plus tard, en Égypte, l'essai *Fi el-chi'r el-jâhili* (*La poésie antéislamique*) sera à l'origine d'un scandale allant jusqu'à mettre en danger la vie de Tâha Hussein. Dès sa parution en 1926, ce livre fut accusé de semer le doute sur le caractère révélé du Coran, et de multiples voix se sont élevées pour l'interdire. Al-Azhar l'a jugé imprégné d'athéisme et d'hérésie et a recommandé le licenciement de Tâha Hussein du poste d'enseignant qu'il occupait à l'université. Aussitôt censuré, le livre fut dénoncé et réfuté dans des dizaines d'ouvrages et d'articles. Dans l'histoire de la littérature arabe moderne, aucun livre n'avait connu un tel destin. En effet, Tâha Hussein met en question l'authenticité de la poésie dite préislamique et prouve que nombre de poèmes sont apocryphes. Mais le programme qu'il expose dans cet essai va encore plus loin, comme en témoigne l'hommage que Pierre Brunel lui rend :

> Que reprochait-on à Tâha Hussein ? Cela même qui touche aujourd'hui nos cœurs et nos esprits de comparatistes. D'avoir, lui, le maître oriental, énormément demandé à l'Occident, – et en particulier à la France. De s'être tourné vers l'Occident pour qu'il enrichisse un nouveau classicisme arabe[1].

Engagé dans une perspective de démythification et de déconstruction, Tâha Hussein précise qu'il veut appliquer à la littérature arabe la méthode de Descartes :

> أريد أن أصطنع في الأدب هذا المنهج الفلسفي الذي استحدثه ديكارت للبحث عن حقائق الأشياء في أول هذا العصر الحديث. والناس جميعا يعلمون أن القاعدة الأساسية لهذا المنهج هي أن يتجرد الباحث من كل شيء كان يعلمه من قبل، وأن يستقبل موضوع بحثه خالي الذهن.

> « Je veux fonder dans le domaine littéraire cette méthode philosophique que Descartes a inventée à l'aube de l'époque moderne dans le but de rechercher les vérités des choses. Chacun sait que le fondement principal de cette méthode exige que le chercheur se dépouille de tout son savoir, et qu'il accueille son objet de recherche sans idées reçues[2]. »

Cette méthode scientifique devrait amener les « rénovateurs » (مجددون) à réécrire l'histoire selon un nouveau point de vue et à « douter des

1 « Tâha Hussein et la France », *op. cit.*, p. 320.
2 T. Hussein, *Fi el-chi'r el-jâhili* / في الشعر الجاهلي (*La poésie antéislamique*, 1926), Sousse, Dar al-Ma'ârif, 2000, p. 21.

choses dont il n'était pas permis de douter[1] ». Contestant l'histoire littéraire classique, Tâha Hussein formule une thèse pionnière : la poésie antéislamique a été, en grande partie, recréée après l'avènement de l'islam. Le mot *jâhiliyya* (جاهلية), qui signifie ignorance et paganisme, désigne négativement l'époque antéislamique qui était polythéiste ou païenne. Mesurant les risques d'une telle remise en question de ce qui est communément admis comme un corpus préislamique, l'auteur s'adresse directement à son lecteur auprès duquel il tente de justifier la légitimité de sa démarche et la justesse de sa conclusion :

> وأول شيء أفاجئك به في هذا الحديث هو أني شككت في قيمة الشعر الجاهلي [...]، فأخذت أبحث وأفكر وأقرأ وأتدبر، حتى انتهى بي هذا كله إلى شيء إلا يكن يقينا فهو قريب من اليقين. ذلك أن الكثرة المطلقة مما نسميه شعرا جاهليا ليست من الجاهلية في شيء، وإنما هي منتحلة مختلقة بعد ظهور الإسلام، فهي إسلامية تمثل حياة المسلمين وميولهم وأهواءهم أكثر مما تمثل حياة الجاهليين.

> « Dans cette conversation, la première chose dont je vais te surprendre est que j'ai douté de la valeur de la poésie préislamique [...]. Alors je me suis mis à chercher, à réfléchir, à lire, à spéculer, et tout cela m'a conduit à une chose quasi certaine. La plus grande partie de ce que nous appelons poésie préislamique n'a rien de l'époque préislamique. Elle a été fabriquée après l'apparition de l'islam. Cette poésie est islamique, elle représente la vie des musulmans, leurs inclinations et leurs passions plutôt que la vie des Arabes préislamiques[2]. »

Grâce au doute (الشك), l'auteur parvient à une « conclusion insolite » (نتيجة غريبة) qui exige d'inverser la tradition herméneutique :

> لا ينبغي أن يستشهد بهذا الشعر على تفسير القرآن وتأويل الحديث، وإنما ينبغي أن يستشهد بالقرآن والحديث على تفسير هذا الشعر وتأويله، أريد أن أقول إن هذه الأشعار لا تثبت شيئا ولا تدل على شيء، ولا ينبغي أن تتخذ وسيلة إلى ما اتخذت إليه من علم بالقرآن والحديث. فهي إنما تكلفت واخترعت اختراعا ليستشهد بها العلماء على ما كانوا يريدون أن يستشهدوا عليه.

> « Il ne convient pas de citer cette poésie pour expliquer le Coran et interpréter le *hadîth* [paroles et actions attribuées à Mahomet]. Au contraire, il convient de citer le Coran et le *hadîth* pour expliquer cette poésie et l'interpréter. Je veux dire que cette poésie ne prouve rien et n'indique rien, et qu'il ne convient pas de s'en servir, comme cela a été le cas, pour connaître le Coran et le *hadîth*. Elle a été apprêtée et inventée afin que les savants la citent à l'appui pour démontrer ce qu'ils voulaient[3]. »

---

1 « الشك في أشياء لم يكن يباح الشك فيها », *ibid.*, p. 16.
2 *Ibid.*, p. 16-17.
3 *Ibid.*, p. 19-20.

Cette conclusion qui consiste à dire que « le Coran est le miroir le plus vrai de la vie préislamique[1] » va à l'encontre de toute la tradition religieuse et critique. Cela signifie que le Coran n'était pas totalement nouveau pour les Arabes qui l'avaient compris, défendu ou combattu. De plus, la valeur que Tâha Hussein accorde au doute est problématique puisque le Coran appelle à s'en écarter :

الم. ذلك الكتاب لا ريب فيه هدى للمتقين.

« Alif. Lam. Mim. Voici le livre ! Il ne renferme aucun doute ; il est une direction pour ceux qui craignent Dieu[2]. »

Plus que la thèse elle-même, Al-Azhar a jugé hérétique l'esprit critique, la remise en cause du consensus, surtout le doute. Le conflit avec les Azhariens tient essentiellement « à des questions de méthode, à la crainte où ils sont de voir un disciple, quelque jour, armé de la méthode historique, se livrer à une critique tout aussi corrosive du texte coranique lui-même[3] ». Dans les dernières pages de son essai, Tâha Hussein anticipe les reproches des lecteurs qui associent le doute à une entreprise de destruction dont ils « redoutent peut-être les conséquences sur la littérature arabe en général, et sur le Coran auquel cette littérature est liée en particulier[4] ».

La perspective de la recherche porte une double empreinte intolérable aux yeux de l'orthodoxie religieuse et nationaliste. D'une part, elle évoque le scepticisme de Ma'arrî, célèbre poète syrien de l'époque abbasside, à qui Tâha Hussein a consacré sa thèse (publiée en 1914) dans laquelle il avait révélé une relation explicite entre l'œuvre du poète et la tradition philosophique de l'athéisme. D'autre part, elle célèbre la fécondité de la méthode de Descartes (dans les domaines de la philosophie, de la littérature, de la morale, des sciences) et recourt à la figure grecque – essentiellement par la médiation des lettres françaises – pour suggérer ce qui lie le monde arabe et l'hellénisme. La figure hellénique, précisément athénienne, remplit la fonction d'une métaphore, « métaphore

1 « فالقرآن أصدق مرآة للعصر الجاهلي », *ibid.*, p. 27.

2 Le Coran, *op. cit.*, « Al-baqara » / البقرة (La vache), II, 1-2, p. 4.

3 L. Barbulesco, « L'itinéraire hellénique de Tâhâ Hussein », *Revue des mondes musulmans et de la Méditerranée*, n° 95-98, avril 2002.

4 « وقد يتخوفون عواقب هذا الهدم على الأدب العربي عامة وعلى القرآن الذي يتصل به هذا الأدب خاصة », *Fi el-chi'r el-jâhili* (*La poésie antéislamique*), *op. cit.*, p. 200.

de la culture, elle-même conçue comme diffusion des sciences et promotion personnelle[1] ». Tâha Hussein apparaît alors « comme le vecteur d'idées et de méthodes étrangères, apprises auprès de maîtres étrangers, exprimées dans une langue étrangère (*'ajamiyya*)[2] ». Il plaide pour une nouvelle attitude quant à l'héritage, attentant par-là même à la figure sacrée des ancêtres.

Ainsi, la question de l'ancien (قديم) et du nouveau (جديد) porte non seulement sur l'art d'écrire mais aussi sur les méthodes de la recherche scientifique. Les critiques arabes se trouvent face à deux options : soit ils se contentent de ce que les anciens ont dit à propos de la littérature et de son histoire, soit ils mettent cette science en discussion, en doute. Il incombe aux partisans du nouveau (أنصار الجديد) d'accomplir cette mission délicate et d'en assumer les graves conséquences. Ces « esprits éclairés » (مستنيرون), bien que minoritaires, sont « le support de la renaissance moderne et la réserve de la nouvelle littérature[3] ». L'auteur porte au plus loin la tendance moderniste, humaniste, novatrice lorsqu'il prône le doute systématique pour examiner l'héritage littéraire et culturel arabe en vue d'accomplir une « révolution littéraire » (ثورة أدبية[4]). Désormais, le chercheur a une nouvelle posture qui exige d'oublier toute appartenance pour n'obéir qu'aux méthodes de la recherche scientifique exacte :

> لنجتهد في أن ندرس الأدب العربي غير حافلين بتمجيد العرب أو الغض منهم، ولا مكترثين بنصر الإسلام أو النعي عليه، ولا معنيين بالملاءمة بينه وبين نتائج البحث العلمي والأدبي، ولا وجلين حين ينتهي بنا هذا البحث إلى ما تأباه القومية أو تنفر منه الأهواء السياسية أو تكرهه العاطفة الدينية.

> « Efforçons-nous d'étudier la littérature arabe sans chercher à glorifier les Arabes ni à les dénigrer, sans nous soucier de secourir l'islam ni d'annoncer sa mort, sans nous préoccuper de sa conformité avec les résultats de la recherche scientifique et littéraire, sans nous effrayer si nous en arrivions à des conclusions que le nationalisme refuse, que les passions politiques esquivent, ou que le sentiment religieux abhorre[5]. »

Placé sous le signe de l'effort intellectuel que l'auteur conjugue à l'impératif (لنجتهد), cet essai s'affirme comme un exercice de la vraie liberté dont s'offusqueront toutes les forces conservatrices. D'ailleurs,

1 « L'itinéraire hellénique de Tâhâ Hussein », *op. cit.*
2 *Ibid.*
3 « قوام النهضة الحديثة وذخر الأدب الجديد », *Fi el-chi'r el-jâhili* (*La poésie antéislamique*), *op. cit.*, p. 12.
4 *Ibid.* p. 16.
5 *Ibid.*, p. 22.

l'auteur demande aux lecteurs, qui seraient « incapables de guérir de l'ancien et de se libérer des carcans des sentiments et des passions[1] », de ne pas lire son ouvrage ! Tâha Hussein n'a jamais reculé devant l'attentat iconoclaste, l'innovation ou l'anticipation des renouveaux, c'est en ces termes que Jacques Berque lui rend hommage :

> Il scrute, avec une acuité que personne ne lui dispute alors parmi les Arabes ou parmi les étrangers, cette société de transition et de trouble qu'est devenue l'Égypte. Il inaugure ainsi non seulement la littérature, mais l'idéologie du *qalaq*[2].

Dans les pays arabes et singulièrement en Égypte, les controverses, variables dans leur intensité, rythment l'histoire de la littérature et plus largement de la pensée. Sont-elles le signe de la vivacité de la création ou bien, au contraire, de la puissance du dogme ? Dans un chapitre consacré aux avant-gardes littéraires en Égypte ainsi qu'à la censure et à l'érosion des normes esthétiques et éthiques, Richard Jacquemond écrit :

> Mais c'est moins sur le terrain de la morale que sur celui de la religion que se sont polarisées toutes les grandes polémiques égyptiennes autour de la censure durant le XXe siècle – preuve que la question du statut du référent religieux dans la culture nationale n'est toujours pas tranchée. Dans les années 1990, ces polémiques ont pris une amplitude sans précédent, du fait de la montée en puissance d'un nouveau censeur : Al-Azhar. L'institution millénaire a entrepris de conquérir, par l'exercice de la censure, un pouvoir d'intervention systématique dans le champ intellectuel sans commune mesure avec son magistère spirituel traditionnel[3].

Instituée par la loi de 1961, à l'issue de la réforme nassérienne d'Al-Azhar, qui paracheva l'intégration de cette institution à l'État, l'Académie des recherches islamiques va peu à peu s'imposer comme partenaire, puis rivale des censeurs laïques. En effet, ces derniers « commencent par consulter Al-Azhar lorsqu'ils sont en présence de productions religieuses à l'orthodoxie douteuse ». Mais bientôt, « on voit l'Académie prendre les devants et demander, dans des rapports motivés, aux autorités de police de saisir tel ou tel ouvrage[4] ». Par ailleurs, la législation égyptienne

1 « لا يستطيعون أن يبرؤوا من القديم ويخلصوا من أغلال العواطف والأهواء », *ibid.*, p. 24.

2 T. Hussein, *Au-delà du Nil*, trad. J. Berque et alii, Paris, Gallimard, 1977, introduction de J. Berque, p. 29. *Qalaq* (قلق) signifie « inquiétude, angoisse ».

3 *Entre scribes et écrivains. Le champ littéraire dans l'Égypte contemporaine*, *op. cit.*, p. 76.

4 *Ibid.*, p. 77.

accorde à tout citoyen de saisir la justice pour dénoncer un fait contraire, à ses yeux, à l'intérêt général. Ce droit s'appelle *hisba* (حسبة) qui signifie littéralement « demander des comptes ». En 1996, un amendement du Code de procédure pénal a réservé la *hisba* au ministère public ainsi qu'aux personnes directement concernées par l'objet de la dénonciation. Il n'en a pas complètement supprimé le principe, ce qui laisse la voie ouverte à de nouveaux procès.

Al-Azhar se défend d'être en mesure de saisir une œuvre ; en revanche, il confirme son droit de décider si celle-ci est conforme à la *charia*, à l'islam et aux faits historiques. Obscène, blasphématoire, portant atteinte à l'image de l'Égypte, des Arabes ou des musulmans, tel est l'acte d'accusation qui accable toute œuvre dérangeante (roman, poème, film, feuilleton). En 1989, la *fatwa* contre Salman Rushdie a eu pour conséquence de réactiver le souvenir de celle qui fut prononcée, trente ans plus tôt, contre Nagîb Mahfûz. La condamnation d'*Awlâd hâratinâ* (*Les Fils de la médina*) par al-Azhar (en tant qu'une allégorie intolérable du récit coranique de la genèse, où Dieu et ses prophètes sont représentés sous les traits de personnages humains) semble avoir légitimé les appels au meurtre des prêcheurs islamistes contre l'auteur. Le plus médiatique d'entre eux fut celui du cheikh 'Umar Abd al-Rahmân, guide spirituel des islamistes radicaux égyptiens :

> D'après le jugement islamique, Salman Rushdie et son semblable Nagîb Mahfûz sont des apostats. Le jugement légal islamique est qu'il doit être invité à se repentir, et s'il ne le fait pas, il faut appliquer les dires du prophète : « Tuez celui qui change de religion. » La *fatwâ* de Khomeiny est donc juste et droite. Il faut tuer Rushdie et si on avait appliqué cela à Nagîb Mahfûz lorsqu'il a écrit *Les Fils de la médina*, Salman Rushdie aurait retenu la leçon et personne n'aurait plus parlé en mal de l'islam[1].

L'appel au meurtre des écrivains est l'une des formes du refus, ou de la peur, de la fiction, plus largement des représentations[2]. Ériger en modèle absolu une identité arabe, islamique et nationaliste contient immanquablement les germes de l'intolérance à l'égard de l'altérité. Au nom de la défense de l'islam orthodoxe, l'institution d'Al-Azhar se

1 *Ibid.*, p. 80.

2 J. Goody, *La peur des représentations. L'ambivalence à l'égard des images, du théâtre, de la fiction, des reliques et de la sexualité*, Paris, La Découverte, 2006.

charge, en Égypte, de traquer les signes du schisme, de la subversion, de l'hérésie dans les productions artistiques et culturelles. La doxa de la « personnalité arabo-islamique » (الشخصية العربية الإسلامية) est soutenue, en Algérie, par la réécriture et la mythification de l'histoire du pays, particulièrement celle de la guerre d'indépendance, selon le prisme de la guerre sainte (جهاد). Le rejet de tout ce qui est porteur de différenciation, de contradiction, de diversité se situe au cœur de cette entreprise.

L'ASYMBOLIE DE LA CRITIQUE

SPLENDEUR ET MISÈRE DE L'ARABE

La langue du Coran fait, selon Jacques Berque, « à la fois le privilège et l'infortune » de la littérature arabe contemporaine car la « langue arabe, c'est toujours, et plus que jamais, l'archétype s'efforçant à l'histoire[1] ». Dans sa *Poétique arabe*, Jamel Eddine Bencheikh interroge le discours critique qui a fermement orienté la poésie médiévale en lui assignant une fonction dans l'édifice culturel. La primauté de la mémoire poétique (رواية) est un fait fondamental : le futur poète doit connaître l'œuvre des grands maîtres et surtout le Coran. Le livre sacré

> [...] inculque le sens de la langue, cette *'arabiyya* insurpassable ; il fournit un fonds lexical inépuisable, fixe une stylistique, constitue un univers métaphorique, offre des formules ; bref, il érige les structures mentales et détermine les modes de pensée dont le poète ne se départira plus[2].

Le Coran se distingue, d'après Daniel Sibony, par l'*énonciation* et par la *langue*. L'énonciation « c'est le point de vue pour mettre en scène différemment des énoncés bien connus ». Quant à la langue arabe dans laquelle le Coran exprime « le vieux message juif », elle « en vient presque à s'identifier, pour ceux qui y sont nés, à la langue divine ; bref elle fonctionne comme le noyau sacralisé de l'identité islamique[3] ». Dès lors, l'invention d'un autre discours, par exemple littéraire, peut paraître superflue ou impossible, le Coran étant la source et l'horizon inaccessible de toute littérature.

---

1 *Anthologie de la littérature arabe contemporaine. Le roman et la nouvelle*, préface, *op. cit.*, p. 9.

2 J. E. Bencheikh, *Poétique arabe*, Paris, Gallimard, 1989, p. 52.

3 *Les trois monothéismes. Juifs, chrétiens, musulmans entre leurs sources et leurs destins*, *op. cit.*, p. 22.

Dans quelle langue arabe écrire ? Le choix entre l'arabe littéral et l'arabe dialectal est une question cruciale que Mikhail Naimy pose dès 1923. Il déclare même que c'est la plus grande difficulté qu'il ait rencontrée en écrivant *Les Pères et les Fils* (الآباء والبنون), une pièce dans laquelle il dramatise « l'éternel conflit entre les pères et les fils, et le contraste permanent entre l'ancien et le nouveau[1] ». Prisonnière de son statut de « symbole sacré » (رمزا مقدسا), la langue arabe, perçue comme étant « accomplie et parfaite » (وافية كاملة[2]), a peu évolué. Or la langue familière (لغة عامية) devrait avoir une place importante dans les œuvres littéraires :

في عرفي [...] أن أشخاص الرواية يجب أن يخاطبونا باللغة التي تعودوا أن يعبروا بها عن عواطفهم وأفكارهم، وأن الكاتب الذي يحاول أن يجعل فلاحا أميا يتكلم بلغة الدواوين الشعرية والمؤلفات اللغوية يظلم فلاحه ونفسه وقارئه وسامعه، لا بل يظهر أشخاصه في مظهر الهزل حيث لا يقصد الهزل.

« À ma connaissance [...], les personnages doivent s'adresser à nous dans la langue avec laquelle ils ont pris l'habitude d'exprimer leurs sentiments et leurs pensées. L'écrivain, qui essaie de faire parler un paysan analphabète dans la langue des recueils poétiques et des traités linguistiques, se montre injuste à l'égard de son paysan, de soi-même, de son lecteur, de son auditeur. De plus, il représente ses personnages sous un aspect comique sans en avoir l'intention[3]. »

Dans la fiction dramatique, on s'en doute, la tension entre l'arabe classique ou dialectal prend une dimension encore plus cruciale. Le recours à la langue familière y est d'autant plus nécessaire que celle-ci est l'outil d'expression et de communication du peuple et des trésors de la culture orale :

هذه اللغة تستر تحت ثوبها الخشن كثيرا من فلسفة الشعب واختباراته في الحياة، وأمثاله واعتقاداته التي لو حاولت أن تؤديها بلغة فصيحة لكنت كمن يترجم أشعارا وأمثالا عن لغة أعجمية.

« Derrière sa rude apparence, cette langue dissimule une grande part de la philosophie du peuple, de ses expériences, de ses proverbes, de ses croyances. Si on essayait d'exprimer tout cela dans l'arabe littéral, cela équivaudrait à traduire des poèmes et des proverbes d'une langue étrangère[4]. »

---

1 « الخلاف الأبدي بين الآباء والبنين والتباين الدائم بين القديم والحديث », *Al-ghirbâl* / الغربال (*Le Tamis*), *op. cit.*, p. 37.

2 *Ibid.*, p. 112.

3 *Ibid.*, p. 34.

4 *Ibid.*

L'écriture théâtrale ne saurait donc se passer de la langue du peuple. On devrait écrire toutes les pièces en langue familière quand « aucun d'entre nous ne parle l'arabe de la *jâhiliyya* ni des premières époques islamiques[1] ». Cela mènerait à la mort (انقراض) de l'arabe littéral, ce que Naimy refuse et qualifie même de « désastre national » (ملمة قومية[2]). Comment dénouer alors ce problème complexe (عقدة) ? Dans son théâtre, Naimy se résout à réserver l'arabe littéral aux personnages lettrés et l'arabe familier aux analphabètes. Loin d'être satisfaisante, cette solution fait ressurgir une autre difficulté, celle de la « transcription de la langue familière » (ضبط كتابة اللغة العامية[3]). Mise à part la multiplicité des accents qui varient selon les régions, l'arabe oral comporte des lettres et des usages dont l'arabe classique est dépourvu. D'où l'urgence d'une innovation linguistique :

ونحن بحاجة ماسة إلى هذه الاصطلاحات إذا أحببنا أن نقترب من الشعب ونهذبه بأقلامنا.

« Si nous souhaitons nous rapprocher du peuple et l'éduquer avec nos plumes, il nous faut de toute urgence ces usages[4]. »

La question du choix de la langue déborde le cadre des préoccupations esthétiques car elle reste liée aux conditions mêmes de la naissance de la littérature arabe moderne qui sont de l'ordre de l'urgence et des luttes politiques et historiques. Engagée et pressée par le temps et les tensions, cette littérature est d'emblée en quête d'un langage susceptible de lui permettre de toucher des publics plus larges. Le débat passionné à propos de l'arabe – peut-il en être autrement dès lors que la langue du Coran est en jeu ? – ouvre sur trois positions autour desquelles partisans et adversaires vont se déchirer.

Dans un célèbre article sur la diglossie, paru en 1959, le linguiste américain Ferguson[5] décrit le monde arabe comme un exemple paradigmatique d'aire linguistique structurée par une situation diglossique où coexistent l'arabe classique écrit et l'arabe dialectal parlé. Dans le domaine de la littérature, les partisans de l'arabe classique, tel qu'il s'était

1 « ليس بيننا من يتكلم عربية الجاهلية أو العصور الإسلامية الأولى », *ibid.*, p. 35.
2 *Ibid.*
3 *Ibid.*
4 *Ibid.*, p. 36.
5 Cité par D.-E. Kouloughli, « Sur quelques approches de la réalité sociolinguistique arabe », Égypte/Monde arabe, Première Série, *Les langues en Égypte*, 2008, en ligne.

élaboré au Moyen Âge, refusent toute compromission en exigeant que la littérature s'adapte à cette langue pourtant saturée en résonances de l'immémorial. Dans l'autre camp, aux yeux des partisans du dialecte, il est nécessaire d'utiliser le langage, dynamique et ouvert, du peuple. Mais au-delà du problème que pose la diglossie, ce dilemme recoupe :

> [...] le conflit que se livrent, depuis le XIXe siècle, le « fondamentalisme islamique », partisan de la fidélité inconditionnelle aux sources, et notamment à l'arabe classique qui reste l'expression souveraine de l'islam, et le modernisme, tenté par tout ce qui fait non plus l'islam conçu comme un idéal fixé *ne varietur*, mais le monde où vivent aujourd'hui les musulmans[1].

Mais la réalité linguistique arabe déborde la diglossie. C'est pourquoi, dès 1960, le schéma binaire de Ferguson fut très contesté. Pourtant, une lecture attentive de son texte montre que ce linguiste a perçu d'autres éléments susceptibles de mettre en cause son approche bipolaire, à savoir l'existence de ce qu'il nomme « la langue intermédiaire (ou médiane) » (اللغة الوسطى). L'émergence de « l'arabe médian » (عربية وسطى) marque en effet un tournant dans l'histoire de la littérature arabe moderne. Production des arabophones cultivés, l'arabe médian présente des caractéristiques phonologiques, morphologiques, syntaxiques et surtout lexicales. L'enseignement, les *mass media* et les œuvres littéraires ont largement contribué à cette rénovation linguistique qui réduit la coupure entre l'arabe classique et l'arabe dialectal.

Tenant de l'arabe classique, fût-il rénové, Tâha Hussein ne recourt pas au dialecte égyptien quand il représente la vie rurale et populaire. D'autres écrivains ont résolu la diglossie en réservant l'arabe classique (ou modernisé) pour le récit, et le dialecte pour les dialogues. Le « plus grand combat » de l'écrivain arabe, affirme Nagîb Mahfûz, est celui qu'il mène « contre la langue arabe » qu'il lui faut « moderniser[2] ». La modernisation de la langue serait la condition de la création d'un style qui soit en rupture avec le modèle ancestral et le modèle occidental à la fois. Nagîb Mahfûz souhaite rendre le langage « esthétique et réaliste à la fois ». De tout son « parcours romanesque », cette entreprise est le « problème le plus épineux » auquel il se soit heurté[3]. En dépit

1 *La littérature arabe*, *op. cit.*, p. 101.
2 *Mahfouz par Mahfouz*, *op. cit.*, p. 103-104.
3 *Ibid.*, p. 104.

de leur puissance poétique, dont témoignent certaines expériences en Tunisie ou en Égypte, les œuvres qui recourent massivement au dialecte demeurent assez rares.

Parfois, les tenants de l'arabe classique ou médian combattent non seulement le dialecte mais aussi les langues étrangères, singulièrement celle de l'ancien colonisateur. Le choix d'une langue autre que l'arabe condamne généralement l'écrivain à un exil non seulement hors de la langue nationale mais aussi du champ littéraire national :

> [...] si réussi que soit le message dans l'ordre de l'art ou même d'une protestation nationale retournée, dans sa propre langue, contre l'occupant, certains ont tendance à considérer qu'il s'agit là de « déracinement », de survivances de temps révolus, et que, tout patrimoine culturel s'exprimant dans un langage à lui, littérature arabe ne peut vouloir dire que littérature *de langue* arabe[1].

L'Égypte compte pourtant une littérature prestigieuse alliant l'égyptianité, le cosmopolitisme et la langue française. En effet, à partir de 1846, des écoles religieuses françaises dispensent un enseignement dynamique qui sera prisé par l'élite sociale égyptienne et va fonder les conditions d'épanouissement d'une littérature francophone (on pense à A. Cossery, E. Jabès, J. Hassoun, A. Chédid, G. Henein, et d'autres). S'il existe d'importants travaux sur cette littérature, Ève de Dampierre note qu'il est « extrêmement rare que les textes de ces auteurs francophones [...] soient confrontés à ceux de leurs contemporains arabophones[2] ». La recherche dans le domaine francophone, à l'instar de celle dans le domaine arabe, cloisonne et isole les écrivains en fonction de la langue dans laquelle ils écrivent :

> Ces ouvrages mettent en relief l'étrange discrimination qui frappe la littérature égyptienne contemporaine : la langue d'expression y apparaît comme le premier critère de classification, et donc de séparation, entre des écrivains que leur nationalité et leur source d'inspiration devraient inviter à rassembler[3].

La « séparation » académique selon le critère de la langue reproduit et prolonge d'autres séparations historiques, politiques et esthétiques. Daniel Lançon montre qu'après avoir été le vecteur d'une élite qui a

---

1 *La littérature arabe*, *op. cit.*, p. 104-105. En italique dans le texte.

2 *De l'Égypte à la fiction*, *op. cit.*, p. 25.

3 *Ibid.*

adopté les références françaises et cosmopolites, la littérature francophone égyptienne finit par succomber face aux remous de l'histoire. L'« infortune » de cette francophonie est, dit-il, celle « d'une littérature en marge d'une société en pleine mutation[1] ». Dans les années 1930-1940, la cité cosmopolite que fût le Caire exhibe déjà les antagonismes qui forment la chronique d'une mort annoncée de la francophonie :

> Les manifestes égyptiens des années 1937, 1938 et 1939 illustrent au total des tensions ancien/moderne, campagne/ville, orient traditionnel/orient occidentalisé, cette série d'oppositions binaires s'imbriquant et se complexifiant d'une tension interne à l'organisation même d'une proto-métropole intellectuelle aux quartiers orthodoxes, ceux-là même où travaillent les artisans dont est pourtant espérée une résurrection, et auxquels se sont juxtaposés, presque en extra-territorialité au début du siècle, des quartiers à l'occidentale. Ce volontarisme *cosmopolitain* s'oppose en outre à d'autres tendances qui lui sont contemporaines, comme l'émergence des solidarités communautaires musulmanes (l'organisation des Frères Musulmans naît en Égypte en 1927) et nationalistes égyptiennes ou panarabes[2].

En effet, s'appuyant sur le mouvement culturel d'éveil arabo-islamique, nationaliste ou panarabe, la révolution de 1952 va précipiter le déclin de la bourgeoisie et de la francophonie. En Égypte comme en Algérie, le nationalisme entretient la confusion entre langue et littérature, langue et nationalité, langue et identité.

« LE COMPLOT FRANCOPHONE »

En Algérie, la purification linguistique a précédé le massacre des populations. Dès les années 1970, l'arabisation forcée des Algériens s'est effectuée de manière autoritaire et centralisée, l'objectif étant d'imposer l'arabe classique, et de marginaliser le berbère et le français, ainsi que l'arabe dialectal (oral) et ses multiples variantes régionales. À

1 D. Lançon, M. Kober et I. Fenoglio (dir.), *Entre Nil et sable. Écrivains d'Égypte d'expression française (1920-1960)*, Paris, Centre National de Documentation Pédagogique, 1999, p. 50.

2 D. Lançon, « Le Caire (1934-1941) : le défi des avant-gardes européennes pour les écrivains égyptiens et pour Georges Henein en particulier », 2010, en ligne.

la guerre linguistique a succédé la guerre civile marquée par le meurtre des artistes et des écrivains : Tahar Djaout, Yousef Sebti, Abdelkader Alloula, Saïd Mekbel… Autour du corps enterré de l'écrivain, écrit Assia Djebar, « s'entrecroisent et s'esquissent plusieurs Algéries[1] ». Ces scènes de meurtre sont le théâtre d'un violent antagonisme entre les partisans, et représentants, d'une Algérie plurilingue et polyculturelle et ceux d'une Algérie arabe et islamique. Jacques Berque décrit en ces termes cette politique linguistique et plus largement culturelle :

> Les choix linguistiques de l'Algérie ont abouti à faire un problème majeur de quelque chose qui était au départ une supériorité et à créer une situation qui n'exista dans aucun des vingt autres pays arabes, confrontés eux aussi à la diglossie avec la présence d'une ou deux langues secondes[2].

L'examen des arguments pseudo-scientifiques des partisans de l'arabisation, dont Abû al-Qaçem Sa'dallah est un célèbre représentant, éclaire ce recul historique en matière plurilinguistique, interculturelle et symbolique. Les défenseurs de cette arabisation volontariste développent une argumentation idéologique soutenue par la véhémence verbale du discours, exhibant ainsi une vision totalitaire de l'Algérie. Le recueil d'articles intitulé *Fî al-jadal el-thaqâfî* (*Controverse culturelle*) de Sa'dallah témoigne de la véhémence des polémiques lors de la période charnière de la fin des années 1980. Ces textes, pour la plupart publiés dans le quotidien *Le Peuple* (الشعب), ont été écrits entre 1987 et 1989, en plein débat sur l'arabisation de l'enseignement supérieur, accentuant la tension nationale.

Deux ans avant l'éclatement de la guerre civile, le langage guerrier de l'auteur, ancien élève de l'université de la Zitouna et membre de l'Académie de la langue arabe, présage du pire pour la minorité francophone. D'un article à l'autre, Sa'dallah répète continûment les deux orientations principales qui sous-tendent sa réflexion : d'un côté, la conviction qu'il existe un « complot de la francophonie » (مؤامرة الفرنكفونية[3]) ; de l'autre, l'affirmation que la « personnalité » (شخصية) de l'Algérie repose exclusivement sur l'islam, la langue arabe et le nationalisme.

1 A. Djebar, *Le Blanc de l'Algérie*, Paris, Le Livre de Poche, 2002, p. 12.
2 Cité dans *Tombeau de la fiction*, *op. cit.*, p. 191.
3 A.-Q. Sa'dallah, *Fi al-jadal el-thaqâfi* / في الجدل الثقافي (*Controverse culturelle*), Sousse, Dâr al-Ma'ârif, 1993, p. 85.

Dans la brève introduction de son spicilège, il assure que la culture arabo-islamique subit, en Algérie, une « offensive » (هجمة) au nom de la démocratie. Mettant ses espoirs dans « l'éveil » (صحوة) islamique, il s'interroge gravement : « Le bien triomphera-t-il du mal[1] ? »

Dans l'un de ses articles, Sa'dallah propose un compte rendu du congrès de l'Académie de la langue arabe qui a eu lieu en Égypte en 1989. Il s'en prend, de manière déguisée, aux pionniers de la renaissance arabe. Abbâs al-Aqqâd et Tâha Hussein, les fondateurs de cette Académie, auraient sombré dans la poussière et l'oubli cédant la place à une autre génération de « gardiens de la langue, de la littérature et de la pensée[2] ». L'auteur attaque la position de Tâha Hussein quant à la guerre d'Algérie et rappelle que, en 1956, ce dernier a invité la France à « s'entendre » (تفاهم) avec les Algériens, à l'instar de ce qu'elle fit avec les Tunisiens et les Marocains. Aux yeux de Sa'dallah, il s'agit d'un « conseil » (نصح) que Tâha Hussein donne à la France plutôt que d'une « prise de position » (موقف) par rapport à la colonisation française.

Se référant à des témoins anonymes, Sa'dallah explique que Tâha Hussein était sous l'influence de son épouse française qui lui avait imposé un état d'« isolement » (عزلة) et d'« encerclement » ([3]تطويق). Sa'dallah reprend ici les lieux communs que la critique arabe répand quant au rôle de Suzanne : elle empêchait certains hommes de lettres égyptiens de rendre visite à Tâha Hussein sous prétexte qu'il était souffrant ; elle refusait que ce dernier donne de l'argent aux solliciteurs ; en dehors de quelques mots du dialecte, et bien qu'elle ait vécu plus de cinquante ans en Égypte, elle n'a pas essayé d'apprendre l'arabe ; en tant que chrétienne pratiquante, elle allait à l'église chaque dimanche, et recevait des hommes de religion chrétiens ; parmi les Égyptiens, ses proches amis étaient soit des chrétiens soit des musulmans qui avaient succombé à la culture et aux traditions françaises ; de même, le salon littéraire de Tâha Hussein était fait selon le modèle français, et les conversations s'y déroulaient uniquement en français[4].

1 « فهل سيتغلب الخير على الشر ؟ », *Ibid.*
2 « سدنة اللغة والأدب والفكر », *ibid.*, p. 5.
3 *Ibid.*, p. 23.
4 A. Z. Sa'di, *Fî al-adad al'arabi al-hadîth* / في الأدب العربي الحديث. ظواهر أدبية ومقاربات نقدية (*La littérature arabe contemporaine. Phénomènes littéraires et approches critiques*), Tunis, Dâr arabia lî al-kitâb, 2007, p. 7.

Dans l'argumentation de Sa'dallah, le projet de fonder une université française en Alexandrie sert de prétexte supplémentaire pour dénoncer « les plans d'expansion francophone en mer Méditerranée ». Bien qu'il soit placé sous le signe du dialogue et de la coexistence des civilisations, ce projet n'est rien d'autre qu'une « agression culturelle » (هجوم ثقافي[1]), l'une des formes de l'agression étrangère. Enfin, l'auteur en vient plus précisément à l'Algérie. S'abritant derrière une conversation avec un universitaire égyptien anonyme à propos des *Versets sataniques*, il écrit :

> زميلي [...] فاجأني قائلا : وأنتم أيضا ألم يظهر عندكم شخص يعلن : يا محمد، خذ حقيبتك !؟ ماذا فعلتم نحوه، هل اعتبرتموه مرتدا؟ وماذا عن الرموز التي وظفها في كتابه ؟
>
> « Le collègue me surprit en disant : "Chez vous aussi, quelqu'un a déclaré : *Mohamed prends ta valise*. Quelle fut votre réaction envers lui, l'avez-vous considéré comme un apostat ? Et qu'en est-il des symboles qu'il a utilisés dans son livre ?"[2] »

Sa'dallah attaque ici, sans le nommer, Kateb Yacine qui a mis en scène *Mohamed prends ta valise*[3], une pièce essentiellement en arabe dialectal où l'auteur représente l'immigration maghrébine avec distanciation, ironie, légèreté. Loin de s'émouvoir de la brutalité de la question de son interlocuteur, Sa'dallah oriente son argumentation, quel que soit le sujet, dans le sens de l'antagonisme entre l'arabisation et la francophonie. Dans un autre article, il s'interroge sur l'absence de travaux arabes consacrés à la révolution algérienne bien que celle-ci ait toujours joui de la ferveur de l'opinion publique qui voyait même dans l'Algérie colonisée « le second paradis perdu » (الفردوس المفقود الثاني[4]). Selon Sa'dallah, la formation occidentale et l'acculturation expliquent le peu d'intérêt que les élites arabes accordent à la révolution algérienne jusqu'au tournant de 1956 :

> وكثير من المثقفين العرب عندئذ كانوا من خريجي الجامعات الغربية يعودون منها بمرض التبعية والولاء [...]. أما « فلسفة الثورة » والتوجه نحو الوطن العربي، ورفع شعار الوحدة العربية والحياد الإيجابي وعدم الانحياز والمواجهة مع الغرب، فلم تظهر إلا بعد سنة، *1956*.
>
> « De nombreux intellectuels étaient alors formés dans les universités occidentales d'où ils revenaient atteints du syndrome de dépendance et d'allégeance [...]. En revanche, la "philosophie de la révolution", l'orientation vers la nation

1 *Fi al-jadal el-thaqâfi* (*Controverse culturelle*), *op. cit.*, p. 25.
2 *Ibid.*, p. 26.
3 K. Yacine, *Boucherie de l'espérance*, Paris, Seuil, 1999, p. 205-336.
4 *Fi al-jadal el-thaqâfi* (*Controverse culturelle*), *op. cit.*, p. 75-76.

arabe, le brandissement du slogan de l'unité arabe, la neutralité positive, le non-alignement, la confrontation avec l'Occident, tout cela n'est apparu qu'après 1956[1]. »

À cela s'ajoute le rayonnement, en Europe et au Machreq, dont ont bénéficié les œuvres francophones de Mohammed Dib, Kateb Yacine, Mouloud Mammeri et Mouloud Feraoun, parues au début des années 1950. Influencées par l'édition et la recherche françaises, les intellectuels du Machreq ont beaucoup traduit et analysé ces textes sous l'étiquette de la « littérature colonisée » (أدب مستعمر), ou de « l'école de l'Algérie » (مدرسة الجزائر), ou encore de « l'école de la mer Méditerranée » (مدرسة البحر الأبيض). Sa'dallah juge abusif cet intérêt qui a fait répandre, dans les milieux intellectuels arabes, l'idée que « l'Algérie a été francisée dans sa langue et sa culture[2] ». Pendant la révolution, cette conviction a continué de régner, et elle fut même renforcée par l'arrivée en littérature de Malek Haddad et d'Assia Djebar, et par la traduction en arabe de *La Grande Maison* et de *Nedjma*. De plus, Malek Haddad est allé au Machreq où il a déclaré qu'il était « exilé dans la langue française[3] » :

فزاد ذلك من تعاطف الأدباء والمفكرين العرب على الجزائريين «ضحايا» المسخ الثقافي الاستعماري.

« Cela accrut la sympathie des écrivains et des intellectuels arabes envers les Algériens, “victimes” de la défiguration culturelle coloniale[4]. »

Sa'dallah dit s'être alors chargé de faire connaître les œuvres algériennes arabophones en publiant des études dans des revues littéraires notamment au Liban, en Irak et en Égypte. Pour appuyer sur la personnalité ou l'identité arabo-islamique de l'Algérie, il utilise le mot *lisân* (لسان) qui signifie « langue » en anatomie et en linguistique plutôt que *lougha* (لغة) qui veut dire « langue » au sens linguistique, « langage », « idiome » :

وهكذا عرف الأدباء والكتاب العرب أن الأدب العربي الجزائري ما يزال بخير وأن لسان الجزائر لم يكن فرنسيا، كما توهموا من قبل.

1 *Ibid.*, p. 79.
2 « الجزائر قد *(فرنست)* في لغتها وثقافتها », *ibid.*, p. 82.
3 « منفي في اللغة الفرنسية », *ibid.*
4 *Ibid.*

> « Ainsi, les écrivains arabes ont su que la littérature arabophone algérienne se portait bien et que, contrairement à ce qu'ils avaient imaginé, la langue de l'Algérie n'était pas française[1]. »

L'auteur regrette que la révolution algérienne « n'ait pas su comment se continuer dans le cœur de la jeunesse arabe d'hier et d'aujourd'hui[2] ». Cette révolution qui fût le « symbole de la fierté arabe » (رمزا للكبرياء العربي[3]) a finalement échoué à fructifier ce capital. Sous la forme d'une question rhétorique, l'auteur use du stéréotype du complot des francophones de l'intérieur et de l'extérieur, déclarés ennemis de la nation algérienne :

> أو مؤامرة الفرنكفونية التي لم تنجح في القضاء على الثورة عسكريا فخططت مخططاتها لكي تجعل الجزائر تتجه دائما نحو الشمال ولا ترتبط بالشرق ؟
>
> « Serait-ce le complot de la francophonie qui, n'ayant pas réussi à vaincre la révolution militairement, aurait préparé des plans afin que l'Algérie soit toujours orientée vers le Nord, et qu'elle ne se lie pas avec l'Orient[4] ? »

Méditant sur la chute du mur de Berlin, Sa'dallah accuse la démocratie-libérale occidentale de tenter de transformer les Algériens en « laïques » (علمانيين), « universalistes » (عالميين), ou encore « Occidentaux » (غربيين). Or ces derniers veulent façonner leur identité conformément à leurs « traditions » (تقاليد) et à leurs « constantes » (ثوابت) que sont la religion (دين), la langue (لغة) et le nationalisme (وطنية) :

> ومن ثمة هذا الصراع بيننا وبين الديمقراطية-الليبرالية الذي هو في الواقع صراع حضاري-تاريخي.
>
> « D'où ce conflit avec la démocratie-libérale qui est, en réalité, un conflit historique des civilisations[5]. »

Le stéréotype du complot sioniste est l'autre pendant de celui du complot de la francophonie puisque Sa'dallah n'hésite pas à dénoncer les « mouvements juifs secrets » (الحركات اليهودية السرية) qui agissent contre les intérêts du monde arabe. Pour cette Algérie qui se dit arabe, islamique et nationaliste, le moindre lien avec Israël est une trahison ou un crime. À ce propos, on se souvient que Boualem Sansal a été privé, en 2012,

1 *Ibid.*, p. 83.
2 « لم تعرف كيف تستمر في قلوب الشباب العربي بالأمس ولا شباب اليوم », *ibid.*, p. 85.
3 *Ibid.*, p. 84.
4 *Ibid.*, p. 85.
5 *Ibid.*, p. 89.

du prix du Roman arabe pour avoir participé à un festival à Jérusalem. L'écrivain commente ainsi ce triste épisode :

> Il a fait ressortir chez certains dirigeants et intellectuels une sorte de haine primitive, viscérale, très inquiétante. Comme si le fait d'être allé en Israël était le péché suprême. En revanche, en Kabylie, seule région qui continue à résister, je suis quasi un héros national ! Ils me considèrent comme un rebelle, un résistant[1].

Dans un compte rendu d'un colloque organisé à Paris sur L'Étoile de l'Afrique du Nord et le mouvement nationaliste algérien, Sa'dallah attaque les recherches historiques françaises consacrées à l'Algérie. Si la « colonisation apparente » (الاستعمار الظاهري) s'est terminée, la « colonisation cachée » (الاستعمار الخفي[2]) se poursuit toujours. L'école historique française et les chercheurs algériens qu'elle forme sont accusés de mettre en exergue le rôle des Français dans le mouvement nationaliste algérien. Cela se manifeste à travers l'insistance sur le rôle de l'élite algérienne francophone, celui des communistes, ou encore celui de la femme française auprès des leaders algériens :

> وقد ذهب كاتب مثل بنجامين ستورا إلى القول أن زوجة مصالي هي التي طرزت العلم الجزائري،
> وأضاف متعجبا وبخبث : كم من الوطنيين الجزائريين يدركون أن صانعة علمهم هي امرأة فرنسية ؟
>
> « Un auteur comme Benjamin Stora a prétendu que c'est l'épouse de Messali qui a brodé le drapeau algérien avant d'ajouter, avec étonnement et malice : "Combien de patriotes algériens savent-ils que l'artisan de leur drapeau est une femme française ?"[3] »

Sa'dallah consacre plusieurs articles à la politique linguistique et aux liens entre langue et culture. Il traite des statuts des langues qui coexistent en Algérie et rejette le français comme langue d'enseignement que cette langue soit perçue comme un « résidu de la colonisation » (بقايا الاستعمار) ou un « butin de guerre » (غنيمة حرب[4]). De plus, prétendant défendre la culture populaire, le berbère et la démocratie, l'école francophone mènerait une campagne dévastatrice contre l'islam et l'arabe :

1 A. Schwartzbrod, « Boualem Sansal : "Je ne suis pas en guerre contre Israël" », *Libération*, 18 juillet 2012.
2 *Fi al-jadal el-thaqâfi* (*Controverse culturelle*), *op. cit.*, p. 102.
3 *Ibid.*, p. 104.
4 *Ibid.*, p. 141.

فأثناء الاحتلال كان الفرنسيون يصفون لغتهم بأنها لغة سيادة ولغة المنتصرين. ولكن بأي حق تسود الفرنسية علينا اليوم ونحن نفتخر أمام العالم بأننا قد استرجعنا سيادتنا وأننا نحن الآن المنتصرون؟

« Pendant l'occupation, les Français décrivaient leur langue comme une langue de domination et comme la langue des vainqueurs. Mais de quel droit le français dominerait-il aujourd'hui alors que nous nous targuons, face au monde, d'avoir repris notre souveraineté et d'être maintenant les vainqueurs[1] ? »

La tentation de donner une place à l'arabe dialectal et à ses variantes régionales émanerait du « complot orientaliste-sioniste » (مؤامرة استشراقية-صهيونية) pour anéantir « l'arabe une et unique » (العربية الموحدة والواحدة), la « langue du Coran » (لغة القرآن[2]). Se fondant sur une certaine version de l'Histoire, l'auteur règle le sort du berbère tout aussi aisément. Dans le Maghreb fraîchement conquis par les musulmans, seul le byzantin (ou le grec) était la « langue de la souveraineté et de l'écriture » (لغة السيادة والكتابة). Les Berbères, eux, n'avaient pas de langue écrite :

فالعربية حلت محل لغة أجنبية عندنا وليس محل لغة وطنية.

« Chez nous, l'arabe a pris la place d'une langue étrangère et non pas d'une langue nationale[3]. »

Regrettant que les francophones aient osé soumettre à la discussion les constantes que sont la langue, la religion, l'histoire, le nationalisme, Sa'dallah énumère les postulats sur lesquels repose sa propre réflexion :

وحدة الله، ووحدة الوطن الجزائري، ووحدة اللغة الوطنية وهي العربية، ووحدة الثقافة.

« [...] l'unicité de Dieu, l'unicité de la nation algérienne, l'unicité de la langue nationale qui est l'arabe, et l'unicité de la culture[4]. »

La langue est appréhendée comme une « arme nationale » (سلاح وطني) et une « arme scientifique » (سلاح علمي), d'où la nécessité de son unification :

وجب توحيد اللسان في الوطن الواحد لتوحيد الفكر والهوية والانتماء.

1 *Ibid.*, p. 142.
2 *Ibid.*, p. 143.
3 *Ibid.*, p. 146.
4 *Ibid.*, p. 149.

« Il faut unifier la langue dans le pays pour en unifier la pensée, l'identité et l'appartenance[1]. »

Suivant cette logique, le plurilinguisme apparaît comme un facteur de schisme. Farouche défenseur de l'arabisation, Sa'dallah argue que ce sont les aïeux, les martyrs et les héros de l'indépendance, et Dieu lui-même qui ont voulu que l'arabe soit la langue nationale des Algériens. Alors que les francophones acclament « la culture étrangère conquérante » (الثقافة الأجنبية الغازية[2]), les partisans de l'arabisation incarnent le parti de l'authenticité (أصالة) :

نريد تحصين ألسنة أطفالنا من لغة دخيلة وتوحيد قلوبهم على حب تراثهم وتاريخهم، وتعزيز هويتهم الوطنية بالأناشيد الوطنية التي تبرز بطولات الأجداد وتصوراتهم للمستقبل.

« Nous voulons immuniser les langues de nos enfants contre une langue intruse, unifier leurs cœurs autour de l'amour de leur héritage et de leur histoire, renforcer leur identité nationale au moyen des chants nationaux qui mettent en évidence les actes héroïques des aïeux et leurs conceptions de l'avenir[3]. »

L'arabisation de l'enseignement supérieur paraît nécessaire pour fonder « une éducation nationale et scientifique, libérée de la dépendance linguistique et politique[4] ». Le français, décrit comme une langue « sous-développée » (متخلفة) dans le domaine scientifique et comme un « héritage colonial » (تركة استعمارية[5]), n'aurait pas véritablement sa place dans cet enseignement. L'auteur propose plutôt d'« acheter » (نشتري) d'autres langues, comme l'anglais, le russe ou l'allemand, pour se former scientifiquement. L'emploi du verbe « acheter » suggère un rapport distant à tout autre « langue entrante » ou « intruse » (لغة دخيلة) qui doit être considérée comme un simple « instrument » (أداة[6]). Selon le critique, les besoins linguistiques de l'Algérie se font ressentir dans le domaine des sciences et de la technologie, et en aucun cas dans celui des lettres et des arts. La « bataille » (معركة[7]) oppose, en réalité, l'arabe et le français et non le progrès et le sous-développement.

1 *Ibid.*, p. 189.
2 *Ibid.*, p. 156.
3 *Ibid.*, p. 189.
4 « تعليم وطني وعلمي، متحررا من التبعية اللغوية والسياسية », *ibid.*, p. 197.
5 *Ibid.*, p. 191.
6 *Ibid.*, p. 190.
7 *Ibid.*, p. 192.

La férocité du style de Sa'dallah se déploie dans des textes sarcastiques où il attaque l'école Descartes qui accueille des élèves algériens alors qu'elle devait se limiter aux enfants des diplomates et des coopérants. Les parents algériens sont accusés d'avoir préféré l'école étrangère à l'école nationale ou, en d'autres termes, d'avoir préféré Descartes à Avicenne. L'auteur se moque des « assimilationnistes » qui tentent de coiffer Descartes du turban du *hadj* pour convaincre qu'il « s'est algérianisé » (تجزأر) et « s'est arabisé » ([1]استعرب) :

> لقد بذل الفرنسيون جهدهم [...] أن يكونوا « نخبة » متفرنسة من الجزائريين [...] داعية إلى الاندماج والتسامح الديني، والتفاهم الحضاري والحوار العلماني والعقلاني، والانبطاح السياسي والاقتصادي.
>
> « Les Français ont employé toutes leurs forces pour former, parmi les Algériens, une "élite" francophone [...] appelant à l'assimilation, à la tolérance religieuse, à l'entente culturelle, au dialogue laïque et rationnel, à la capitulation politique et économique[2]. »

Réitérant sa foi en l'« ardeur » ([3]حرارة) de l'islam et de l'arabité, Sa'dallah prédit que « tous les projets de Descartes et de ses associés échoueront[4] ». On le voit, la crispation identitaire et anti-occidentale est alors à son point culminant. Dans un tel contexte chargé de rancœur envers l'ancienne puissance colonisatrice et les écrivains francophones, il paraît aisé de mesurer la justesse du cri de désespoir d'Assia Djebar face au désastre :

> Le déni du parler de tout un peuple est allé de pair avec la suspicion entretenue à l'égard de la minorité d'écrivains francophones (Kateb Yacine, Dib, Feraoun, Mammeri...) qui, traduits dans le monde entier, ne le furent pas dans la langue nationale de l'Algérie pendant trente ans. Plus grave, les trésors de la littérature orale au dialecte raffiné – la respiration du peuple algérien sur des siècles – n'étaient pas davantage diffusés... Quant au berbère, il fut très tôt interdit de transmission [...]. Dans les années 70, l'Algérie officielle s'érigeait en porte-parole d'un tiers-mondisme planétaire alors que dans ses bourgs et ses villages, dans chacun des quartiers populaires de ses villes [...], tout ce qui relevait de la communication – et donc de la parole – progressivement s'obstruait[5]...

1 *Ibid.*, p. 117.
2 *Ibid.*, p. 124.
3 *Ibid.*
4 « ستفشل كل مشاريع ديكارت وشركائه », *ibid.*, p. 134.
5 Cité dans *Tombeau de la fiction*, *op. cit.*, p. 191-192.

La décennie noire constitue une blessure profonde que porte encore l'Algérie d'aujourd'hui. Cela nous invite à rappeler le caractère visionnaire de l'engagement de Kateb Yacine en faveur d'une Algérie plurilingue et multiculturelle, un engagement que ses héritiers assument parfois au prix de leur propre vie.

POUR UNE ALGÉRIE PLURILINGUE ET MULTICULTURELLE

« Écrivain, j'ai été plus que d'autres aliéné par la langue française », disait Kateb Yacine dans un entretien en 1972. Cela veut dire que l'usage du français l'a détourné d'explorer les richesses, les ressources virtuelles et créatives de sa langue maternelle et de la culture maghrébine. Cette aliénation est celle de l'élite francophone qui a émergé au cœur du désastre colonial qu'elle combattra énergiquement. Dans *Le Polygone étoilé*, Kateb Yacine situe la séparation d'avec la « source maternelle » et ses « premières harmonies[1] » au moment où il passe de l'école coranique à l'école française. Le narrateur évoque ironiquement la *medersa* où il aurait « gravi une immense carrière de versets incompris[2] », mais ce temps de l'enfance est marqué par les sentiments d'équilibre, de bonheur, de sécurité. L'intrusion dans l'école française constitue, en revanche, l'élément perturbateur qui vient arracher l'enfant à sa mère, à sa langue et à sa tribu : « quand j'eus sept ans [...], mon père prit soudain la décision irrévocable de me fourrer sans plus tarder dans la "gueule du loup", c'est-à-dire à l'école française[3] ». Le discours paternel, qui se voulait pragmatique et optimiste, reconnaissait en réalité la défaite face à la langue du colonisateur :

> – Laisse l'arabe pour l'instant. Je ne veux pas que, comme moi, tu sois assis entre deux chaises. Non, par ma volonté, tu ne seras jamais une victime de Medersa. [...] La langue française domine. Il te faudra la dominer, et laisser

1 Y. Kateb, *Le Polygone étoilé*, Paris, Seuil, 1966, p. 181.
2 *Ibid.*, p. 182.
3 *Ibid.*

> en arrière tout ce que nous t'avons inculqué dans ta plus tendre enfance. Mais une fois passé maître dans la langue française, tu pourras sans danger revenir avec nous à ton point de départ[1].

Le colonisé finit toujours par retourner, contre le colonisateur, ses propres armes, et ce à commencer par la langue. Kateb Yacine va transformer ce moyen d'oppression et d'acculturation, qu'est la langue, en « un instrument de libération » : « Il s'agissait à l'époque de montrer en français que l'Algérie n'était pas française. C'est ce que j'ai fait dans *Nedjma*[2] ». « Butin de guerre », la langue française est ainsi « une arme à double tranchant » ; elle permet à l'écrivain francophone « d'aller au cœur de l'ennemi », mais, en même temps, elle l'« exile à l'intérieur de [son] peuple[3] ».

La langue arabe classique se révèle tout aussi aliénante que la langue française. Langue des élites et des pouvoirs (politique, idéologique, culturel), elle est en rupture avec le peuple dont elle n'est pas le véhicule de communication. Son statut de *langue nationale* contribue à aggraver cette fracture. Selon Kateb Yacine, l'arabe classique « ne répond pas à la vie moderne » contrairement à l'arabe dialectal, « la langue de la vie[4] ». Face à la démagogie de l'arabe classique, l'écrivain défend l'arabe dialectal et le tamazight. L'année 1970 marque un tournant décisif dans son parcours puisqu'il s'attelle avec une troupe de comédiens amateurs à produire une pièce en arabe populaire, *Mohamed prends ta valise*. L'extraordinaire succès des représentations en Algérie ou en France témoigne de l'urgence de mener ce qu'il appelle la « grande bataille » de la langue. La politique d'arabisation creuse l'écart entre le peuple et les élites et impose une langue morte (c'est-à-dire l'arabe littéraire que Kateb Yacine compare au latin) au détriment de la langue du peuple :

> La langue vivante est proscrite, les nationalistes bourgeois estiment que la culture leur appartient. En voulant isoler les autres, ils s'isolent eux-mêmes, parce que cette langue sacrée, cette langue savante, elle se meurt, elle ne signifie plus rien, même pour eux. [...] Mais quand on parle au peuple dans sa langue, il ouvre grand les oreilles. Ce que l'Algérie attend, c'est la communication, la possibilité de s'exprimer[5].

---

1 *Ibid.*
2 *Le Poète comme un boxeur. Entretiens 1958-1989*, Paris, Seuil, 1994, p. 97.
3 *Ibid.*, p. 143.
4 *Ibid.*, p. 169.
5 *Ibid.*, p. 29-30.

Dans l'Algérie postcoloniale, le problème de la langue ne manque pas de poser celui de la culture. La politique de la *langue nationale* va de pair avec une construction identitaire et culturelle de facture arabo-islamique. La nouvelle équation s'énonce en des termes fondamentalistes faisant glisser pernicieusement l'*avoir* vers l'*être* : parler l'arabe c'est être Arabe et musulman. Dans la politique algérienne d'arabisation, Kateb Yacine perçoit clairement les enjeux politiques qui vont dans le sens du panarabisme. L'écrivain rejette cette idéologie de la nation arabo-islamique qui gomme autoritairement et arbitrairement les différences historiques et culturelles entre les peules et qui veut construire, seulement à partir de l'arabe classique et de la culture qu'il véhicule, une identité commune. Or, insiste le dramaturge, le panarabisme fait encourir à l'Algérie un double danger : l'empêcher d'être elle-même, et l'isoler des autres peuples. Les Algériens, comme les autres Maghrébins, doivent assumer leur identité africaine : « L'arabo-islamisme nous masque l'Afrique. [...] Nous sommes africains, c'est une notion vraie, géographiquement vraie et historiquement vraie[1]... » Dominique Combe fait remarquer que cette déclaration, située dans le contexte d'une pensée panafricaine, « ne doit pas faire oublier la question inlassablement posée par les deux premières générations d'écrivains du Maghreb, depuis les années 1950 : comment peut-on être un écrivain arabe et de langue française, ou *malgré* la langue française[2] ? » Kateb Yacine y répond en appelant à ne pas « mutiler » le pays, et ce au nom de la défense d'une Algérie plurilingue et multiculturelle :

> L'Algérie, c'est un pays qui est au centre de la Méditerranée et qui a besoin de toutes ses dimensions. Après tout, nous avons été envahis par la France pendant cent trente ans ! Qu'y avons-nous gagné ? Des ruines, des cadavres !... Et aussi une langue, une culture[3].

Les ramifications de la culture du Maghreb, ce carrefour qui relie Orient et Occident, sont diverses. Pour mettre en exergue cette dimension pluriculturelle, Charles Dobzynski affirme que « l'arabe s'écrit aussi en langue française » puisque la culture maghrébine « comporte une part inaliénable léguée par l'histoire et par la langue française[4] », sans oublier

1 *Ibid.*, p. 172.

2 D. Combe, *Les littératures francophones. Questions, débats, polémiques*, Paris, PUF, 2010, p. 111.

3 *Le Poète comme un boxeur*, *op. cit.*, p. 56.

4 C. Dobzynski, « L'arabe s'écrit aussi en langue française », *Europe*, n°834, octobre 1998, p. 249.

son enracinement berbère. La langue française ne saurait se réduire à la colonisation, au contraire, elle peut être un instrument de liberté et d'épanouissement créatif. Kateb Yacine insiste sur le défi que représente cette langue pour l'écrivain algérien acculé à « dépasser son complexe d'infériorité », c'est-à-dire la tentation d'imiter les classiques français, et à « résoudre la contradiction nationaliste[1] ». Afin de transcender le conflit et accomplir « son destin », l'écrivain algérien doit parvenir à « écrire le français en tant qu'Algérien sans que cela pose aucun faux problème[2] ».

Cette entreprise délicate se réalise dans *Nedjma* où Kateb Yacine donne à voir « une Algérie multiple et contradictoire, agitée des soubresauts de sa longue et violente histoire, une Algérie jeune et âgée, musulmane et païenne, savante et sauvage[3] ». La poétisation de l'histoire passe notamment par une construction fragmentaire et circulaire, et par la superposition de Bône et Constantine aux cités antiques Cirta et Hippone. Fiction des origines et de la fondation, symbole d'une Algérie en gestation, *Nedjma* raconte surtout la dispersion et les ruines de la tribu. Pendant le voyage de retour de la Mecque, la seule échappée du récit hors de l'Algérie, Si Mokhtar révèle à Rachid ce dont il ne pouvait pas lui parler « là-bas, sur les lieux du désastre » :

> Tu dois songer à la destinée de ce pays d'où nous venons [...] ; tu penses peut-être à l'Algérie toujours envahie, à son inextricable passé, car nous ne sommes pas une nation, pas encore, sache-le : nous ne sommes que des tribus décimées[4].

Mythe et histoire s'entremêlent dans cette fiction où la présence-absence de la figure de l'ancêtre Keblout dont le nom signifie « corde cassée[5] », l'épisode onirique du Nadhor, sans parler du caractère insaisissable de Nedjma, résonnent avec le motif obsessionnel de la répression du 8 mai 1945 dans l'Est algérien. *Nedjma* fonde le roman d'expression française dans l'Algérie colonisée, mais aussi, comme l'explique Charles Bonn, le récit de la nation à naître :

> L'Algérie est privée doublement de la possibilité de se raconter, à l'époque de la rédaction de *Nedjma*. Les récits identitaires traditionnels, islamiques

1 *Le Poète comme un boxeur*, *op. cit.*, p. 56.
2 *Ibid.*, p. 56-57.
3 Y. Kateb, *Nedjma*, Paris, Seuil, 1956, préface par G. Carpentier (1996), p. 9.
4 *Ibid.*, p. 139.
5 *Ibid.*, p. 134.

> ou tribaux, sont en ruines, et le langage de la nation qui pourrait répondre à la présence de la nation française n'existe pas encore : le 8 mai 1945 a été réprimé, et le 1er novembre 1954 n'est pas encore advenu avec sa moisson de faits guerriers à raconter aux générations futures. La question implicite de tout le roman sera donc celle de la possibilité de créer ce récit de la nation qui la ferait exister[1].

La fiction déconstruit le dire de l'islam et celui de la tribu dont elle montre l'archaïsme, le grotesque, la violence. Le voyage à la Mecque pour y accomplir le pèlerinage est une « imposture[2] » probablement méditée par le vieux descendant de Keblout. Faute d'argent, les voyageurs ne quittent pas le port de Djeddah. Installé dans une embarcation, Rachid médite sur l'Arabie qui n'est plus « qu'un désert trahi[3] », une « terre assoiffée[4] » d'où le rêve est toujours banni. La dimension fataliste de l'islam est la cible des sarcasmes de Lakhdar. Dès son arrivée à Bône, « Visage Pâle » se moque d'une dizaine d'hommes qui prient devant une mosquée :

> Le recueillement et la sagesse, c'est bon pour les braves, ayant déjà livré combat. [...] mais vous commencez par la fin ; à peine savez-vous marcher qu'on vous retrouve agenouillés ; ni enfance ni adolescence : tout de suite, c'est le mariage, c'est la caserne, c'est le sermon à la mosquée, c'est le garage de la mort lente[5].

Le voyage au Nadhor, réel ou rêvé par Rachid, est censé recréer le récit tribal par-delà l'oubli, l'exil et la trahison : « Car l'histoire de notre tribu n'est écrite nulle part, mais aucun fil n'est jamais rompu pour qui recherche ses origines[6] ». Mais la mort de Si Mokhtar et la capture de Nedjma suggèrent que le retour au temps mythique des origines est une chimère, ou une métaphore, d'où la nécessité d'inventer un nouveau lieu d'appartenance. Kateb Yacine multiplie les voix, les perspectives, les mises en abyme, les références mythologiques, historiques et littéraires. Il fait éclater le récit à l'intérieur d'une structure circulaire où l'espace et le temps sont tour à tour amplifiés ou limités, d'où l'importance

1 C. Bonn, *Kateb Yacine, Nedjma* (1990), Paris, L'Harmattan, 2009, p. 56.
2 *Nedjma*, *op. cit.*, p. 133.
3 *Ibid.*, p. 128.
4 *Ibid.*, p. 129.
5 *Ibid.*, p. 82-83.
6 *Ibid.*, p. 157.

des figures de l'enfermement et de la dispersion. Cette déflagration de la parole et de l'histoire est d'abord signe de la puissance explosive de la poésie. Mais elle peut se lire comme une anticipation ou une vision de l'Algérie qui va émerger des cendres du colonialisme et de la tribu.

En effet, l'Algérie de la décennie noire se révèle divisée, disséquée, violemment séparée d'elle-même (de ses langues, cultures, histoires, mémoires). Il ne faut pas s'étonner si le symbole de la révolution algérienne s'est étiolé, desséché. L'Algérie indépendante s'est ingéniée à se couler dans le moule du panarabisme, puis du fondamentalisme islamique. La révolution algérienne s'est vite dissoute dans des paradigmes et des stéréotypes stériles, passéistes. Une Algérie assumant son histoire et sa diversité, accueillant ses langues et cultures, ouverte aux autres, assurément, une telle Algérie des Lumières aurait été un précieux modèle. Au lieu de quoi, ce pays a sombré dans la guerre civile et le meurtre des écrivains. Englué dans une aveugle littéralité et dans une morbide fidélité au passé, le champ culturel algérien ou égyptien résiste justement au symbole – ce langage suggestif et multi-sens qui fonde la polyphonie, le métissage, l'impureté.

CONTROVERSES LITTÉRAIRES

L'étude de la réception des œuvres de fiction, souvent jalonnée de controverses littéraires et idéologiques, permet de mesurer à la fois l'innovation esthétique et le figement de la critique. Toute fiction qui oblige au changement d'horizon, au dépassement de la norme esthétique admise peut donner lieu à un scandale :

> L'écart entre l'horizon d'attente et l'œuvre, entre ce que l'expérience esthétique antérieure offre de familier et le « changement d'horizon » requis par l'accueil de la nouvelle œuvre détermine, pour l'esthétique de la réception, le caractère proprement artistique d'une œuvre[1].

La réception des textes francophones et arabophones permet d'apprécier à la fois leurs propriétés poétiques et l'horizon d'attente. Leur scandale ne se ramène pas uniquement à l'écart esthétique par rapport au

1 H. R. Jauss, *Pour une esthétique de la réception*, Paris, Gallimard, 1978, p. 53.

goût régnant ; il s'explique aussi par l'écart épistémologique par rapport au Coran et à la nation, deux sources et paradigmes de savoirs et d'identification érigés comme l'horizon indépassable de toute création dans le champ culturel arabo-islamique. Or la littérature, comme le note Jean Bessière, jouit d'un « statut d'exception » dans les sciences sociales comme dans les mouvements théoriques et esthétiques littéraires :

> Ces deux caractérisations ont une commune hypothèse : la littérature est à elle-même une manière de totalité, de transcendance et d'immanence : elle ne cesse de se développer – dans le champ littéraire, dans le champ social plus largement –, elle n'existe nulle part ailleurs qu'incarnée dans ses parties[1].

La dualité constante de la transcendance et de l'immanence, ou encore « de la spécification et de l'universalisation[2] », implique une définition de la littérature selon une double perspective : elle se donne selon sa procédure de l'autoréférence ; elle « devient l'interprétant exemplaire de la société[3] ». La question du statut de la fiction en Algérie ou en Égypte se pose d'une tout autre manière puisque seul le discours coranique se définit par un tel statut d'exception, celui de la transcendance (autoréférence) et celui de l'immanence (interprétant exemplaire).

Le procès intenté à *Awlâd hâratinâ* (*Les Fils de la médina*[4]), fiction interdite d'édition en Égypte de 1959 jusqu'en 2006, met en lumière son caractère exceptionnel. Lieu d'un choc violent, l'examen de la réception de ce texte est indispensable pour l'écriture d'une nouvelle histoire littéraire arabe dans la mesure où il permettrait de dévoiler les présupposés esthétiques et idéologiques de l'horizon arabo-islamique. Cette fiction est attaquée au nom de la religion, du nationalisme égyptien ou encore du panarabisme. Selon M. Qotb, l'institution religieuse a le « droit » (حق) de « vérifier » (مراجعة) tout discours délictueux (الجانح من القول) de la même manière que l'institution judiciaire « redresse » (تقوم) tout comportement délictueux ([5]الجانح من السلوك). *Awlâd hâratinâ* serait un

1 J. Bessière, *Quel statut pour la littérature ?*, Paris, PUF, 2001, p. 57.

2 *Ibid.*, p. 58.

3 *Ibid.*, p. 59.

4 Voir M. Chatti, « Quel statut pour la fiction ? À propos d'*Awlâd hâratinâ* de Nagîb Mahfûz », dans *Littératures d'émergence et mondialisation*, S. Faessel et M. Pérez (dir.), Paris, In Press Éditions, 2004, p. 283-297.

5 M. Qotb, « عن الرمز والمثال. قراءة حول أولاد حارتنا : بين الإبداع الديني والنص الديني » (Le symbole et le modèle : une lecture autour des *Fils de la médina* : entre la création littéraire et le texte

« roman symbolique et déguisé » ([1]رواية رمزية مقنعة) dans lequel Mahfûz attaque audacieusement tout ce qui est sacré, à commencer par Dieu et ses prophètes et messagers. Ainsi, ce roman est non seulement une « copie imitée » (نسخة مقلدة) mais aussi « falsifiée » ([2]محرفة) des originaux que sont la Torah, le Nouveau Testament et le Coran. Or les textes romanesques qui représentent la biographie des prophètes « ne doivent pas dévier du contenu » (يجب ألا تنحرف عن المضمون), et doivent préserver les « valeurs » (قيم) et les « symboles » (رموز) tels qu'ils sont délivrés dans les textes religieux. En outre, le projet de Mahfûz est d'écrire un roman qui imite la forme du Coran, en témoigne le nombre des chapitres, 114, semblable à celui des sourates[3]. M. Qotb compare alors le symbole littéraire au modèle religieux, et il en conclut que ce dernier « contredit » (ينفي) le premier et « dévoile le sophisme artistique » ([4]يكشف المغالطة الفنية).

L'expression du moi peut également être jugée comme scandaleuse comme en témoigne l'œuvre de Nawal el-Saadawi. Celle-ci entre en littérature, en 1957, par une fiction autobiographique, *Mémoires d'une femme médecin* qui se préoccupe du moi de la narratrice-protagoniste pendant que le contexte politique est tenu en marge. L'écriture cherche ici à donner une voix à la femme, à explorer son intimité, à la faire advenir en tant que sujet autonome qui exprime librement un point de vue subjectif, et subversif, sur autrui et sur soi-même. Richard Jacquemond note que, dans « écrivain féministe », l'ordre est important car, depuis ses débuts, Nawal el-Saadawi « n'a cessé de lutter non seulement pour la cause des femmes mais aussi pour être reconnue comme écrivaine, *adîba*, qualité que n'a cessé de lui dénier la critique légitime[5] ». L'examen de son parcours littéraire « montre qu'aux divers moments de sa carrière, elle s'est trouvée en porte-à-faux avec les conceptions esthétiques et politiques dominantes au sein du champ légitime[6] ». Certains critiques et écrivains lui reprochent de négliger le politique (et donc le réel) au profit du psychologique, de l'intime. La description du monde intérieur

religieux), *Foussoul*, volume 11, numéro 2, Le Caire, Al-hay'a al-misriya al-'âma li al-kitâb, printemps 1996, p. 344.

1 *Ibid.*, p. 345.

2 *Ibid.*

3 *Ibid.*, p. 346-347.

4 *Ibid.*, p. 347.

5 *Entre scribes et écrivains. Le champ littéraire dans l'Égypte contemporaine*, *op. cit.*, p. 222.

6 *Ibid.*, p. 223.

des personnages féminins est jugée comme un style éloigné du réalisme, et en décalage avec la norme esthétique dominante. *Ferdaous*[1] paraît en 1977, dans un contexte différent qui a vu s'effondrer l'utopie nationaliste. La notoriété de Nawal el-Saadawi, comme chef de file du féminisme dans le monde arabe, est alors grande. En Égypte, présenté comme la confession d'une prostituée, ce récit se heurte au rejet de la critique qui le considère comme un document, une non-fiction. Sur le fond, un autre reproche est couramment adressé à Nawal el-Saadawi, celui de puiser dans une vision manichéenne du monde social et d'aboutir à une curieuse inversion du discours patriarcal dont le signe le plus patent serait l'occultation du désir féminin.

Une autre controverse littéraire voit le jour sur la scène égyptienne. Publié à Chypre en 1983, *Walîma li-a'châb al-bahr* (*Un festin pour les algues de mer*[2]) de Haydar Haydar fait l'objet d'un scandale à l'occasion de sa réédition en Égypte en 1999. Le roman raconte l'histoire de deux communistes irakiens, réfugiés en Algérie où ils vivent et entretiennent des relations complexes avec deux Algériennes. Désabusés, cyniques, ils devisent et agissent librement, crûment. Sans retenue, ils jugent l'islam et son prophète, les régimes arabes et leurs chefs, les expériences historiques avortées des peuples arabes. Plusieurs romanciers et critiques saluent *Walîma* comme l'une des fictions les plus marquantes de la scène littéraire arabe contemporaine. En effet, ce récit propose une construction riche et originale, une langue précise, poétique, une distanciation ironique, une diversité des registres linguistiques et thématiques. C'est pourquoi Ahmed Abdel Aziz tente, dans son essai *Un festin pour les algues de mer. L'athéisme se démasque*. *Critique du texte et lecture du discours de la crise*, de comprendre le fracas de cette affaire. Celle-ci éclate le 28 avril 2000, à la suite d'un article de M. Abbas dans le journal *Al-Cha'b* (*Le Peuple*), l'organe du Parti Travailliste. A. Abdel Aziz témoigne alors de l'hystérie collective suscitée par ce qu'il appelle une *crise* (أزمة) :

هدر محمد عباس مكفرا ولاعنا رواية وليمة لأعشاب البحر وأبطالها ومؤلفها وناشرها ووزارة الثقافة،
تباكى الإسلاميون على الإسلام المغدور وصرخوا « كفار وملاحدة »، وجاء رد الفعل فوريا حادا من
مجموعة الكتاب فصرخوا : « ظلاميون وسلفيون »، صاح الإسلاميون : لا تسبوا الذات العلية ولا الرسول

---

1 N. el-Saadawi, (1977) *Ferdaous, une voix en enfer* / امرأة عند نقطة الصفر, trad. A. Trabelsi, Paris, Éditions des femmes, 1982.

2 H. Haydar, *Walîma li-a'châb al-bahr* / وليمة لأعشاب البحر (*Un festin pour les algues de mer*), 1983, Damas, Ward li-tibâ'a wa-nachr, 2000.

ولا تزينوا الإلحاد، فصاح الكتاب بدورهم : إنها حريتنا في التعبير ولا نقبل أن يحاسبنا إلا ناقد أدبي، اعتصم الإسلاميون بآيات من القرآن واحتمى الكتاب بفقرات من الإعلان العالمي لحقوق الإنسان.

« M. Abbas gronda, accusant de blasphème et maudissant le roman de *Walîma li a'châb al-bahr*, ainsi que ses héros, son auteur, son éditeur, le Ministère de la culture. Les islamistes pleurnichèrent sur l'islam trahi et s'écrièrent : "Impies ! Athées !" La riposte d'un grand nombre d'écrivains fut immédiate et véhémente : "Obscurantistes ! Salafistes !" Les islamistes hurlèrent : "N'insultez pas Dieu ni son Envoyé ! Ne maquillez pas l'athéisme !" À leur tour, les écrivains se récrièrent : "C'est notre liberté d'expression, seul un critique littéraire peut nous demander des comptes." Les islamistes se munirent des sourates coraniques ; et les écrivains se réfugièrent derrière des paragraphes de la déclaration universelle des droits de l'homme[1]. »

Trois jours après, une commission constituée par le Ministère de la culture publia un avis niant le caractère blasphématoire de *Walîma*. De leur côté, Al-Azhar et la commission des affaires religieuses au Parlement ont violemment condamné cette fiction parce qu'elle :

تسيء إلى المقدسات الإسلامية وتستهزئ بالذات العلية وبالرسول وتحتوي على ألفاظ ومواقف غاية في الفحش والبذاءة !

« [...] insulte le sacré musulman, raille Dieu et son envoyé, et contient des mots et des points de vue extrêmement obscènes et triviaux[2]. »

Il y eut les manifestations des étudiants d'Al-Azhar, des prêches dans les mosquées dénonçant le roman et son auteur. La manière dont l'affaire fut résolue appelle, selon A. Abdel Aziz une interprétation politique :

وسط هذا الضجيج الهائل انتهت الأزمة فجأة بعد عشرين يوم من اندلاعها بأكبر جراحة حزبية شهدتها مصرمنذ قيام ثورة يوليو ١٩٥٢.

« Au milieu de cet énorme vacarme, la crise se termina soudainement, vingt jours après sa déclaration, par la plus grande opération partisane que l'Égypte ait connue depuis la révolution de juillet 1952[3]. »

En effet, profitant de cette crise sur la scène littéraire, on parvint à éliminer le Parti Travailliste, déjà affaibli par un affrontement interne

1 A.-F. Abdel Aziz, وليمة لأعشاب البحر. الإلحاد يخلع أقنعته. نقد النص وقراءة في خطاب الأزمة (*Un festin pour les algues de mer. L'athéisme se démasque. Critique du texte et interprétation du discours de la crise*), Le Caire, Maktabat Madbouli, 2002, p. 12.

2 *Ibid.*, p. 13.

3 *Ibid.*

entre trois candidats à sa présidence. De surcroît, on considéra que ce dernier avait dévié de sa ligne socialiste vers l'islamisme radical en raison de la domination en son sein des Frères musulmans, dont le mouvement était interdit. Cela a permis enfin de briser le journal *Al-Cha'b* (*Le Peuple*), alors engagé dans de violents affrontements, y compris judiciaires, avec des personnalités du parti au pouvoir. L'affaire de *Walîma* aurait ainsi fait tomber la couverture officielle du courant islamiste qui ambitionnait alors de participer aux élections législatives[1].

Chaque affaire littéraire fait surgir la question de l'accusation d'impiété. Généralement, les défenseurs de la liberté d'expression s'épuisent à démontrer que l'œuvre mise en cause n'est pas impie, le droit à l'impiété étant une limite que personne n'ose franchir ouvertement. La littérature se confronte ainsi à une instance supérieure, au principe d'imitation du corpus canonique, le plus souvent entendu comme une répétition ou une mémorisation. Cette fausse doctrine mimétique, exigeant une imitation humble et servile de la tradition islamique, poursuit son combat contre l'innovation.

Dans ce contexte, écrire en français implique non seulement une distanciation linguistique, mais aussi une distanciation esthétique et éthique par rapport aux carcans de la tradition arabo-islamique. La puissance des textes francophones réside en l'affirmation radicale de la fiction en tant que poétique du sujet. La fiction, déclare Rachid Boudjedra, « met l'homme au centre de tout : de lui-même, du monde, de l'autre[2] ». Ce qui n'invalide pas une autre idée forte de cet écrivain selon laquelle l'histoire peut apparaître « comme la motivation essentielle de l'acte d'écrire[3] ». Chez les écrivains francophones, ces passeurs de langue et brûleurs frontières, les innovations poétiques les plus importantes sont liées à la contradiction, entre enracinement et séparation, qui fonde leur relation avec le champ maghrébin. Travaillées par l'ailleurs, ces fictions (narratives, autobiographiques, dramatiques) mettent en espace la fissure, l'hybridité, la fragilité de l'origine et de l'identité telles que la culture officielle ou dominante les a ordonnées.

Ressentis comme une intolérable (et triple) transgression – parce qu'ils sont écrits par une femme et écrivaine francophone vivant à Paris –, les

1 *Ibid.*, p. 14.
2 R. Boudjedra, *La Vie à l'endroit*, Paris, Grasset, 1997, p. 178-179.
3 R. Boudjedra, *Lettres algériennes*, Paris, Grasset, 1995, p. 27.

premiers romans[1] d'Assia Djebar furent d'abord rejetés par la critique algérienne qui y a percé, sans l'avouer, la subversion poétique et morale portée par des voix et des corps féminins. Sous couvert d'une lecture nationaliste, Assia Djebar s'est vue reprocher le caractère petit-bourgeois de ses personnages dont les préoccupations futiles (ou féminines) tranchent avec les préoccupations grandioses (ou masculines) de l'Algérie des années 1950. Ainsi Mostepha Lacheraf, alors figure de l'intellectuel engagé, repousse-t-il avec véhémence les fictions d'Assia Djebar :

> Malek Haddad, Assia Djebar sont des écrivains qui n'ont jamais saisi nos problèmes, même les plus généraux. [...] De tous les écrivains algériens, ce sont eux qui connaissent le moins bien leur pays, ce qui les pousse à escamoter les réalités algériennes sous une croûte poétique, elle-même sans originalité du point de vue du roman[2].

Ce rejet consiste en réalité à charger l'écrivain francophone, de surcroît exilé, d'un écrasant sentiment de culpabilité, et à dénier toute légitimité à la création qui viendrait de la migration. Enrichi par son expérience de l'ailleurs, le migrant s'installe dans une situation de distanciation, ou de l'entre-deux, qui lui permet de traquer les non-dits, les travers, les lieux aveugles de son territoire d'origine. Dans cette réception, le jugement demeure idéologique, et ne prend pas en compte, de manière sereine et scientifique, la dimension proprement littéraire de cette production. Assia Djebar est accusée de rester en retrait par rapport au contexte politique et social, de se perdre dans les méandres de la subjectivité. La sentence prononcée par Jean Déjeux est à cet égard sans appel. Il parle de « littérature esthétique née d'un besoin individualiste de s'exprimer et de créer ou d'un besoin égotiste de se dire dans ses états d'âme intimes[3] ». Assia Djebar, pour sa part, justifie ses choix poétiques marqués par l'émergence de personnages féminins dotés d'un corps, d'une voix, s'abandonnant à la rêverie et à tout ce qui constitue un sujet qui dit « non » à la structure sociale érigée par les pères, par les anciens :

> Ce que j'ai voulu montrer, c'est la prise de conscience de Dalila, une jeune fille algérienne en révolte contre la tradition, son milieu, la famille. J'ai voulu

1 A. Djebar, *La Soif*, Paris, Julliard, 1957 ; *Les Impatients*, Paris, Julliard, 1958.

2 Cité par F. Adrar, « *Vaste est la prison* d'Assia Djebar : du genre biologique au genre littéraire », *Synergies Algérie*, n° 5, 2009, p. 209-215, en ligne.

3 *Ibid.*

> montrer combien dans ce monde calme où rien objectivement n'avait encore changé se développait un processus qui laissait deviner les bouleversements futurs[1].

Pour expliquer cette réception, Zineb Ali-Benali insiste sur le contexte de la guerre dans lequel les critiques algériens sont alors pris, la question nationale étant l'enjeu et le débat suprêmes. Or les premiers textes d'Assia Djebar échappent à ce débat, prennent de l'envol par rapport à l'actualité du pays. Cependant, cette distanciation n'explique pas, à elle seule, la véhémence du rejet. En montrant les femmes sur la scène littéraire, Assia Djebar suggère une autre problématique sensible, dérangeante, celle de « la place des femmes dans la lutte » :

> Amenés à accepter l'engagement des femmes dans la lutte, notamment à partir de 1957, [les critiques] ont du mal avec elles : comment accepter qu'elles soient tuées, arrêtées, torturées et violées ? Mais, aussi, comment accepter qu'elles aient des démarches originales pour mener leur guerre, qu'elles fassent entendre une voix qui ne soit pas tout à fait celle de « la nation »[2] ?

Le refus des romans d'Assia Djebar ne manque pas de rappeler la critique adressée à *La Colline oubliée* de Mouloud Mammeri[3]. La mise en fiction de la Kabylie, qui s'inclut dans le cadre plus large du recueil des trésors culturels de ce territoire, a été taxée de régionalisme qui entrait en contradiction (ou était-ce en concurrence ?) avec le projet nationaliste. Il est vrai que la question berbère, comme pôle identitaire original, agite le champ politique algérien depuis 1947. Cependant, l'invocation du débat national des années 1950 pour comprendre les sous-entendus d'un tel refus de ces œuvres, habitées par l'altérité féminine ou berbère, n'est guère satisfaisante. Le fantasme du « complot francophone », qui perdure encore, montre bien que les éléments d'explication ne sont pas conjoncturels (comme le contexte de la guerre nationale), mais plutôt structurels, paradigmatiques, situés du côté des constantes dans la culture arabo-islamique. L'invocation du débat national et de ses priorités pour condamner des fictions qui mettent en scène des femmes et des Berbères

1 Cité par Z. Ali-Benali, « L'hybride comme "penser" du postcolonial », *Le Maghreb « writes back ». Figures de l'hybridité dans la culture et la littérature maghrébines*, dir. A. Toro et C. Bonn, Zurich, New York, Georg Olms, Hildesheim, 2009.

2 *Ibid.*

3 M. Mammeri, *La Colline oubliée*, Paris, Plon, 1952.

est un prétexte. En réalité, à cette époque, la personnalité algérienne fondée sur l'islam, l'arabe (et l'arabité) et le nationalisme était déjà en marche, à l'exclusivité de tout autre Algérie.

L'étude postcoloniale de la scénographie révèle que l'œuvre francophone s'inscrit « dans une situation d'énonciation (réelle) où coexistent des univers symboliques divers[1] ». L'auteur francophone maghrébin se trouve engagé dans cette situation de coexistence marquée par l'imposition de l'univers symbolique arabo-islamique conforté, depuis les indépendances, dans le statut de modèle. La fiction francophone fait face à tant d'incertitudes qui portent sur le plan linguistique, sur les options formelles, sur l'horizon d'attente maghrébin et français. Certaines œuvres visent alors « à se situer dans le monde en se réclamant d'un ensemble socio-culturel enraciné en un territoire[2] ». Certes, *La Colline oubliée* raconte l'intrusion de la Seconde Guerre mondiale en Haute Kabylie et le bouleversement qu'elle a engendré dans la vie de ses habitants. Mais cette fiction, ainsi que l'affirme Jean-Marc Moura, « est profondément une remarquable évocation de la culture kabyle et de ses mœurs si attachantes[3] ».

Le branchement des fictions sur un territoire et une mémoire « oubliés », c'est-à-dire dominés, minorisés ou mineurs, donne à l'énonciateur un statut singulier : « il est à la fois un individu et le symbole d'une culture[4]. » Dans *La Colline oubliée*, Mokrane et ses amis disent l'enchantement de la haute Kabylie et, dans le même temps, ils suggèrent par le leitmotiv de l'impossibilité de rouvrir et refaire ensemble Taasast, sa fragilité et peut-être sa future disparition. Dans ces œuvres décrites comme des « allégories nationales[5] » se dessine une double co-énonciation : le public européen et le public autochtone (l'auteur représente la culture dominante, ou une autre culture dévoilant ainsi une mémoire-palimpseste) :

> Par cette défense et illustration culturelle, le lieu de l'énonciation se donne pour celui de l'autochtonie, où s'est opérée l'osmose d'une terre et d'une tradition. L'écriture s'inscrit sur le fond d'un présent palimpseste où se déchiffrent, encore vivaces, les traces d'une originalité qu'a failli gommer la domination étrangère[6].

1 *Littératures francophones et théorie postcoloniale*, *op. cit.*, p. 122.
2 *Ibid.*, p. 123.
3 *Ibid.*
4 *Ibid.*
5 *Ibid.*
6 *Ibid.*, p. 124.

Dans *La Colline oubliée*, l'appropriation littéraire se décrit en des termes de « ressourcement culturel[1] ». Bien que la voix de Menah exprime ici ou là le doute quant aux coutumes berbères, particulièrement celles qui régissent la condition de la femme et la sexualité, la valorisation de la culture kabyle reste le lieu où l'œuvre situe sa voix. Originaire de Taourirt-Mimoun, Mohammed Arkoun ne s'y trompe pas, lui qui a été le témoin de l'engagement des chefs Mammeri pour sauvegarder une culture orale menacée par la désintégration, la disqualification. Bien que conscient des contradictions internes de la structure sociale berbère, fondée sur des archaïsmes comme la hiérarchie de classe et de sexe, l'auteur de *La Colline oubliée* semble avoir vécu en harmonie avec cet ordre socioculturel :

> Mouloud Mammeri [...] poursuivait avec sérénité et confiance la tâche difficile de collecter et de publier les trésors de la littérature kabyle. Il avait le privilège de puiser à bonne source ; il demeurait à l'aise dans le système de valeurs qu'incarnait et défendait son père[2].

Sur le plan national, Mouloud Mammeri paya le prix d'avoir assumé la mémoire et l'origine du peuple berbère puisque l'Algérie, brandissant l'arabe et l'islam, l'a marginalisé, oublié. Tahar Djaout, dans une *Lettre à Da Mouloud*, publiée en 1989, peu après la mort accidentelle de Mouloud Mammeri, témoigne :

> Le soir où la télévision avait annoncé laconiquement et brutalement ta mort, je ne pus m'empêcher, en dépit de l'indicible émotion, de remarquer que c'était la deuxième fois qu'elle parlait de toi : la première fois pour t'insulter [...], et la deuxième fois, neuf ans plus tard, pour nous annoncer ta disparition. La télévision de ton pays n'avait aucun document à nous montrer sur toi : elle ne t'avait jamais filmé, elle ne t'avait jamais donné la parole[3].

Cependant, la situation de Mouloud Mammeri ainsi marginalisé au plan national était différente de celle de Driss Chraïbi, qui écrit à la même époque, et que l'on peut citer comme un exemple crucial de la tension engendrée par le choix de s'exprimer en français dans un milieu certes plurilingue et polyculturel, mais où domine le modèle

1 *Ibid.*, p. 133.
2 *Humanisme et islam*, *op. cit.*, p. 301.
3 Cité dans *Le Blanc de l'Algérie*, *op. cit.*, p. 153.

arabo-islamique. Jean-Marc Moura note que *Le Passé simple*[1], « œuvre inscrite à la jonction de deux mondes, devint ainsi suspecte à tous les idéologues[2] ». Ce récit de la confrontation entre un fils (formé à l'école française) et un père traditionaliste a heurté l'horizon d'attente au Maroc. L'écrivain fut violemment accusé de faire le jeu du colonisateur français à tel point que, un moment, il renia sa fiction. Jean-Marc Moura commente l'écart esthétique en termes de situation postcoloniale dont le romancier prend, et assume, le risque :

> Certes, on peut défendre le roman en soulignant qu'il dit aussi l'amour de Chraïbi pour le père, montré avec ses faiblesses mais également ses qualités d'homme. Plus fortement, il faut insister sur le rôle d'écrivain assumé par Chraïbi, individu ne jouant aucun rôle prédéterminé et refusant tout engagement trop étroit. Par là, il se situe véritablement dans un espace postcolonial, concevant le colonialisme non plus en termes manichéens mais comme une épreuve nécessaire pour un renouveau marocain […]. Chraïbi sut […] s'en tenir à sa vision d'artiste, mais il en paya le prix[3].

La perspective postcoloniale suffit-elle pour rendre compte des enjeux de l'œuvre francophone maghrébine ? Dire que Driss Chraïbi refuse « le choix entre deux blocs idéologiques[4] » (le colonialisme et l'anticolonialisme) permet-il de saisir toute la complexité de la relation à la composante culturelle arabo-islamique dans laquelle la fiction francophone se trouve, de gré ou de force, engagée ? La critique littéraire aurait, semble-t-il, à gagner en situant la création francophone dans le cadre des dynamiques spécifiques qui travaillent le champ littéraire et politique algérien, maghrébin et arabe. Un champ caractérisé par la contradiction entre l'ancien et le nouveau, entre la canonisation des constantes et l'innovation, entre la perception épique et l'historisation. Il est utile, sinon impératif, de faire émerger, par exemple, la généalogie littéraire arabe (écrite ou orale, explicite ou implicite, revendiquée ou non par l'auteur) à laquelle la fiction francophone se raccroche. Le traitement subversif du thème classique de l'opposition entre les pères et les fils, dans l'imaginaire maghrébin, et dans la prose arabophone, comme celle de Naimy et Gibran pour ne citer qu'eux, peut servir de prisme

1 D. Chraïbi, *Le Passé simple* (1954), Paris, Gallimard, 1986.
2 *Littératures francophones et théorie postcoloniale*, *op. cit.*, p. 137.
3 *Ibid.*
4 *Ibid.*

supplémentaire pour lire *Le Passé simple.* « Je ne suis pas colonialiste. Je ne suis même pas anticolonialiste[1] » : c'est en ces termes que Driss Chraïbi signifie son retrait par rapport aux deux blocs antagoniques. Cette affirmation ne dit pas, ou peut-être le dit-elle en filigrane, que la voix de Driss Chraïbi se situe du côté de la minorité des innovateurs qui troublent les fantasmes et les mythes identitaires des défenseurs de la langue et de l'identité arabes.

Pour sa part et dès son entrée en littérature, Assia Djebar pressent ce qui va advenir dans l'Algérie des lendemains de l'indépendance : une Algérie qui porte les germes de l'obstruction d'une partie de ses langues et cultures. Cette « sourcière des voix ensevelies » fait un parallèle entre son acte d'écrire et sa fascination pour la marche dans les rues des villes « en anonyme, en passante, en voyeuse, en garçon manqué[2] ». Mais quel lien a ce corps au dehors avec la fiction ? Assia Djebar insiste sur le caractère transgressif de ces deux actes – écrire et marcher – qui exposent la femme au dehors :

> Mais il s'agit ici du mouvement du corps féminin : là se place la ligne la plus acérée de la transgression, quand une société, au nom d'une tradition trahie et plombée, tente, et réussit parfois, même aujourd'hui, à incarcérer ses femmes, c'est-à-dire la moitié d'elle-même[3] !

Les nationalistes algériens décrivent Assia Djebar comme une voix discordante, une accusation qui réactive l'obsession constante de la *fitna*. Or c'est une « voix autre » qui met en fiction et annonce « ce qui va se jouer, se joue déjà, en marge de la construction nationale, sous cette construction, et qui concerne le destin qui sera fait aux femmes[4] ». Pour assumer ses choix poétiques et le travail de la langue que cela implique dans un monde hétérogène, Assia Djebar ne se contente pas de la littérature. Elle recourt également au cinéma, à l'instar de Kateb Yacine qui s'engage dans le théâtre comme dramaturge, metteur en scène, enfin directeur du théâtre régional de Sidi Bel Abbès[5]. En 1978,

1 *Ibid.*
2 A. Djebar, « Idiome de l'exil et langue de l'irréductibilité », octobre 2000, en ligne.
3 *Ibid.*
4 « L'hybride comme "penser" du postcolonial », *op. cit.*
5 *Littératures francophones et théorie postcoloniale*, *op. cit.* J.-M. Moura distingue quatre degrés de l'appropriation linguistique : « l'acceptation sans réserve de la tradition littéraire européenne » (degré zéro) ; « l'acceptation du postulat que la langue européenne peut

la romancière et cinéaste écrit et réalise *La Nouba des femmes du mont Chenoua*, couronné, en 1979, par le Prix de la critique internationale de la Biennale de Venise. Il est intéressant de noter l'antagonisme entre la récompense internationale et la réception négative lorsque le film fut projeté en avant-première à la cinémathèque d'Alger.

Wassyla Tamzali témoigne, dans *Une éducation algérienne*, de la férocité des critiques à l'égard de cette œuvre cinématographique qui, par son contenu et ses options formelles, invitait à voir autrement les femmes. *La Nouba des femmes du mont Chenoua* était en décalage par rapport à l'actualité algérienne d'alors, enflammée par la campagne de la collectivisation des terres et persuadée que la révolution socialiste allait libérer les femmes. *La Nouba* exigeait de se plonger dans un temps autre que le présent dogmatique et recouvert de slogans. Pour saisir l'intimité des femmes, Assia Djebar suggère des voies nouvelles comme la subjectivité, le silence, « la langue de l'ombre, le langage des corps[1] ». Oscillant entre enchantement mythologique et réalisme, l'héroïne engage une double quête, celle de l'histoire de sa mère (et des femmes) et celle de l'Algérie. Pour ce voyage, elle est accompagnée de sa fille et de son mari, handicapé, se déplaçant en fauteuil roulant. La vérité artistique mise à nu dans *La Nouba* semble être insoutenable car elle tranche trop violemment avec les vérités officielles et lénifiantes sur la libération des femmes par la guerre de libération. Le regard des spectateurs est blessé par l'époux infirme, « métaphore sur l'impuissance de l'homme algérien à participer à cette marche vers soi[2] », une marche engagée par certaines femmes de cette génération. Le film est jugé scandaleux, il est rejeté en raison même de ce qui fait sa force – la mise en scène de la subjectivité, de surcroît celle d'une femme :

> Le psychodrame qu'il déclencha parmi les jeunes femmes [...] donnait une idée de l'ampleur du refoulé. Il éclairait crûment la condition dans laquelle l'Algérie éternelle nous tenait, cette Algérie qui freinait des deux pieds devant la modernité, intellectuels compris, hommes et femmes confondus. Les jeunes

---

exprimer [...] une vision autochtone du monde » (premier degré) ; « deux processus généraux : l'un paratextuel : l'explication, l'autre textuel : la mise en contexte » (second degré) ; « la recherche d'autres média que la littérature » (troisième degré), p. 110-116.

1 W. Tamzali, *Une éducation algérienne. De la révolution à la décennie noire*, Paris, Gallimard, 2007, p. 55.

2 *Ibid.*, p. 56.

> femmes [...] crièrent au scandale, au nom de toutes les femmes algériennes, et firent tomber leur sentence : elles accusaient la cinéaste d'avoir utilisé « la chance » de faire un film, le premier film d'une « femme algérienne », et d'en avoir fait un film « personnel », ce qui était le plus grand des anathèmes [...]. Dogmatisme, sectarisme, intolérance, insensibilité, la salle déballait sa misère. [...] Une belle manifestation, une de plus, du totalitarisme dans lequel nous nous enfoncions[1].

Le scandale de l'expérience cinématographique d'Assia Djebar rappelle celui de l'expérience théâtrale de Kateb Yacine. En 1971, *Mohamed prends ta valise* rencontre la violence des islamistes qui parviennent à en empêcher la représentation. Dans cette pièce largement écrite en arabe algérien, Kateb affirme sa conception et sa pratique d'un théâtre populaire, engagé, tragi-comique :

> Pendant huit mois, on a travaillé ferme et on a fait une pièce, *Mohamed prends ta valise* [...]. Au départ, je parle en français et, ensemble, on traduit en arabe. Souvent, j'écris l'arabe en caractères latins. C'est ça, l'Algérie : tous les moyens du bord[2].

Kateb Yacine met en scène les thèmes de la colonisation et de l'immigration et des personnages dont les noms ou les fonctions semblent tourner en dérision l'islam. Mohamed et Aicha, dont les rôles sont mouvants (en Algérie, Palestine, Vietnam, France), renvoient aux figures fondatrices du prophète et de son épouse favorite surnommée « la mère des croyants ». Le *mufti* et le missionnaire, que dénonce le Chœur, forment un couple corrompu au service de l'exploitation du peuple : « Voilà l'œuvre du colonialisme / Mufti et missionnaire / Aux côtés des soldats, / Au nom du Paradis, / Te mènent en enfer. / Voilà l'œuvre du colonialisme[3]. » Mohamed est une variation de Jha, célèbre personnage populaire dans la tradition orale maghrébine. Il accepte de tout perdre à l'exception d'un clou fixé sur le mur extérieur de sa maison, qui est une métaphore de son irréductible résistance : « Ce vieux clou rouillé, / C'est tout ce qui me reste / De mon foyer. / Mais tout est dans le clou. / Boucherie de l'espérance[4] ! »

---

1 *Ibid.*
2 *Le Poète comme un boxeur*, *op. cit.*, p. 28-29.
3 *La Boucherie de l'espérance*, *op. cit.*, p. 208.
4 *Ibid.*, p. 307.

Cette pièce se caractérise par l'ambiguïté de son message, ce qui est le propre de l'œuvre d'art, et appelle des lectures multiples, littéralement et symboliquement. Or des critiques privilégient une interprétation littérale et jugent blasphématoire toute convocation poétique (ou profane) des références religieuses arabo-islamiques. Jouée en Algérie et en France, cette pièce rencontre un extraordinaire succès populaire avant d'être interdite quand un haut fonctionnaire algérien a fait publier dans la presse qu'en écrivant *Mohamed prends ta valise*, Kateb Yacine voulait dire : « Prophète, fous le camp[1] ! » En Algérie, les Frères musulmans ont alors dépêché des cars de plusieurs villes et ont « menacé de faire couler le sang » si la représentation avait lieu. Ce jour-là, la scène était déjà installée, mais la troupe n'a pas pu jouer et les Frères musulmans ont, « en signe de triomphe, fait la prière sur la scène[2] ». Nul ne peut ignorer l'importance décisive de l'expatriation ou l'immigration qui fonde le calendrier musulman et se confond avec l'origine même de l'islam. Mais juger hérétique la mise en scène ou en fiction du thème de l'immigration et d'un immigré qui porte le nom de Mohamed témoigne de la misère de l'horizon littéraire conservateur.

Le déni ou la peur de la fiction est prégnant dans le champ littéraire arabo-islamique. *Le Silence de Mahomet* de Salim Bachi, dont les livres ne peuvent pas circuler librement au Maghreb, se heurte à l'hostilité de la critique. Bien que l'écrivain ne revendique pas explicitement une perspective subversive, le choix même de la fiction pour raconter la vie du prophète ne peut que constituer, comme le formule Abdellah Tourabi, un « exercice délicat, périlleux[3] ». La forme et le contenu de cette fiction impliquent une rupture et des écarts par rapport à l'approche hagiographique classique exaltée, qui énonce la vie du prophète comme une succession de miracles et un récit dont le héros évolue en dehors de son temps et du contexte historique et culturel où il vivait. Pour sa part, Rachid Benzine salue l'innovation du *Silence de Mahomet* tout en déplorant les clôtures du contexte maghrébin de réception :

> Les musulmans de nos sociétés ne sont certes pas – pas encore – habitués à pareille liberté de ton. Mais aujourd'hui, nous voyons le mal partout. Nous

1 *Ibid.*, p. 31.
2 *Ibid.*
3 A. Tourabi, « Mon prophète, ce héros », *Tel Quel on line*, Maroc, décembre 2008, en ligne.

> sommes choqués de tout, et tentés de dénoncer un « blasphème » à propos de tout ce qui n'est pas conforme à nos conceptions et à nos images[1].

Yassin Temlali décrète que *Le Silence de Mahomet* est une « fiction historique » et, à ce titre, il lui reproche de ne pas avoir su éviter « l'écueil des anachronismes » référentiels, culturels, stylistiques. À ses yeux, Salim Bachi n'a pas réussi à suggérer, dans ce texte écrit en français, « l'imaginaire littéraire qui est censé être celui de ses personnages » ni à « rendre dans cette langue les nuances rhétoriques de la langue qouraîchite[2] ». L'exigence de vraisemblance et de vérité historique adressée à l'écrivain algérien francophone est le signe à la fois de la permanence du dogme de l'inimitabilité ou de la supériorité de la langue arabe classique, et de la croyance naïve en la fiabilité des sources littéraires et historiques arabo-islamiques. Dans le domaine de la recherche historique contemporaine, des experts jettent un regard sceptique sur ces sources arabes écrites, ces récits peu crédibles de croyants qui servent leurs intérêts propres en fonction du contexte politique et historique. Outre cette opposition entre vérité historique et vérité romanesque, Yassin Temlali soupçonne *Le Silence de Mahomet* d'être « un roman dans l'air du temps » :

> Il est permis de se demander si, plus qu'au désir de rendre compte d'une véritable fascination pour sa vie [prophète], Salim Bachi n'a pas cédé à la tentation de répondre à la demande muette d'un lectorat français qui voudrait avoir de cet « homme exceptionnel » un portrait plus juste que celui du *Mahomet* de Voltaire, truffé de stéréotypes chrétiens en dépit du laïcisme légendaire de son auteur[3].

Si la critique littéraire a tout intérêt à examiner les questions du choix de la langue, du contexte de production et du lectorat ciblé, il est impératif que le cadre de cet examen se fonde sur le principe de la rupture entre art et vie. Saisissant l'affaire du *Pain nu*[4], qui a éclaté au Caire en

1 R. Benzine, « *Le Silence de Mahomet* », *Aujourd'hui le Maroc*, 2 décembre 2008, en ligne.

2 Y. Temlali, « Le prophète de l'islam : entre vérité historique et "vérité romanesque" », Babelmed, 6 février 2009, en ligne.

3 *Ibid.*

4 *Entre scribes et écrivains. Le champ littéraire dans l'Égypte contemporaine*, *op. cit.* « En décembre 1998, Samira Mehrez, professeur de littérature arabe moderne à l'université américaine du Caire (AUC), est sommée par sa hiérarchie de renoncer à enseigner *Le Pain nu* [...], des parents d'étudiants s'étant plaints de ce que cette lecture imposée "détruisait la morale"

décembre 1998, Edward Said rappelle qu'en Occident le romantisme puis les autres théories modernes de l'art ont fini par imposer l'idée que l'art peut (et doit) « violer toutes les règles de bienséance, aussi bien que de la représentation réaliste. L'art est désormais censé être différent de la vie ; il doit subvertir la réalité ordinaire, il a été créé pour être extrême, pas pour être normal[1] ».

Cette dissociation entre le langage et la vie est loin d'être acquise dans le champ littéraire algérien ou égyptien car, comme le note Richard Jacquemond à propos de l'Égypte, l'idéologie dominante « s'avère inapte à fonder une conception autonome de l'art et de la littérature[2] ». De même, en Algérie, la difficulté de reconnaître que le langage est la matière même de la littérature et que l'objet de la critique est la littérarité des œuvres se double d'une relation problématique à la langue française et donc à ce qui peut en émaner. Mais la plupart des écrivains francophones du Maghreb transgressent, suivant diverses scénographies internes largement dues à la spécificité de chaque histoire littéraire nationale, les frontières érigées entre les genres, entre les cultures, entre soi et l'autre. La démythification de l'origine, la multiplication et la contradiction des points de vue et des perspectives, l'écroulement des certitudes et des autorités, la parodie et ses éclats, tout cela fait que, dans la fiction, tout se passe comme si « seule la subjectivité [faisait] fonctionner le monde[3] ». En Égypte et en Algérie, dans l'histoire de la littérature arabophone et francophone, les innovations les plus déterminantes ont été rendues possibles grâce au contact – sous les multiples formes de la colonisation, de la traduction, de la transmission, de la migration – avec d'autres langues et cultures, avec l'ailleurs.

Déployant une poétique et une pensée de la démystification, les fictions arabophones et francophones dérangent les fondements culturels de leur société, dont elles secouent les certitudes nationalistes, religieuses, esthétiques. Elles questionnent librement toutes les représentations et les références qu'elles recueillent. Des problématiques communes se

---

de leurs enfants et constituait, selon eux, un délit de "harcèlement sexuel". Quelques mois plus tôt, l'AUC s'était déjà trouvée sur la sellette après qu'un éditorialiste influent [...] eut accusé un autre enseignant de saper la foi des étudiants en leur faisant lire la traduction anglaise du *Mahomet* de Maxime Rodinson », p. 87.

1 *Ibid.*, p. 91.

2 *Ibid.*

3 *La Vie à l'endroit*, *op. cit.*, p. 179.

posent alors : une réflexion sur l'écriture et sur la langue ; une critique de l'héritage, de l'ancien, des blocages qu'impose la tradition ; une représentation du temps et de l'espace ; une poétique du sujet ; une interrogation sur le genre, le corps et la sexualité. Ces textes de résistance, qui ne craignent pas de toucher aux tabous et d'instiller le doute, font l'éloge de l'étrangeté, de l'impureté, du divers. Leur puissance subversive se traduit par la disposition de scénographies qu'il convient d'appeler hérétiques.

DEUXIÈME PARTIE

SCÉNOGRAPHIES HÉRÉTIQUES

REMÉMORATION ET TRAVESTISSEMENT

Les fictions arabophones et francophones, que l'on pourrait appeler profanes, émergent et s'épanouissent en affichant leur rébellion contre les dogmes et les interdits esthétiques et éthiques qui jalonnent l'espace littéraire et culturel arabo-islamique. Ces fictions sont anti-épiques au sens où elles subvertissent le culte des premiers, des anciens, des pères, et mettent à nu le figement et la stérilité de la sacralisation du passé. Dans la culture arabo-islamique (orale ou écrite), le héros fondateur désigne une donnée fondamentale de l'imaginaire social et politique. Jacques Berque rappelle que chez les Arabes, « ce qui fonde, c'est par excellence l'ancestralité[1] ». Le culte du père fondateur, de l'ancêtre mythique et plus généralement des ancêtres est un élément sérieux qui structure à la fois la vie collective et la mythologie arabes. Les Arabes ont, selon Malek Chebel, « une passion affirmée pour l'affiliation généalogique et pour l'univers arborescent de l'ancestral ». L'imaginaire populaire ou folklorique anime cette fascination d'une « énergie vive d'identification collective et d'idéalisation[2] ».

Chacune des fictions arabophones et francophones actualise son mythisme quant à ce problème de l'origine (le Coran ou un corpus de textes sacrés), et engage son « devenir-mythe ». Par le « devenir-mythe » des œuvres de fiction, Véronique Gély entend une conception de la littérature « non seulement comme le conservatoire des mythes, mais aussi comme le lieu de leur création[3] ». La critique littéraire qui s'intéresse à la relation entre mythe et littérature, et singulièrement au concept de « mythe littéraire », est invitée à élire pour objets les œuvres

---

1 *Anthologie de la littérature arabe contemporaine. Le roman et la nouvelle*, *op. cit.*, p. 10.

2 M. Chebel, *L'imaginaire arabo-musulman*, Paris, PUF, p. 40.

3 V. Gély, « Le "devenir-mythe" des œuvres de fiction », *Mythe et littérature*, Paris, Éditions Lucie-SFLGC, collection « Poétiques comparatistes », 2008, p. 74.

elles-mêmes. L'esthétique de la réception ouvre ainsi une autre voie pour l'analyse des vieux mythes et des mythes nouveaux, dont on connaît non le « mythe d'origine » mais le « texte d'origine ». Véronique Gély affirme que les vieux mythes qui constituent la mythologie dépendent aussi de quelques textes rayonnants :

> Il n'est donc pas sans intérêt de comprendre comment on passe du texte au mythe, et du personnage au héros ou à la figure mythique[1].

La recherche littéraire comparatiste peut continuer de s'enrichir des autres sciences humaines, tout en suivant cette voie prometteuse qui consiste à partir des textes pour aller aux mythes. Véronique Gély identifie alors trois facteurs déterminants du « devenir-mythe » : « d'abord l'"autre vie" de l'œuvre et du héros, ensuite la dialectique de l'autorité et de l'anonymat, enfin un horizon d'attente déplacé ou différé[2]. » Dans l'œuvre d'Ismaïl Kadaré, le scandale de Hamlet produit une dynamique singulière :

> S'il est le moteur des réécritures qui font d'un texte un mythe, le scandale est en même temps la cause paradoxale de la « familiarité » et des « liens intimes » qui se nouent entre le héros de l'œuvre et chacun de ses lecteurs (ou spectateurs)[3].

Les mythes sont des actes de parole, disait Barthes. Une parole vive qui appelle une réception tout aussi vive, tout aussi créatrice. Vus sous l'angle du « devenir-mythe », les mythes, et les œuvres de fiction qui leur donnent naissance, manifestent « leur puissance et leur vitalité » :

> En vain, tout au long de l'histoire, la réduction des mythes à une mythologie a tenté de les domestiquer, a prétendu cantonner leur expression au rôle d'ornements d'une rhétorique vide. Les envisager non comme les items d'une liste, mais comme des devenirs sans cesse en danger comme en acte des œuvres de fiction, c'est aussi rappeler leur pouvoir, plus maïeutique en somme que subversif[4].

En Égypte comme en Algérie, ce que l'on redoute c'est justement ce *pouvoir maïeutique* – au sens de pouvoir hérétique – des fictions. Car les

1 *Ibid.*, p. 75.
2 *Ibid.*, p. 76.
3 *Ibid.*, p. 78.
4 *Ibid.*, p. 93.

mythes (qui sont essentiellement des textes) ainsi revivifiés, pastichés ou transformés se trouvent intégrés dans la représentation et le questionnement irrévérencieux du monde moderne et contemporain. Dans *Al-Ayyâm* (*Le Livre des jours* et *La Traversée intérieure*), Tâha Hussein met en scène, avec humour et irrespect, les limites de la pratique de la mémorisation (حفظ) du Coran, la vétusté des méthodes et savoirs traditionnels. Dans *Awlâd hâratinâ* (*Les Fils de la médina*), la puissance poétique se manifeste sur deux plans : d'une part, la convocation du mythe biblique rappelle que l'islam ne fait que répéter le message juif, ce qui contraint à s'interroger, de manière radicale, sur l'origine et l'identité arabo-islamiques ainsi que sur le rapport à l'autre ; d'autre part, ces mythes sacrés se trouvent renouvelés et explorés au moyen des procédés profanes que sont le rire, la dérision, les interrogations sur le temps et la mémoire, sur le devenir des personnages, sur le rapport entre le Coran et les autres livres et savoirs. Dans *Zina*, la déconstruction de la figure du père, opérée par Nawal el-Saadawi, implique celle du legs et de la tradition dont elle attaque les tabous.

Pour sa part, *Le Silence de Mahomet* de Salim Bachi puise largement dans le Coran et la *sîra* (سيرة) dont il suggère une interprétation poétique, créatrice et humaniste, aux antipodes de la sécheresse orthodoxe. *La Kahina ou Dihya* et *Loin de Médine* créent des mythes pour restituer la voix et l'action de la femme. La figure historique de Dihya (Kahina) comme la figure fictive de la *rawiya* suggèrent le « devenir-femme » dans un monde qui cantonne la femme au statut de complément de l'homme ou de mineure. Assia Djebar choisit une amplification temporelle qui fait coïncider son récit avec les débuts de l'islam et la mythologie, sacrée et figée, qui s'y rapporte. La fiction dramatique de Kateb Yacine met en scène également un moment de crise et de violence, celui de la conquête arabo-islamique du Maghreb. Le poète fait revivre Dihya comme symbole de la liberté des femmes et comme mythe d'origine fondateur de la berbérité de l'Algérie contemporaine.

Analysant les modalités de la présence de l'héritage dans l'œuvre de Tâha Hussein, Jacques Berque décrit une écriture dont les ramifications remontent à l'origine et convoque deux notions clés : remémoration (ذكر) et travestissement ou déni (نكر). Celles-ci peuvent servir de fil conducteur éclairant la relation avec le corpus canonique telle qu'elle est créée et renouvelée par les fictions arabophones et francophones :

> Par là ce moderniste retrouve l'acte fondamental de la civilisation arabe, qui est de « remémorer ». La racine *dh. k. r.* qui désigne cet acte en arabe, et vaut aussi bien pour le « rappel » prophétique des anciennes révélations que pour l'élégie qu'inspirent au poète païen les campements abandonnés, est à peu près l'antonyme de *n. k. r.*, qui désigne le travestissement, le déni, le mal. En définitive, affirmation de la lumière contre les ténèbres, mais d'une lumière d'origine, de cette « splendeur orientale » qui fait que l'avenir jaillisse du souvenir[1].

Les œuvres du corpus recourent, chacune en fonction de son contexte singulier et national, à des modalités esthétiques et éthiques par le biais desquelles elles négocient continûment leur droit d'exister par rapport à la réalité, d'une part, et du corpus canonique et sacré, d'autre part. Remémoration (*dhikr*) et travestissement ou déni (*nakr*) se déploient selon différentes stratégies dans ces fictions ainsi confrontées à une exigence de fidélité aux livres sacrés et plus largement à l'histoire et à la tradition telles qu'elles ont été fixées depuis les commencements.

LA NAISSANCE DU SUJET

L'œuvre de Tâha Hussein, riche en essais, traductions, biographies et autobiographies, se caractérise par des polyvalences qui la rendent inclassable à moins de tenter d'en découvrir les perspectives maîtresses. En vue d'un classement plus serré des textes, Jacques Berque attire l'attention sur deux critères : le premier est lié au temps, à « une trajectoire biographique comportant ses crescendos et ses decrescendos » ; le second est lié « aux divergences et convergences que l'artiste rencontre ou suscite entre sa double ambition de fidélité aux classiques et d'attentat créateur[2] ». Le critique expose, sous la forme d'un diagramme divisé en trois cercles concentriques (x, y, z), quelques-uns des mouvements qui semblent ressortir de la vie et de l'œuvre de Tâha Hussein[3]. Ce moi en puissance se confronte au milieu rural et à la culture traditionnelle (premier cercle). Il s'en libère en accédant aux horizons islamo-méditerranéens

1 *Au-delà du Nil*, *op. cit.*, p. 21.
2 *Ibid.*, p. 29-30.
3 *Ibid.*, p. 30.

(deuxième cercle) qu'il dépassera en marquant ses distances par rapport à la tradition et à la contre-tradition (troisième cercle).

Al-Ayyâm (*Le Livre des jours* et *La Traversée intérieure*) propose une méditation sur le temps, la mémoire et singulièrement sur l'identité du sujet. Dans une préface qu'il rédige le 15 décembre 1954 à l'édition en système braille de son autobiographie, Tâha Hussein parle de la multiplicité et de la mutation de l'être :

> ولست أدري لماذا رجعت ذات يوم إلى ذكريات الصبا، أتحدث بها إلى نفسي لأنسى بهذا الحديث أثقال الشباب.
>
> « Je ne sais pas pourquoi, un certain jour, je m'en suis retourné à mes souvenirs d'enfance. Je me les racontais pour oublier les fardeaux de la jeunesse[1]. »

Dans la longue dédicace à sa fille, qui clôt le premier volume, l'écrivain se distingue de son personnage dont il raconte la vie depuis l'âge de trois ans jusqu'à son départ à Al-Azhar à treize ans : « [J]'ai connu ton père à une époque dont je pourrais te faire le récit[2]. » Le deuxième volume est dédié à son fils qui s'apprête alors à quitter l'Égypte pour aller étudier à Paris : « Tu trouveras dans ces pages un aspect de vie égyptienne dont tu n'as jamais fait l'expérience. Et tu te souviendras de quelqu'un qui, plus d'une fois, a puisé de la force dans ta présence[3]. » Même en s'adressant à ses enfants, Tâha Hussein n'utilise pas la première personne pour évoquer l'enfant, l'adolescent, le jeune cheikh, ou le jeune homme qu'il a été. Il garde cette forme de la troisième personne pour parler de soi-même.

Dans l'autobiographie à la troisième personne, dit Philippe Lejeune, « l'auteur parle de lui-même *comme si* c'était un autre qui en parlait, ou comme s'il parlait d'un autre. Ce *comme si* concerne uniquement l'énonciation : l'énoncé, lui, continue à être soumis aux règles strictes et propres du contrat autobiographique[4] ». Le recours à la troisième personne, qui fonctionne comme une figure d'énonciation, « est une autre manière de réaliser, sous la forme d'un *dédoublement*, ce que la première personne réalise sous la forme d'une *confusion* : l'inéluctable dualité de la "personne" grammaticale ». Cette figure correspond à une manière de parler de soi. Car les deux pronoms (« je » et « il ») renvoient

1 *Al-Ayyâm*, *op. cit.*, p. 7.
2 « فقد عرفت أباك في طور من أطوار حياته أستطيع أن أحدثك به », *ibid.*, p. 119/110.
3 « هنالك ترى لونا لم تعرفه من ألوان الحياة في مصر، وتذكر شخصا طالما ارتاح إلى قربك منه », *ibid.*, p. 304/263.
4 P. Lejeune, *Je est un autre*, Paris, Seuil, 1980, p. 34.

à la même complexité de l'énonciation autobiographique qui pousse à poser le problème de l'identité : « Toute analyse du jeu des pronoms et des personnes dans l'énonciation en arrive à la nécessité de construire une théorie du sujet[1]. » L'emploi de la troisième personne dévoile les tensions de l'individu, l'écart qui sépare le sujet de l'énonciation de celui de l'énoncé, la dualité inhérente à la voix narrative. Le véritable narrateur se trouve ainsi occulté, il est remplacé par un narrateur figuré ou même fictif.

Les combinaisons du système des personnes dans l'énonciation suggèrent, selon Philippe Lejeune, le « propre de la personne », à savoir « la tension entre l'impossible unité et l'intolérable division[2] ». Le problème de l'identité que Tâha Hussein met en scène est celui de l'avènement du sujet, de son combat contre un environnement culturel, institutionnel, idéologique pour advenir en tant qu'une conscience libre. Le sujet égyptien, contrairement au sujet français ou européen, n'en est pas à sa déconstruction, il lutte durement pour émerger, pour se différencier du groupe ou de la communauté, pour être reconnu comme un individu libre, désireux d'assumer ses paroles et ses actions. En dépit du paratexte (dédicaces), et de l'unicité du nom propre (entre auteur, narrateur et protagoniste), le récit du combat des lumières contre les ténèbres se situe, dans le champ de la réception arabe, au carrefour de deux genres : l'autobiographie et la fiction. Luc-Willy Deheuvels commente ainsi la place singulière que ce récit occupe dans la littérature arabe moderne :

> Avec ce texte, la littérature arabe s'est véritablement ouverte à l'autobiographie. Mais aussi, la subtilité et la complexité du processus de reconstruction du souvenir dans cette autobiographie littéraire ont marqué profondément l'essor de la fiction arabe, une large part de la critique arabe allant jusqu'à voir dans *Al-Ayyâm* un texte consacrant l'avènement de l'écriture romanesque au sein de la culture arabe[3].

Dans *Al-Ayyâm* (*Le Livre des jours*), note André Miquel, « l'expression romanesque est à la hauteur d'une aventure exemplaire » : la lutte contre la cécité frappant l'écrivain à l'âge de trois ans d'une part, les études et

1 *Ibid.*, p. 35.
2 *Ibid.*, p. 38.
3 L.-W. Deheuvels, « Tâhâ Hussein et *Le Livre des jours*. Démarche autobiographique et structure narrative », *Revue des mondes musulmans et de la Méditerranée*, n° 95-98, 2002, en ligne.

les fonctions officielles d'autre part. « C'est une œuvre exemplaire en ce sens que, spécifiquement arabe [...], elle ressortit en même temps, ne serait-ce que par *Les Jours*, au patrimoine universel[1] ». Le scandale est le moteur de l'écriture de ces mémoires, peut-être est-il même à l'origine de la carrière d'écrivain de Tâha Hussein. Une phrase de l'illustre écrivain syrien Ma'âri, aveugle et athée, obsède le narrateur : « La cécité est une honte[2]. » L'identification de l'enfant, puis du jeune homme, à ce poète apparaît dès les premières pages du récit. Devenu aveugle à la suite d'une ophtalmie mal soignée, l'enfant Tâha se sent, très tôt, encerclé par le noir.

Une antithèse fonde la fiction autobiographique (puisque cette appellation pourrait résoudre le dualisme entre autobiographie et fiction dans lequel *Al-Ayyâm* fut inscrit) quand Tâha entend ses frères décrire des choses dont il n'a aucune connaissance. L'enfant comprend que ces derniers « voient ce qu'il ne voit pas[3] ». Installé dans une situation de solitude et de retrait par rapport aux autres, il se dote d'une observation aiguë du monde alentour. L'opposition motrice entre la lumière visible et l'obscurité sera transposée en engagements esthétiques, éthiques et politiques de l'innovation contre l'immobilisme. Le dualisme originel du jour et de la nuit, décliné et démultiplié métaphoriquement, constitue l'empreinte de cette écriture, et ce dès la première ligne :

> لا يذكر لهذا اليوم اسما، ولا يستطيع أن يضعه حيث وضعه الله من الشهر والسنة، بل لا يستطيع أن يذكر من هذا اليوم وقتا بعينه، وإنما يقرب ذلك تقريبا.
>
> « Il ne se rappelle pas le nom de ce jour ; impossible d'assigner la place qu'Allah lui fixa pour l'éternité dans la suite des mois et des ans. Encore moins peut-il saisir, dans cette journée, le souvenir d'une heure précise. Il n'en parle que par à-peu-près[4]. »

Étrange incipit pour une fiction autobiographique où la remémoration ordonne une poétique du sujet. Mais c'est cette négation du souvenir : « Il ne se souvient pas » (لا يذكر, *lâ yadhkuru*[5]), qui permet le surgissement de la mémoire. Le discours dispose très précisément des repères

---

1 *La littérature arabe*, *op. cit.*, p. 118-119.
2 « إن العمى عورة », *Al-Ayyâm*, p. 328. « عورة » (*'awra*) signifie littéralement sexe.
3 « أنهم يرون ما لا يرى », *ibid.*, p. 25.
4 *Ibid.*, p. 15/14.
5 *Ibid.*

temporels alliant temps mythique et temps subjectif : jour, Allah, mois, année, instant (ou moment). La traduction française surcharge la phrase du mot « éternité » et elle ne rend pas compte de l'anaphore arabe qui reprend *yadhkuru* (« il se souvient ») et *dhikrâ* (« souvenir »). Or c'est cette anaphore qui suggère l'originalité et la force de la fiction autobiographique, à savoir le style et le rappel (*dhikr*) qui caractérisent une écriture où forme et contenu s'interfèrent pour signifier une riche alliance de l'antique et du moderne.

Tâha Hussein s'emploie à illustrer les possibilités de l'arabe classique à travers un style qui exerce une séduction durable. Selon Jacques Berque, ce style cumule divers effets : élégance classique, archaïsme, pureté, réitération. Mais la langue de Tâha Hussein s'impose singulièrement par sa musicalité. Le « souffle » ou élan (نفس, *nafas*), caractéristique des vieilles poésies arabes, y anime de longues séquences ou périodes. Cette langue se distingue par un emploi radical du verbe. La rareté de la phrase nominale, pourtant caractéristique de l'arabe, est contrebalancée par l'importance que le verbe conquiert dans les propositions. C'est d'ailleurs une phrase verbale : « ne se souvient pas » (لا يذكر) qui inaugure *Al-Ayyâm* (*Le Livre des jours*), cette immense entreprise de la mémoire.

Chez Tâha Hussein « le verbe est radical » alors que l'adjectif reste cantonné au conformisme et à la redondance : « Serait-ce que l'être, repère ontologique, est en train de laisser place à l'agir[1] ? » Ce radicalisme du verbe est sans doute le « trait de correspondance avec le dynamisme d'une époque qu'une telle prose assume, ou plutôt qu'elle anticipe[2] ». Le verbe reprend appui sur sa racine immémoriale selon les deux sens : *agir* ou *faire agir* parce que, note Jacques Berque, « chez l'écrivain la langue, comme le fait autour de lui la société, se reconstruit à partir de l'origine[3] ». Resurgie de l'antique, cette euphonie « distribue en d'ingénieux chenaux à la fois la coulée d'une abondance ancestrale et les remous d'une perpétuelle mise en cause[4] ». La contradiction entre l'ancien et le nouveau dynamise donc un style qui recourt continûment à l'antithèse, aux dichotomies, aux parallélismes, au balancement, à l'amplification. Parfois, ce dualisme omniprésent se résout en une éclatante synthèse :

1 *Au-delà du Nil*, *op. cit.*, p. 32.
2 *Ibid.*, p. 33.
3 *Ibid.*
4 *Ibid.*

> Ainsi ce début fameux du *Livre des jours* dont on n'a pas encore observé que fondant la genèse d'une pensée critique sur les apprentissages de l'enfant encerclé, il adopte, en prose, la structure de l'élégie antéislamique. Même recours au *dhikr*, même appel au surgissement à partir du rien. [...] Or ce qui va sortir du néant préalable, qui s'impose dès le début, ce n'est pas l'évocation de joueuses étreintes au bord d'une source, mais l'éveil d'une interrogation. Le vieux poète pleurait sur les *at'lâl* du campement abandonné. L'écrivain moderne tire de ces vestiges désertiques l'enfantement d'une conscience[1].

Cette poétique qui déploie le *dhikr* comme technique permettant l'émergence du sujet est travaillée par des rythmes contraires entre l'archaïsant et le modernisant. L'écrivain puise dans l'ancien des procédures qu'il transforme, subvertit, dépasse. La rencontre et la dispute entre le legs arabe et le legs occidental sont constantes imprégnant ainsi la forme et le contenu de l'œuvre. La dialectique ne se limite pas au style, elle se retrouve aussi dans le choix des personnages, dans leur hésitation entre la fidélité et la raison, entre l'évocation du passé et l'anticipation de l'avenir. Le premier volume d'*Al-Ayyâm* (*Le Livre des jours*) est un récit d'apprentissage, plus exactement il porte en grande partie sur l'apprentissage du Coran. La narration des angoisses de l'apprenti débouche sur sa possession par cœur, dès l'âge de neuf ans, du livre sacré. Ce récit célèbre une mémoire prodigieuse, celle d'un aveugle et d'un aède dont la remémoration (*dhikr*) de sa vie est indissociable de la mémorisation (*hifdh*) du Coran.

Suivant d'autres dispositions poétiques, Nagîb Mahfûz suggère cette dualité du *dhikr* et du *nakr* (rappel et travestissement), et ce dès le prologue d'*Awlâd hâratinâ* (*Les Fils de la médina*). L'écrivain aspire à ordonner, dans un livre unique faisant autorité, l'histoire de son quartier depuis la genèse jusqu'à la mort du patriarche. Le Coran apparaît comme un modèle non seulement imitable, mais aussi transposable dans l'espace et le temps actuels ou historiques. La réception de ce roman exhibe la misère de la méthode idéaliste qui, comme le rappelle Véronique Gély, « commence par reconstituer un supposé mythe originel avant d'examiner ses avatars dans la littérature[2] ». Nombreux sont les critiques qui effleurent cette fiction ou préfèrent même l'ignorer. Ceux qui en parlent choisissent généralement de partir des mythes biblique et coranique qui préexistent à la fiction, gommant ainsi l'art et l'innovation qui sont propres à celle-ci[3].

---

1 *Ibid.*, p. 34.

2 « Le "devenir-mythe" des œuvres de fiction », *op. cit.*, p. 75.

3 H. B. Hagil, *Nagîb Mahfûz. Récits et codes culturels*, Paris, L'Harmattan, 2001, p. 20-26.

LE *KÂTIB* : SCRIBE ET ÉCRIVAIN

Awlâd hâratinâ (*Les Fils de la médina*) raconte l'histoire d'une *hâra* (حارة) cairote dont l'origine se confond avec celle du monde. Dans le prologue, un personnage-narrateur dévoile les sources et le cheminement narratif de cette fiction. Lui-même « écrivain public », il s'attelle à écrire cette histoire « d'après les récits des conteurs publics », dont certains sont, à leur tour, des personnages – d'où la dimension réflexive du roman. Ces personnages d'écrivain public et de conteurs suggèrent une réflexion sur le statut de l'écrivain dans la société égyptienne contemporaine. Les conteurs occupent une place importante dans l'espace social. Ils sont les dépositaires de la mémoire, principalement orale, du quartier qu'ils transmettent au fil des générations. Émerveillés par les récits des conteurs, Gabal, Rifâ'a et Qâsim y puisent la force et le courage qui vont transformer leur révolte en action. Seul Arafa exprime son mépris pour les conteurs qui, en ressassant ces « sornettes », confortent les habitants dans leur état de passivité, d'attente, de fatalité. Ces conteurs convoquent dans leurs histoires des modèles réussis d'action et de rébellion, mais ils demeurent eux-mêmes aux ordres du pouvoir politique, celui de l'intendant et des *futuwwât* (فتوات). La figure négative, ou pour le moins ambivalente, du conteur se trouve contrebalancée par celle de l'« écrivain public » qui explicite ainsi les circonstances de sa naissance en tant que tel :

شهدت العهد الأخير من حياة حارتنا، وعاصرت الأحداث التي دفع بها إلى الوجود عرفة ابن حارتنا البار. وإلى أحد أصحاب عرفة يرجع الفضل في تسجيل حكايات حارتنا على يدي، إذ قال لي يوما : «إنك من القلة التي تعرف الكتابة، فلماذا لا تكتب حكايات حارتنا؟ إنها تروي بغير نظام، وتخضع لأهواء الرواة وتحزباتهم، ومن المفيد أن تسجل بأمانة في وحدة متكاملة ليحسن الانتفاع بها، وسوف أمدك بما لا تعلم من الأخبار والأسرار ». ونشطت إلى تنفيذ الفكرة [...]. وكنت أول من اتخذ من الكتابة حرفة في حارتنا على رغم ما جره ذلك علي من تحقير وسخرية. وكانت مهمتي أن أكتب العرائض والشكاوي للمظلومين وأصحاب الحاجات. وعلى كثرة المتظلمين الذين يقصدونني فإن عملي لم يستطع أن يرفعني عن المستوى العام للمتسولين في حارتنا، إلى ما أطلعني عليه من أسرار الناس وأحزانهم حتى ضيق صدري وأشجن قلبي.

« J'ai été témoin de la dernière période de la vie de notre quartier, et j'ai assisté aux événements dont Arafa fut le héros. C'est d'ailleurs l'un des compagnons de celui-ci qui m'a incité à écrire ce livre. "Tu es l'un des rares, ici, à savoir écrire, me dit-il un jour. Pourquoi ne mettrais-tu pas par écrit les histoires de

> notre quartier ? Les conteurs les transmettent par fragments, sans ordre, en les arrangeant chacun selon ses intérêts ou ses opinions. Il serait bon qu'elles soient rassemblées sous forme d'un livre, qui ferait autorité, et dont chacun pourrait tirer profit. D'ailleurs, je te fournirai certains renseignements que personne ne connaît." Je me suis donc attelé à ce projet [...]. Je fus ainsi le premier habitant du quartier à exercer le métier d'écrivain, ce qui me valut surtout des avanies et des sarcasmes. Mon travail consiste à rédiger des pétitions et des suppliques pour ceux qui ont subi une injustice ou qui demandent des secours : si je ne vis pas mieux que les plus misérables des habitants de notre quartier, ce n'est assurément pas faute de clients ! Et je ne parle pas de l'effet déprimant et démoralisant que procure la fréquentation quotidienne des secrets et des peines de nos semblables[1]. »

Nagîb Mahfûz recourt au personnage de l'auteur fictif pour dresser le portrait du *kâtib* (كاتب) égyptien, à la fois scribe et écrivain. Doué d'un talent socialement rare (la maîtrise de l'écrit), il est capable de s'engager dans une telle entreprise d'enregistrement et de fixation du patrimoine oral. Écrire revient à rassembler et ordonner le savoir fragmentaire, selon une approche d'objectivation dans le but de donner, sous la forme d'une « unité complète » (ou d'un « livre »), le récit qui s'imposera comme une référence et fera autorité. Cette distanciation est due à la position sociale singulière de l'écrivain. S'il accède aux confidences des princes et de leurs proches, il connaît aussi les lamentations du peuple dont il partage la condition misérable :

> Car l'identité d'écrivain est double : d'un côté, cet être omniscient, capable d'un point de vue souverain sur le monde social ; de l'autre, un acteur social ayant une fonction précise, un travailleur intellectuel chargé de communiquer aux dominants la parole des dominés, ce dont il ne retire guère de récompenses matérielles ou symboliques[2].

Dans l'immense analepse, qui suit le prologue, se succèdent chronologiquement cinq parties ayant pour titres les noms des héros. L'auteur fictif ordonne un récit chronologique en vue de raconter les événements étranges et mystérieux dont son quartier cairote, ainsi personnifié, fut le théâtre : « Comment est-il apparu à l'existence ? Que lui est-il arrivé ? Qui sont ses fils[3] ? » Les habitants de ce quartier constituent une société

1 *Awlâd hâratinâ*, *op. cit.*, p. 8/26.

2 *Entre scribes et écrivains. Le champ littéraire dans l'Égypte contemporaine*, *op. cit.*, p. 18.

3 « كيف وجدت؟ وماذا كان أمرها؟ ومن هم أولاد حارتنا؟ », *Awlâd hâratinâ*, *op. cit.*, p. 8/26.

archaïque pour qui le retour à l'origine, qui permet de revivre le temps où les choses se sont manifestées pour la première fois, constitue une expérience essentielle et structurante de leur imaginaire collectif. Par le biais de la répétition et de la réinvention des histoires de Gabalawi et de ses fils, qui réactualisent les événements originels, la communauté suspend le temps historique, d'où l'importance des conteurs publics. Nagîb Mahfûz représente ce temps de la remémoration sous un angle plutôt négatif car les descendants de Gabalawi renoncent à agir sur et dans le monde. Après la répétition du temps de l'action (due à l'élection d'un fils de la *hâra*), ils s'enfoncent dans le temps de la violence, en attendant qu'un nouveau miracle se produise.

Le narrateur remonte à l'origine, ce qui implique l'amplification temporelle et spatiale que suppose tout récit mythique. Le roman s'enracine dans un espace et un temps non délimités, ou légendaires. « Au commencement, là où se trouve actuellement notre quartier, il n'y avait que le désert du Muqattam qui s'étendait à perte de vue[1] » : ainsi commence la première partie, « Adham », consacrée à Gabalawi et à ses fils. Gabalawi donne naissance à une nombreuse descendance qui peuplera le quartier auquel il a donné son nom. Le récit se présente d'abord comme une reconstitution, une recréation du mythe de Gabalawi, le premier homme à avoir habité ce désert qu'il possède tout entier :

> وجدنا هذا هو لغز من الألغاز. عمر فوق ما يطمع إنسان أو يتصور حتى ضرب المثل بطول عمره.
> واعتزل في بيته لكبره منذ عهد بعيد، فلم يره منذ اعتزاله أحد. وقصة اعتزاله وكبره مما يحير العقول،
> ولعل الخيال أو الأغراض قد اشتركت في إنشائها.

> « Cet Ancêtre dont je viens de parler est une énigme. Il est doué d'une longévité plusieurs fois supérieure à la normale, à tel point qu'il est passé en proverbe. Depuis très longtemps, il vit retiré dans sa maison, à cause de son grand âge. Les récits qui courent à ce sujet sont à peine croyables ; il se peut, d'ailleurs, que l'imagination ou l'intérêt ait pris une certaine part à leur élaboration[2]. »

Gabalawi est l'ancêtre, le fondateur, l'aïeul : cette origine est décrite comme un mystère, l'objet d'affabulations qui grossissent et s'obscurcissent au cours des générations des descendants et, surtout, celles des conteurs populaires. *Awlâd hâratinâ* (*Les Fils de la médina*) constitue sans doute le premier exemple, et le plus important, de « toute une littérature à base

1 « كان مكان حارتنا خلاء. فهو امتداد لصحراء المقطم الذي يربض في الأفق », *ibid.*, p. 11/27.

2 *Ibid.*, p. 5/24.

de dissimulation, de symbole et d'allégorie[1] », qui a fleuri, en Égypte, dans les années 1960 en raison des restrictions imposées par le pouvoir politique à l'art.

Désireuse d'être reconnue comme un auteur de fiction, Nawal el-Saadawi procède à l'emploi massif du dialecte égyptien, au renouvellement de ses techniques de narration et de composition, et recourt à l'allégorie, au rêve, à l'ironie. Le roman *Zina* (زينة), écrit à la fin des années 2000, émane de cette ambition qu'il semble combler. Cette fiction exploite la figure du double à la fois comme poétique et thème, d'où l'éclatement de la narration linéaire, la multiplication des narratrices et des points de vue, la réflexivité, la mise en abîme, l'hésitation fantastique. *Zina* raconte le destin d'une enfant des rues qui va braver les moqueries et les menaces pour devenir une chanteuse admirée, mais qui sera finalement assassinée sur scène par les islamistes. Le titre explicite une scénographie hérétique à travers le jeu de mots entre *zina* (زينة) qui signifie « beauté » et *zinâ* (زناء) qui signifie « adultère » ou « fornication ». Or en islam, le *zinâ* est strictement interdit et est considéré, sous toutes ses formes, comme un péché capital. Des paroles prophétiques le condamnent sévèrement, allant jusqu'à légitimer la mise à mort du musulman adultère. Le Coran recommande de ne pas s'en approcher : « Évitez la fornication, c'est une abomination ! Quel détestable chemin[2] ! » Or la dédicace qui ouvre *Zina* rend hommage aux enfants nés hors du cadre du mariage, et s'inscrit ainsi en contradiction totale avec la loi sacrée :

> إلى كل الأطفال البنات والأولاد، ا الذين يولدون في الشارع، ا دون أب ولا أم، ا دون مدرسة ولا كنيسة ولا جامع، ا دون أوراق مختومة بالنسر، ا ثم يعيشون ويكبرون ويصبحون، ا كواكب تقشع الظلام، ا تملأ الأرض بالضوء، ا وتغير العالم.

> « À tous les enfants, filles et garçons / Qui naissent dans la rue / Sans père ni mère / Sans école ni église ni mosquée / Sans papiers portant le sceau de l'aigle d'Égypte / Et qui vivent, grandissent et deviennent / Des étoiles qui dissipent les ténèbres / Remplissent la terre de lumière / Et changent le monde[3]. »

Les enfants appelés « bâtards », par leur existence même, amènent à réfléchir sur la relativité et la clôture des appartenances nationales,

1 *Entre scribes et écrivains. Le champ littéraire dans l'Égypte contemporaine*, *op. cit.*, p. 74.

2 « ولا تقربوا الزنا إنه كان فاحشة وساء سبيلا », Le Coran, *op. cit.*, « Al-isrâ » / الإسراء (Le voyage nocturne), XVII, 32, p. 344.

3 *Zina*, *op. cit.*, p. 5/5.

religieuses, idéologiques. Le poème exploite la dualité de l'obscurité et de la lumière transfigurant ainsi le bâtard en un symbole d'hybridité, d'ouverture, de mouvement. Boudour, une mère rongée par le regret d'avoir abandonné sur un trottoir Zina, sa première fille, mène une belle carrière de critique littéraire. Convaincue que le critique est inférieur au romancier, au poète, au dramaturge et au cinéaste, qu'il est un parasite de la vraie littérature et de l'art, qu'il est un créateur dépourvu de talent, elle entreprend de finir une fiction, plutôt une autofiction, « Le roman volé » (الرواية المسروقة), commencée au lendemain d'une seule nuit d'amour d'où Zina est issue.

Boudour écrit la nuit l'histoire de Badreya, fragment par fragment, à l'abri du regard de l'époux. Alors qu'elle dort, celui-ci, tout en étant scandalisé, lit le texte en cachette. Le personnage finit par envahir sa créatrice, la faisant douter des frontières entre le réel et l'imaginaire, entre personne et personnage, entre sa vie et la vie qu'elle aurait pu avoir. Des séances chez le psychanalyste, des confidences, des souvenirs, des rêves et des fantasmes, des monologues, autant de modes d'expression et d'éclairages qui dévoilent l'intimité des personnages principaux, exhibant la fissure psychique et intellectuelle de ces êtres pris dans leurs désirs et les déterminismes de la société égyptienne contemporaine. Chez Nawal el-Saadawi, la femme comme sujet autonome et libre reste à inventer, elle est peut-être la femme à venir, mais elle n'est certainement pas celle du passé, même si des comparaisons avec des figures anciennes parsèment la fiction.

L'animation fantastique de Badreya, qui communique librement avec Boudour ou Zakaria, enrichit la fiction en dialogues, en rêves, en références intertextuelles faisant régner une atmosphère d'ambiguïté, d'indétermination. La confrontation nocturne entre Boudour et Badreya donne lieu à une nouvelle interprétation de l'épisode biblique et coranique du fruit défendu. La fiction réalise une inversion, par rapport au récit de la Genèse, suivant une logique limpide : Dieu aime la connaissance, le contraire étant impossible ou inadmissible, c'est donc lui-même qui a suggéré à ses créatures de goûter à ce fruit.

Au centre de *Zina*, une dizaine de pages inaugurées par la notion du doute (شك) convoquent les trois textes fondateurs du monothéisme. Nawal el-Saadawi recourt à la citation directe et se réfère à des épisodes célèbres de l'Ancien Testament, de l'Évangile et du Coran. L'inscription de ces textes dits sacrés dans une généalogie littéraire interne permet de les mettre en relation avec d'autres textes dits profanes. La narratrice égrène les noms de penseurs, de mystiques, de philosophes, de poètes invoqués comme une source incontournable de savoirs : Marx, Engels, Al-Ghifâri, Al-Ghazâli, Avicenne, Averroès, El-Adawiyya, Ibn Khaldûn, Roumi, El-Khayyâm. Elle rappelle aussi la mythologie et la grande diversité du culte de l'Égypte antique polythéiste. En effet, le portrait de Zina évoque les déesses égyptiennes, Isis ou Néfertiti dont elle aurait hérité la beauté légendaire.

DÉMYSTIFICATION DES FIGURES DU PASSÉ

Les figures du passé, la représentation de l'histoire et la quête des modèles travaillent singulièrement les fictions francophones. L'Algérie arabo-islamique frappe d'interdit Kateb Yacine et juge son œuvre gênante en raison de ses thèmes transgressifs : les femmes, la langue, l'écriture de l'histoire, l'identité collective ou nationale. Lorsqu'il découvre la puissance explosive et libératrice de la poésie, Kateb Yacine comprend pourquoi les Arabes n'ont jamais traduit les tragédies grecques. Il y a ici « une opposition irréductible » entre le verbe religieux et le verbe libre, car les prophètes reprochent aux poètes de parler et de ne pas agir. Or l'exigence d'histoire et de mémoire se conjugue avec la nécessité d'une démystification religieuse, perçue comme la condition du déploiement libre de la parole, de la fiction, de la poésie :

> Je me suis alors demandé quelle était la contradiction dans laquelle je me trouvais, ce conflit d'un verbe qui peut être condamné par un autre. [...] Il faut que la poésie ait non seulement un objet, mais le monde entier pour objet [...]. C'est là qu'est venue normalement s'inscrire la question du public et c'est là que se fait la transition avec le théâtre[1].

Le parcours théâtral de cet écrivain correspond à un ensemble de problématiques nouvelles qui sont d'ordre linguistique, politique, dramaturgique. Il s'agit de fonder un théâtre en arabe populaire, un théâtre

1 *Le Poète comme un boxeur*, *op. cit.*, p. 46-47.

collectif et engagé, et aussi un « théâtre satirique[1] ». La réception est indissociable de l'écriture théâtrale car le dramaturge veut toucher les couches populaires, et prouver que la langue du peuple est la véritable langue vivante. Le choix d'écrire et de mettre en scène des fictions dramatiques en dialecte algérien donne un statut nouveau à l'arabe oral, celui d'une langue en mouvement, et d'une langue de création. Il s'agit de revitaliser la culture populaire et lui donner le droit de cité par la médiation de la fiction qui puise à la source de l'imaginaire populaire.

Après son séjour au Viêtnam en 1967, Kateb Yacine énonce clairement son projet de promouvoir « un théâtre politique dans la langue populaire[2] ». Ce théâtre, qui saisit les événements à vif, a pour vocation de représenter les drames collectifs. Purgé de son lyrisme personnel et de ses passions intimes, le héros individuel se métamorphose en un symbole, en une figure épique. Théâtre d'urgence, de combat, d'action, le théâtre politique met en scène « la figure multiforme du peuple[3] ». L'écrivain doit contribuer à la révolution et se faire « historien » en représentant les événements et les figures historiques sur la scène :

> Pour un théâtre dans un pays engagé, et surtout combattant, il faut porter l'histoire du pays au théâtre, parce qu'on devient dix fois plus fort quand on a mille ans derrière soi[4].

Kateb Yacine puise dans l'histoire antéislamique de l'Algérie une figure historique dont il fait un mythe vivifiant pour l'histoire contemporaine. Dans *La Kahina ou Dihya*, le retour aux sources dans le cadre de la recherche d'une identité nationale algérienne passe par la représentation de l'histoire par l'art théâtral, « comme reflet vivant[5] ». La violence de la conquête arabo-islamique au XIIe siècle rejoint la violence d'une politique arabo-islamique telle que l'Algérie la pratique dans les années 1970 et 1980. Kateb Yacine problématise l'histoire et propose des voies nouvelles dans un théâtre éminemment révolutionnaire, qui est un théâtre à thèse. Car « faire entendre aux Algériens leur

---

1 J. Arnaud, *La littérature maghrébine de langue française. Le cas de Kateb Yacine*, Paris, Publisud, 1986, p. 579.

2 *Ibid.*, p. 585.

3 *Ibid.*, p. 586.

4 *Ibid.*, p. 588.

5 *Parce que c'est une femme*, *op. cit.*, p. 42.

histoire » implique la représentation d'une contre-histoire pour rétablir une autre vérité contre l'amnésie et la confiscation de l'histoire par les pouvoirs officiels. Par cet acte pédagogique qui consiste à révéler l'histoire, le dramaturge rend au théâtre sa vertu politique au sens aristotélicien du terme. Les personnages surgissent du passé pour le ranimer et, par-là même, ranimer le présent.

Il existe cinq textes de Kateb Yacine sur l'épopée de la Kahina. Parmi ces versions, le dramaturge a choisi pour la scène celle qui relate le combat et la mort de cette héroïne. Par ailleurs, *La Kahina ou Dihya* devient, dans un tableau très écourté, le prologue d'une autre pièce qui met en scène une multitude de figures historiques. La première figure qui apparaît sur scène est celle de Dihya. Pourquoi cette présence des femmes, singulièrement au théâtre ? Kateb Yacine invoque deux raisons qui plaident pour un théâtre habité par les femmes : d'une part, l'œuvre d'un historien, en général aride, s'adresse à un public de spécialistes « tandis que l'histoire portée au théâtre devient un spectacle et touche ainsi un public qui n'a pas accès aux sources historiques » ; d'autre part, dans la culture arabo-islamique où les Algériens sont « plongés », « les femmes deviennent pour les hommes des étrangères à partir de l'âge de la puberté[1] ». Porter une histoire de femme au théâtre revient donc à briser ce que le poète appelle le « ghetto féminin » : « Ce monde des femmes reste une grande inconnue et il est temps de le mettre en lumière. » Il appartient à la fiction de dévoiler, en quelque sorte, « ces forces qui sont inconnues ou inconscientes » car un peuple qui ne connaît pas son histoire est un peuple « paralysé ». Méconnaître la Kahina, c'est perdre « un explosif terrible, une force extraordinaire[2] ».

Dans une perspective poétique et éthique comparable, Assia Djebar ouvre le champ d'une « écriture de nécessité », d'une « écriture de creusement » dont le socle même est formé par un « “non” de résistance », un « “non” intérieur » qui résonne en elle « dans une forme et un son berbères[3] ». La fiction déconstruit les ressources du passé, annonce les possibles de l'avenir, crée de nouveaux symboles ; c'est ainsi qu'elle menace les structures du pouvoir politique, social, symbolique. Dans *Loin de Médine*, l'évocation des destinées de femmes dans la période

1 *Ibid.*, p. 36-38.
2 *Ibid.*, p. 41.
3 « Idiome de l'exil et langue de l'irréductibilité », *op. cit.*

qui commence avec la mort du prophète se heurte au silence des chroniqueurs, « naturellement portés, par habitude déjà, à occulter toute présence féminine[1]... » Face à l'histoire tronquée et à la mémoire trouée, « la fiction, comblant les béances de la mémoire collective, s'est révélée nécessaire[2] ». La fiction, c'est cette « mise en espace » de ce que l'auteur nomme « [sa] volonté d'*ijtihad* » ; le refus des savoirs et des certitudes de l'orthodoxie motive cette « recherche de la vérité[3] ».

La fiction vient ainsi concurrencer, et trouer, les récits fondateurs des historiens des deux ou trois premiers siècles de l'islam (Ibn Hicham, Ibn Saad, Tabari). Elle est ce territoire enfin habité par les femmes, accueillant leurs voix, dévoilant leurs corps ; elle est hospitalité et présence, terre de migration et d'asile où résonnent les voix mineures ou ensevelies, et où se meuvent les morts ressuscités. *Loin de Médine*, dont le sous-titre est *Filles d'Ismaël*, s'interroge donc, de manière radicale et efficace, sur la place et la parole des femmes dans l'histoire et la mémoire de l'islam. Assia Djebar découvre une multitude de femmes sans voix, sans corps, parfois même sans noms. Le récit s'ouvre sur l'agonie du prophète et les prémisses de la guerre de succession, qui se résoudra, plus tard, dans la bataille de Kerbela et la division entre sunnites et chiites. La narratrice choisit cette période charnière pour traquer les traces et les voix des femmes. Assia Djebar écrit *Loin de Médine*, entre 1985 et 1990, dans une perspective contemporaine marquée d'un double désir, celui de répondre au discours fondamentaliste et celui de comprendre la violence saisie dans son historicité :

> J'ai pris alors la décision d'écrire *Loin de Médine*. Avec *L'Amour, la fantasia*, j'avais acquis un savoir-faire entre l'histoire et le roman, je me suis donc dit qu'il fallait que j'utilise cet acquis pour raconter les premiers temps de l'islam du point de vue des femmes ; j'ai senti que les intégristes allaient revenir en force et monopoliser la mémoire islamique[4].

Pour construire le point de vue des filles d'Ismaël, la romancière mobilise les sources de la tradition islamique où l'on parle essentiellement des pères et des fils : le Coran, le *hadith* (حديث), la *sunna* (سنة), les

---

1 *Loin de Médine*, *op. cit.*, p. 7.
2 *Ibid.*
3 *Ibid.*, p. 8.
4 S. Bonnet, « Entretien avec Assia Djebar », *Les Inrockuptibles*, octobre 1995, p. 59-60.

chroniques historiques. Elle emprunte tous les personnages à l'histoire sauf Habiba, qu'elle invente. L'imagination pallie au manque de sources quant à l'histoire des femmes et à l'éloignement dans le temps de la période représentée. Les deux épigraphes qui ouvrent *Loin de Médine*, de Ferdousi et de Michelet, suggèrent l'entrecroisement entre histoire et fiction et la fragilité de la frontière qui les sépare. En effet, de nombreux traits empruntés à nos représentations du réel, singulièrement l'organisation de l'espace et du temps et les modalités de l'action humaine, restent essentiels à la structuration des représentations imaginaires.

Loin de Médine se compose d'un prologue, de quatre parties (« La liberté et le défi », « Soumises, insoumises », « Les voyageuses » et « Parole vive ») et d'un épilogue. L'architecture romanesque évoque une composition musicale, alternant parole et silence, multiplicité des voix et permanence de la Voix, dispersion des nombreuses figures féminines et recueil de leur complainte. Un bref « point d'orgue », séparant « Les voyageuses » et « Parole vive », relate l'agonie et la mort d'Abou Bakr, et répond de manière symétrique au prologue qu'occupe la scène de l'agonie et de la mort du prophète. De même, la citation située avant « La liberté et le défi », où Ibn Saad rapporte le discours d'investiture d'Abou Bakr, entre en résonance avec les deux citations d'Ibn Saad et de Tabari, à la fin de la troisième partie, où les chroniqueurs donnent leurs versions du discours d'Omar nommé calife. Toutes les voix de femmes sont ramenées à la vie, dans la langue française que l'écrivaine tisse à partir des paroles et des silences, de cette persistance féminine, de ce chant qui ne doit pas être d'oubli. Le roman commence à Médine en l'an 11 de l'hégire (632), et se termine en l'an 13 (634). Les analepses et les prolepses dessinent une mémoire en cercles concentriques, et donnent à la fiction une très importante ampleur temporelle et intertextuelle allant des histoires de l'Ancien Testament jusqu'à l'Arabie contemporaine. Mireille Calle-Gruber note que la narratrice fait jouer la théâtralité sur la partition de la page :

> À chaque reprise de voix ou de médiation, c'est un accroc qui se marque, un accident du parcours narratif dont les moyens se révèlent hétérogènes et désunis. Chaque voix qui s'énonce marque son énonciation c'est-à-dire les paramètres, variables, d'une position, d'une mise à distance, d'un point de vue, exclusif d'autres points de vue : chaque voix qui révèle, marque aussi qu'il y a vue et non-vue[1].

1 M. Calle-Gruber, *Assia Djebar ou la résistance de l'écriture*, Paris, Maisonneuve et Larose, 2001, p. 183.

Deux scènes se répondent, d'une extrémité à l'autre du récit, celle de la mort du prophète et celle d'Omar qui, d'après la version de Tabari, « monte en chaire et annonce à tous qu'il gouvernera les Arabes "comme le guide du chameau dans le désert"[1] ». Le silence de Mahomet, préférant finalement ne pas dire ses recommandations pour sa propre succession, ouvre la fiction : « Il est mort. Il n'est pas mort. Il a penché la tête, légèrement, sur le côté, contre la gorge de Aïcha. [...] Il n'a rien voulu dire[2]. » L'incipit met en exergue l'*hégire* (هجرة ou exil) comme événement fondateur de l'histoire et de la mémoire arabo-islamiques, d'où l'insistance sur les personnages des voyageuses et sur la migration comme situation existentielle et symbole de la condition de la femme en islam. Assia Djebar explique que, « dans une religion qui commence avec une émigration quasiment sacralisée, la femme devient une émigrante constante, sans point d'arrivée, une migrante. La plus belle dénomination en culture islamique[3] ». Une construction à la fois circulaire et dualiste caractérise *Loin de Médine* qui fait émerger, dès le prologue et parmi cette foule de femmes, deux figures singulières, Aïcha et Fatima, l'épouse préférée et la fille préférée de Mahomet.

Aïcha, c'est le premier code onomastique que la fiction inscrit, signifie « vivante » ou « préservée ». « Aïcha la vie », c'est la « parole vive » continûment confrontée à celle de Fatima, la fille aimée. L'architecture romanesque est ordonnée par cette opposition féminine qui reste vivace au-delà de la mort de cette dernière. « Parole plurielle, parole duelle[4] » : c'est ainsi que la parole d'une multitude de femmes est recréée en fonction de ce principe de pluralité et de dualité, d'unité et de division, d'harmonie et de tension. Du point de vue poétique, le « non » de Fatima est extrêmement fertile. Il est le cri de la fille se dressant contre le successeur du prophète et, du même coup, contre Aïcha. Ce « non » annonçant le schisme va continûment se perpétuer et devenir le symbole de la révolte de toutes les descendantes d'Ismaël : « Opposition que reprendront, presque à chaque génération et plus d'un siècle encore, d'autres filles des filles et des fils de Fatima[5]. » La parole de Fatima et celle d'Aïcha deviennent, l'une et l'autre, un modèle poétique de

1 *Loin de Médine*, *op. cit.*, p. 301.
2 *Ibid.*, p. 11.
3 A. Djebar, *Ces voix qui m'assiègent*, Paris, Albin Michel, 1999, p. 49-50.
4 *Loin de Médine*, *op. cit.*, p. 301.
5 *Ibid.*, p. 301-302.

l'écriture de nécessité, de creusement. « Celle qui dit non à Médine » et « celle qui préserve la parole vive » se font face, se répondent en écho, se réunissent enfin pour clamer leur présence :

> Parole donc de la contestation et, à l'autre extrême, parole de la transmission : celle de la fille mystique sur un versant nocturne, celle de l'épouse sur le point de devenir femme de pouvoir et de rayonnement, sur le versant de l'aube[1].

De l'opposition même de ces deux femmes, et de leurs destinées, naîtra peut-être leur réconciliation grâce à la manière dont la fiction dispose et interprète leur dire et leur action au sein d'une solidarité féminine qui rejette, certes selon des intentions différentes, le pouvoir politique et symbolique des hommes. Fatima s'est révoltée contre ceux qui l'ont doublement déshéritée ; de même, dans sa complainte finale qui est en réalité un hymne à la poésie, Aïcha désavoue l'hagiographie qui stérilise toute parole, tout savoir :

> Elle ne sait pas encore comment, mais eux, les bavards, les déjà si sûrs de leurs anecdotes, les « compagnons » mais de fraîche date, les oublieux aussi [...] oui, « eux », ils vont faire écran à ce passé rougeoyant de vie, ils vont durcir la pâte encore en fusion, ils vont transformer la peau et les nerfs des sublimes passions d'hier en plomb refroidi... Que peut-elle, et toute seule, contre tant de mots, tant de discours qui vont affluer ? Elle évoque. Elle revit. Elle se souvient. [...] Ce faisant, elle trouve les mots : les mots qui n'emmaillotent pas les jours d'hier, non, qui les dénudent. Les phrases qui ne se durcissent pas en formules ; qui restent poésie. Elle se cherche une forme. [...], elle raconte. Elle conte. Elle n'invente jamais : elle recrée[2].

Loin de Médine n'est pas un roman historique, même si Assia Djebar suit assez fidèlement la chronologie confirmée par la tradition islamique. Loin de constituer un récit se prétendant narrer ou expliquer l'histoire religieuse, la fiction s'affirme radicalement comme le lieu du possible et comme une interprétation poétique de la présence féminine. La bataille du chameau, qui aura lieu en 656 près de Bassora et opposera les partisans et les adversaires du quatrième calife, Ali l'époux de Fatima, est racontée dans une perspective originale qui écarte les enjeux politiques et religieux de l'époque. Selon la perspective subjective que suggère Assia Djebar, cette bataille marque l'espace et le temps de la rencontre,

---

1 *Ibid.*, p. 301.
2 *Ibid.*, p. 302-303.

de la fusion entre Aïcha et Fatima. À son tour, Aïcha va expérimenter le goût de la liberté « loin de Médine », et renouer avec d'autres figures féminines rebelles, notamment les Mecquoises, habituées à combattre au côté des hommes. Cet épisode ainsi recréé montre une voie pour les femmes d'aujourd'hui, appelées elles aussi à se lever, à se laisser pénétrer par la force du « non » originel de Fatima :

> Et si un jour une telle transmission allait rencontrer le feu de l'autre parole, celle de la véhémence rimée en colère ? [...] Si un jour, à force de nourrir la mémoire, Aïcha [...] se levait[1] ?

Païennes, juives, chrétiennes, musulmanes, nombreuses sont les figures féminines ressuscitées selon leur parole et action, et non selon leur foi religieuse. Aucune hiérarchie de valeur ne préside à cette évocation des femmes, qu'elles soient rebelles ou soumises à Dieu. Toutes sont touchantes et fascinantes par leur intimité, leur subjectivité, leur caractère, le modèle qu'elles peuvent proposer pour l'époque contemporaine. La fiction se distingue par la discontinuité, l'hybridité, la fragmentation des formes, des styles, des histoires. Mais l'énonciation, qui oriente le projet poétique vers la construction d'un point de vue féminin, assure l'unité des voix et des personnages. En effet, dans cette écriture qui se maintient résolument sur une ligne de tension, deux plans de la représentation et de l'énonciation se différencient et se complètent. Assia Djebar saisit un personnage féminin dans sa singularité et sa subjectivité irréductibles avant de le transformer en un personnage exemplaire, lui donnant une valeur générale, atemporelle. Le récit ordonne ainsi diverses figures féminines : la rebelle, la prophétesse, la fille aimée, la répudiée, la chanteuse de satires, la combattante, la fugueuse, l'étrangère, la libérée, la préservée, sans parler des autres qui, toutes, se meuvent dans cet espace-temps des origines.

Suivant la voie ouverte par Assia Djebar, Salim Bachi choisit aussi de thématiser l'avènement de l'islam. Dans le paratexte du *Silence de Mahomet*, il dévoile un corpus de textes sans lesquels, affirme-t-il, il n'aurait pas pu écrire ce « roman » consacré au prophète. L'amplification temporelle remonte à la naissance de ce personnage destiné à être le messager de Dieu. En affichant sa généalogie littéraire, cette fiction s'inscrit *a priori*

1 *Ibid.*, p. 303.

dans le sillage du corpus sacré. Salim Bachi cite abondamment le Coran, et s'inspire des chroniques sur la vie de Mahomet : *Al-Sîra, le prophète de l'islam raconté par ses compagnons*, *La Biographie du prophète Mahomet*, *La Chronique : histoire des prophètes et des rois*, ainsi que *Ors et saisons*, une anthologie de la poésie arabe classique qui rend compte des principales phases de la poésie depuis l'Arabie préislamique jusqu'aux royaumes andalous. L'auteur ajoute avec une pointe d'ironie : « Je ne ferai pas l'injure suprême au lecteur de citer le *Mahomet* de Maxime Rodinson ni le *Mahomet* de W. Montgomery[1]. » Quel est ce « lecteur » susceptible d'être choqué ? *Mahomet* de Maxime Rodinson, encore interdit dans plusieurs pays arabes, a donné lieu à des controverses célèbres. Cette biographie écrite d'un point de vue sociologique (et marxiste) est une étude matérialiste des conditions d'émergence de l'islam que certains interprètent comme un sacrilège. La démarche de Maxime Rodinson, qui brise les frontières entre sciences sociales et orientalisme, marque « un tournant dans l'étude des sociétés musulmanes : désormais, la religion ne préside plus seule à leurs évolutions contemporaines comme à leurs premiers développements. La culture, le politique, l'économie lui sont indissolublement liés[2] ». Salim Bachi cite enfin un « merveilleux roman », *Loin de Médine*, qui sert de modèle fictionnel précurseur. Le romancier rend hommage à Assia Djebar qui, « la première, s'est attelée à éclairer une des facettes les plus intéressantes de la vie de Mahomet, sa relation avec les femmes[3] ».

Toutes ces œuvres irriguent, d'une manière ou d'une autre, *Le Silence de Mahomet* où se déploie une riche intertextualité qui finit par établir une relation horizontale entre tous ces textes, sacrés et profanes, en tant que manifestations ou émanations du langage, quelle qu'en soit l'intention. Il n'y aurait donc aucune hiérarchie d'ordre poétique ou moral entre ces livres qui peuvent circuler, s'interpénétrer, se métamorphoser pour donner naissance à un « roman ». *Le Silence de Mahomet* réaffirme la nécessaire autonomie de la fiction et exploite toutes les possibilités qu'offre l'idée de l'humanité totale du prophète. Cette idée n'est pas nouvelle, elle est répandue et admise par beaucoup de musulmans en dépit d'une tradition mystique qui voudrait, parfois, le diviniser. L'intérêt

1 *Le Silence de Mahomet*, *op. cit.*, p. 395.
2 J.-P. Digard, « Maxime Rodinson (1915-2004) », *L'Homme*, n° 171, 2004, en ligne.
3 *Le Silence de Mahomet*, *op. cit.*, p. 395.

de ce récit fictionnel se situe donc ailleurs : d'une part, Mahomet est traité comme un personnage romanesque ; d'autre part, il est représenté comme un héros certes mu par la spiritualité et l'humanisme mais aussi par le pouvoir politique qui pouvait le rendre très cruel.

Dans le parcours d'écrivain de Salim Bachi, *Le Silence de Mahomet* tient une place singulière. Après *Le Chien d'Ulysse*[1] et *Les Douze Contes de minuit*[2] qui mettent en scène l'Algérie des années 1990, après *Tuez-les tous*[3] qui, s'inspirant du 11 septembre 2001, retrace la vie et les pensées d'un terroriste, l'écrivain éprouve le désir de « passer à une littérature d'après minuit[4] ». Dans son dernier roman, *Moi, Khaled Kelkal*[5], il renoue avec la « littérature de minuit » en faisant revenir d'entre les morts ce jeune homme devenu assassin et en explorant le tragique. *Le Silence de Mahomet* se présente comme une parenthèse qui se veut lumineuse quant à l'histoire et à l'image de l'islam :

> Après avoir montré le pire, il fallait que je mette en lumière ce qu'il y avait de mieux dans l'islam à travers la figure du Prophète. Maintenant, l'interprétation qu'on fera de mon travail ne m'appartient pas [...]. Raconter l'histoire de cet homme exceptionnel me tenait à cœur mais il me semblait nécessaire que les musulmans – et les non-musulmans –, qui entendent toujours parler de lui par des spécialistes ou des agitateurs, puissent se faire leur propre idée de ce personnage. Je n'ai rien inventé, j'ai cherché à le cerner à travers les textes, mais j'ai pensé qu'un roman apporterait nécessairement un éclairage plus apaisé sur la figure de Mahomet[6].

Dans ce roman polyphonique quatre personnages historiques se succèdent pour raconter, à la première personne, la vie du prophète. Les quatre parties, « Khadija », « Abou Bakr », « Khalid ibn al-Walid » et « Aïcha », confrontent des voix, des témoignages, des anecdotes tissant le récit d'un destin exceptionnel selon de multiples perspectives et points de vue. Contrairement aux hagiographies classiques, *Le Silence de Mahomet* impose la présence des femmes et fait magnifiquement entendre leur voix. D'ailleurs, les deux récits masculins se trouvent encadrés, enserrés

1 S. Bachi, *Le Chien d'Ulysse*, Paris, Gallimard, 2001.
2 S. Bachi, *Les Douze Contes de minuit*, Paris, Gallimard, 2007.
3 S. Bachi, *Tuez-les tous*, Paris, Gallimard, 2006.
4 Y. Temlali, « Salim Bachi : "Je suis un romancier pas un témoin." », 20 juin 2007, en ligne.
5 S. Bachi, *Moi, Khaled Kelkal*, Paris, Grasset, 2012.
6 « Entretien avec Salim Bachi », *Le Nouvel Observateur*, 11 décembre 2008, en ligne.

ou enchâssés par ceux des deux épouses du prophète. Ces discours sont rythmés et entrecoupés par des citations en caractères italiques qui proviennent pour la plupart du Coran, sans oublier la poésie arabe classique.

La fiction francophone ou arabophone élabore des modélisations de l'origine, de l'histoire, de l'action des hommes et des femmes. Elle introduit le trouble et le doute dans le mythe d'origine dominant (religieux ou nationaliste) qui se donne comme vrai, total, permanent. Elle en dévoile le caractère défaillant, les oublis, les mensonges. La représentation du personnage féminin participe également de cette poétique hérétique. Dans une tradition singulièrement préoccupée par l'origine et le pouvoir masculin, s'interroger sur les modalités de transmission de l'héritage et des savoirs revêt alors un caractère crucial. Les œuvres insistent sur la faillite du mode traditionnel de la transmission du savoir qui exclut le doute et fabrique des fanatiques. Elles tournent en dérision les pères et le culte de l'ancestralité (les ancêtres étant toujours des hommes), et fait émerger d'autres figures : l'alchimiste, la chanteuse vierge, la *rawiya* (راوية), l'héroïne berbère. Tous ces personnages démasquent la fiction identitaire arabo-islamique qui exclut l'altérité et cache un pan fondamental de l'histoire de l'Égypte ou de l'Algérie.

TROUBLE DANS L'ORIGINE

MÉMORISATION ET OUBLI

Les fictions arabophones et francophones n'hésitent pas à instiller le trouble dans les récits de l'origine et de l'identité arabo-islamiques. Tâha Hussein renouvelle radicalement le point de vue du sujet, qui accède à l'autonomie et à la liberté, sur l'héritage et sa transmission. Il inaugure son récit rétrospectif *Al-Ayyâm* (*Le Livre des jours*) en fixant dans la plénitude d'un instant un souvenir qui émerge du néant. Il s'agit du plus ancien souvenir de l'enfant Tâha, celui d'une sortie qui prend les accents d'une genèse ou de la naissance d'une conscience. La traduction française de l'incipit ne rend pas compte de la spécificité du *dhikr* qui jaillit à partir de l'oubli, car une variation de verbes et de substantifs (se rappeler, saisir, s'imaginer, évoquer, supposer, se remémorer, impression, réminiscence, vision) en gomme la dimension anaphorique et culturelle. Pour relater cet épisode, « il se souvient » ([1] يذكر) est réitéré pas moins de onze fois, tandis que « souvenir » (ذكرى) revient deux fois. Cette musicalité provient des réminiscences de la langue coranique qui parsèment le récit. L'évocation de Dieu, cet ordonnateur des jours, et le déploiement littéral et symbolique du motif de la sortie suggèrent la présence intertextuelle du Coran. Plus encore que la remémoration de fragments coraniques, Jacques Berque note que l'écrivain soumet « le monde à une perception elliptique et diffuse, qui participe de la voyance, celle-là même que le Coran prête à Moïse quand, "marchant avec sa famille il perçut un feu du côté de Tor"[2] ».

---

1 *Al-Ayyâm*, *op. cit.*, p. 15-16.

2 *Au-delà du Nil*, *op. cit.*, p. 20.

Dans la description de la nature et des personnages, l'ouïe, la voix, le toucher et le « sens intérieur » viennent suppléer à la défaillance du regard. En dépit de « son ignorance de la vérité de la lumière et de l'obscurité[1] », les indications spatio-temporelles jalonnent le souvenir de la première sortie de l'enfant. La tentative de situer précisément l'événement, soit à l'aube, soit au crépuscule, donne lieu à une métaphore sur la lumière ou le jour que l'enfant « perçoit » avec sa face, « comme si l'obscurité avait soulevé un coin de son voile[2] ». L'espace requiert pour le non-voyant une importance essentielle. La haie de roseaux en face de lui fait l'objet d'une « vision » (ذكرى) « claire et distincte, ne laissant place à aucun doute[3] ». La haie, cet obstacle qui délimite l'espace familial et familier, crée chez l'enfant le désir de la franchir. Il se souvient que les roseaux de cette haie « s'étendaient sur la gauche sans limite, et sur la droite jusqu'à l'extrémité du monde vers ce côté-là[4] ». Le canal, qui nourrira l'imagination de l'enfant, se trouve justement « à l'extrémité du monde vers ce côté-là ». Le souvenir inclut un autre élément important, celui de la voix du poète errant, assis à une certaine distance vers la gauche, une fois le soleil couché, chantant les aventures d'Abou Zaïd, de Khalîfa et de Diyâb. Appuyé sur les roseaux, l'enfant jouit des mélopées évoquant les trois héros de l'épopée qui raconte la conquête arabo-islamique de l'Afrique du Nord.

La jouissance de la sortie est continûment rompue quand la sœur ramène Tâha dans la maison pour le coucher. En totale opposition avec le jour, la nuit ouvre sur un autre monde hanté par les démons ou esprits (عفاريت) qui disparaissent sous terre dès que le soleil se lève et la famille s'agite. Mais quand l'obscurité et le silence s'installent, ces *'afârit* « montent de dessous la terre et remplissent le vide de leur sarabande fantastique et de leurs chuchotements mêlés de cris étranges[5] ». D'autres spectres semblent s'animer de divers mouvements comparables à ceux des *soufis* dans les cercles du *dhikr* (ذكر). Dans ce contexte, *dhikr* signifie invocation de Dieu, répétition de son nom, récitation de versets coraniques. L'enfant est délivré de ces terreurs par l'aurore qu'annoncent

---

1 « جهله حقيقة النور والظلمة », *Al-Ayyâm*, p. 15.

2 « كأن الظلمة تغشى بعض حواشيه », *ibid.*

3 « ذكرى واضحة بينة لا سبيل إلى الشك فيها », *Al-Ayyâm*, p. 14/15. Le mot « dhikra » (ذكرى) qui signifie « souvenir » est traduit par « vision ».

4 « كان يمتد عن شماله إلى حيث لا يعلم له نهاية، وكان يمتد عن يمينه إلى آخر الدنيا من هذه الناحية », *ibid.*, p. 15/16.

5 « صعدت هذه العفاريت من تحت الأرض وملأت الفضاء حركة واضطرابا وتهامسا وصياحا », *ibid.*, p. 16/17.

les voix des femmes chantant : « Dieu, oh nuit, Dieu[1] ! ». Il se change alors lui-même en démon ou *'afrit* (عفريت) fredonnant des fragments de la récitation du poète errant, et taquinant ses frères et sœurs. Partout, dans la maison, s'élève un vacarme auquel met fin le père qui fait ses ablutions, puis sa prière et, enfin, récite son *wird* (ورد), c'est-à-dire une partie du Coran que l'on récite la nuit ou à l'aube.

La subjectivité de l'enfant articule ainsi une temporalité et une géographie largement fécondées et recréées par les sens (en particulier l'ouïe et la voix), par une culture populaire remplie de héros et de fantômes, par la présence du Livre. Le récit énonce de nombreux dualismes : celui de l'oubli et du souvenir, de la lumière et de l'obscurité, du jour et de la nuit, des humains et des esprits, du silence et du cri, de la terre et du souterrain. L'imaginaire rural se nourrit de références profanes et spirituelles que Tâha acquiert très tôt grâce à la qualité exceptionnelle de son écoute. Une écoute liée à l'isolement dans lequel il s'est réfugié pour se prémunir contre les moqueries de ses proches. En plus du Coran, l'enfant réussit à posséder un bagage de chansons et de complaintes, de contes en prose et en vers, de prières et de poésies mystiques.

L'apprentissage du Coran est raconté sur le même modèle que le souvenir le plus ancien qui inaugure *Al-Ayyâm* (*Le Livre des jours*) : « Toutefois, il ne sait plus comment il apprit le Coran, il ne se souvient plus comment il le commença, ni comment il le reprit[2]. » De la négation vont émerger des souvenirs et des scènes de sa vie à l'école coranique ou *kouttâb* (كتاب). Le portrait comique et pathétique du maître du *kouttâb* laisse éclater l'humour corrosif de l'écrivain dont la cible sera, plus tard, les maîtres d'Al-Azhar. Sayedna (سيدنا), qui signifie littéralement « notre maître », était presque aveugle, mais il se persuadait d'être voyant. Il était gros et ventru, il aimait chanter mais sa voix était affreuse, il était surtout cupide. Le narrateur raconte en particulier un événement traumatique pour l'enfant qui, victime de la négligence du maître, doit réapprendre le Coran. Après avoir annoncé que Tâha savait ce livre par cœur, Sayedna s'attendait à recevoir une forte récompense. Mais le père et la mère, qui étaient pauvres, n'ont pu lui offrir qu'un dîner.

---

1 « الله ليل يا الله », *ibid.*, p. 19.

2 « ولكنه لا يعرف كيف حفظ القرآن، ولا يذكر كيف بدأه، ولا كيف أعاده », *ibid.* p. 32.

À partir de ce jour, Tâha se retrouve dans une situation paradoxale : il devient *cheikh* (شيخ) car l'usage s'est établi d'appeler ainsi tous ceux qui savent le Coran ; cependant, le maître le délaisse et ne lui fait rien réviser. Trois mois après arrive le « jour néfaste » (اليوم المشئوم) quand, de retour du *kouttâb*, son père, en compagnie de deux amis, lui demande de réciter la sourate des *Poètes* (الشعراء). Abasourdi, l'enfant se souvient seulement que cette sourate est une des trois qui commencent par les lettres de l'alphabet *tâ sin mim* (تاء سين ميم). Il répète alors *tâ sin mim* et, bien que son père lui en souffle le premier mot, il ne réussit à articuler aucune phrase. Le même scénario se reproduit avec la sourate des *Fourmis* (النمل) et celle de *L'histoire* (القصص), la mémoire de l'enfant ne pouvant aller au-delà des lettres isolées : *tâ sin mim*. On le sait, un grand nombre de sourates portent, soit en titre soit au premier verset, des lettres isolées dont la signification et la valeur sont inconnues : *tâ sin mim* (*t* emphatique, *s*, *m*). Dépité, son père lui dit : « Va-t-en… Je croyais que tu savais le Coran[1] », et ce jour aura une valeur singulière dans l'œuvre :

> قام خجلا يصبب عرقا، وأخذ الرجلان يعتذران عنه بالخجل وصغر السن، ولكنه مضى لا يدري أيلوم نفسه لأنه نسى القرآن، أم يلوم سيدنا لأنه أهمله، أم يلوم أباه لأنه امتحنه. .؟ ومهما يكن من شيء، فقد أمسى هذا اليوم شر مساء.
>
> « L'enfant se leva, mourant de honte et tout baigné de sueur. Les deux voisins entreprirent de l'excuser, sur sa timidité et son jeune âge, mais lui, s'esquiva sans savoir à qui s'en prendre, de lui-même qui avait oublié le Coran, de Sayedna qui ne s'était plus occupé de lui, ou de son père qui lui faisait passer un examen. Quoi qu'il faille en penser, cette soirée-là fut la plus effroyable qu'il ait jamais passée[2]. »

Au cours de son avènement et de sa construction, le sujet est confronté à des expériences insoutenables qui flirtent toujours avec le sacré. Dans cet épisode se cristallise notamment la dualité de la mémorisation et de l'oubli, dualité blessante mais qui sera dépassée par le réapprentissage du Livre. Cependant, en creux du texte, demeure le scandale d'une exigence et d'une humiliation. Car le lendemain de cette « soirée maudite » (المساء المنكر), Tâha revit la même scène face à Sayedna qui lui ordonne aussi de réciter la sourate des *Poètes*, et lui de balbutier *tâ sin mim*… En guise de

1 « قم، فقد كنت أحسب أنك حفظت القرآن », *ibid.*, p. 41.
2 *Ibid.*, p. 38-39/41.

punition humiliante, le maître décide de lui apprendre le Livre depuis le début, en le plaçant au même rang que ceux qui ne savaient rien :

> فقد نسيت القرآن ويجب أن تعيده. ولكن الذنب ليس عليك ولا علي، وإنما هو على أبيك، فلو أنه أعطاني أجري يوم ختمت القرآن لبارك الله له في حفظك، ولكنه منعني حقي فمحا الله القرآن من صدرك.
>
> « Voilà que tu as oublié le Coran et il faut le recommencer. Ce n'est pas ta faute ni la mienne. C'est seulement celle de ton père. S'il m'avait accordé mon dû le jour où tu as su le Coran, Allah aurait béni ta mémoire, mais il m'a frustré dans mes droits et Allah a effacé le Coran de ton cœur[1]. »

Oublié ou possédé par cœur, le Coran est l'objet d'un scandale. L'enfant est hébété, malheureux, déçu : il est bel et bien scandalisé. Il installe l'objet du scandale non seulement dans sa mémoire, mais encore il décide d'en écrire une nouvelle version. Se pose alors le problème de l'interprétation de ce choix de sourates qui commencent par des sigles dont la signification est encore aujourd'hui inconnue. Peut-on y voir un signe d'irrévérence par rapport au Coran ainsi oublié et réduit à des lettres isolées indéchiffrables ou dépourvues de signification ? Sans doute l'écriture d'*Al-Ayyâm* (*Le Livre des jours*) constitue-t-elle, dans une certaine mesure, une revanche sur cette scène traumatique, peut-être même sur le Coran. Il n'est pas inutile de rappeler que le premier volume de cette fiction autobiographique a été dicté (en neuf jours) pendant la véhémente controverse de l'essai sur la poésie antéislamique. Tâha Hussein traversait alors un isolement absolu, un exil infini. Mais la valeur spécifique de cet épisode tient aussi au choix de la sourate des *Poètes* : exigée par le père et le maître, elle est oubliée par Tâha. On l'a vu, cette sourate se termine par une sévère condamnation des poètes qui a eu une fameuse postérité esthétique, éthique, idéologique.

Par ailleurs, le *kuttâb* jouit d'une place privilégiée également dans le roman francophone. Dans *La Répudiation*, Rachid Boudjedra consacre quelques pages à l'école coranique et à son maître que le narrateur hait. Il suggère un tableau caustique de cet enseignement qui privilégie la mémorisation et exclut la compréhension, l'interprétation ou encore l'imagination. L'école est située dans une rue populaire, ses murs peints en rouge sont comparés à ceux des boucheries de « l'avenir » ! Assis sur

---

1 *Ibid.*, p. 39/41.

des nattes usées, avec leurs tablettes dans les mains, les élèves forment un cercle au centre duquel se tient le maître, un vieillard « aux yeux paludéens », et qui porte de vieux haillons. La structure circulaire de ce bref récit itératif met en exergue l'antagonisme entre l'école coranique et le lycée, autrement dit entre un espace de contrainte et un autre de liberté :

> Tous les matins, à quatre heures, je vais à l'école coranique apprendre ma « sourate » quotidienne. À huit heures, je me presse vers le lycée où je peux rêver un peu [...]. Dans l'école, le souci commun consiste à somnoler ; c'est tout un art de somnoler ! Il s'agit de ne jamais fermer la bouche, de se balancer comme un cercopithèque. Dès que l'on s'arrête de brailler, la longue baguette à tête chercheuse du maître entre en action. C'est un jeu de massacre où l'on gigue et gigote beaucoup : on ne badine pas avec la religion ! [...] En apprenant nos sourates, nous découvrons beaucoup de choses dont la signification claire nous échappe et reste confuse : il y a des choses amusantes, d'autres plus tristes (c'est de la légende, dit Zahir). [...] L'heure de la délivrance arrive enfin ! Il faut se presser d'aller au lycée. Sept heures du matin[1].

La violence symbolique de l'école coranique, qui bride la possibilité de rêver, va de pair avec la violence physique que le narrateur raconte en des termes crus. Le maître ou *taleb* agresse continûment les enfants au moyen de sa baguette, « véritable langue de vipère venimeuse[2] », ou de sa verge qui leur « brûle le coccyx[3] ». Soupçonné d'être hérétique, Rachid s'y soumet afin que le maître le laisse en paix pour somnoler et rêvasser. Les parents préfèrent fermer les yeux sur le viol des enfants « pour ne pas mettre en accusation un homme qui porte en son sein la parole de Dieu », et pour échapper à ses éventuels « sortilèges[4] ».

Tahar Djaout dénonce, à l'instar de Tâha Hussein, une tradition érigée sur la mémorisation abrutissante. Tapi dans sa librairie, son héros Boualem Yekker se souvient de cet enfant qu'il fut, terrorisé par le maître de l'école coranique et étouffé par l'oppression du Coran :

> Le Texte assené à coups de bâton. Apprentissage – ânonnement – dans la douleur. Sentences – paroles divines ingurgitées comme une potion qui écorche le palais. [...] L'enfant soupçonne vaguement que les versets ne l'aideront pas

1 R. Boudjedra, *La Répudiation*, Paris, Denoël, 1969, p. 93-95.
2 *Ibid.*, p. 97.
3 *Ibid.*, p. 94.
4 *Ibid.*

> à grandir. Il voudrait parcourir le monde. [...] Mais, entre l'aventure et lui, ce n'est pas seulement le maître qui s'interpose, c'est toute la société aveuglée et fanatisée par le Texte, la société ligotée par une Parole qui la broie[1].

À la différence d'*Al-Ayyâm* (*Le Livre des jours* et *La Traversée intérieure*), un livre écrit dans une perspective linéaire, résolument évolutive et optimiste, aboutissant à l'émancipation du sujet, *Le Dernier Été de la raison* dessine les contours d'une temporalité contemporaine qui renoue avec la brutalité originelle et semble annoncer la fin de l'histoire. Chez Tâha Hussein, on peut interpréter l'oubli de la sourate des *Poètes* comme une démystification du Coran, sinon de l'orthodoxie et de ces dogmes d'inimitabilité et de mémorisation. Un autre épisode, situé dans les dernières pages du premier tome de cette autobiographie, vient contrebalancer ce traumatisme et assurer à l'enfant sa revanche sur Sayedna, et même sur le Coran. C'est en psalmodiant une célèbre grammaire de l'arabe classique, l'*Alfîya* (ألفية) d'Ibn Mâlik, que l'enfant va éprouver une sensation de beauté et de plaisir. Il ne jouit pas de la suscitation esthétique du Livre, qui sature l'enseignement et la vie quotidienne, mais plutôt de celle des sécheresses mnémotechniques d'une grammaire dans laquelle il sentait tout le mystère de la science :

> وكم كان فرحا مختالا حين غدا إلى الكتاب يوم السبت، وفي يده نسخة من الألفية! لقد رفعته هذه النسخة درجات، وإن كانت هذه النسخة ضئيلة قذرة سيئة الجلد; ولكنها على ضآلتها وقذارتها، كانت تعدل عنده خمسين مصحفا من هذه المصاحف التي كان يحملها أترابه. المصحف! لقد حفظ ما فيه فما أفاد من حفظه شيئا. [...] ولكن الألفية... وما أدراك ما الألفية ؟ [...] والألفية شعر، وليس في المصحف شعر. الحق أنه ابتهج [...] ابتهاجا لم يشعر بشيء مثله أمام أي سورة من سور القرآن.

> « Quelle joie et quel rêve, lorsqu'il revint le lendemain à l'école, un samedi, portant son exemplaire de l'*Alfîya*... Ce livre, tout misérable, tout sale et mal relié qu'il était, l'élevait de plusieurs degrés dans la considération générale. Sous son apparence minable et malpropre, il valait à ses yeux cinquante Corans comme ceux qu'apportaient ses camarades. Le livre sacré ! Il l'avait appris par cœur, et n'en avait tiré aucun bénéfice. [...] Mais l'*Alfîya*... Comment vous faire comprendre ce que c'était ? [...] Car c'était en vers, et il n'y a pas de vers dans le Livre sacré. Et, vraiment, il éprouvait [...] un étonnement émerveillé que ne lui donna jamais aucune sourate du Coran[2]. »

Se préparant à poursuivre ses études à Al-Azhar, l'enfant entame ainsi la mémorisation de l'*Alfîya* et d'autres textes encore. Le nouveau corpus en vers, fascinant par sa nouveauté et son originalité, semble incarner, aux

1 *Le Dernier Été de la raison*, *op. cit.*, p. 61-63.
2 *Al-Ayyâm*, *op. cit.*, p. 60-61/62-63.

yeux de Tâha, la « science » (علم). Les sciences et les « savants » (علماء) qui s'offrent au peuple humble des villages et des bourgs colportent toujours les mêmes savoirs : des biographies de saints, les récits des conquêtes de l'islam, des talismans, des ouvrages de magie et de mystique, des livres de prédication, des légendes héroïques, en plus du Coran. La confusion est telle que, chez les consommateurs de cette littérature, magie et mystique, monde réel et monde des esprits, anges et démons finissent par se confondre dans une nébuleuse irrationnelle. La véritable science se situe du côté, par exemple, d'un savant comme Ibn Khaldûn dont le « jeune homme » fera la découverte plus tard :

> وما أبعد صبينا وأترابه عن ابن خلدون وأمثال ابن خلدون! إنما كانت تقع في أيديهم كتب السحر ومناقب الصالحين وكرامات الأولياء.
>
> « Que l'enfant et ses amis étaient loin d'Ibn Khaldûn et des auteurs qui lui ressemblent ! Il ne leur tombait entre les mains que des livres de magie, pêle-mêle avec les vertus des justes et les miracles des saints[1]. »

En 1902, le départ de Tâha au Caire, alors qu'il a seulement treize ans, rompt cette monotonie de la vie rurale ritualisée par les causeries des religieux, les cercles du *dhikr* (ذكر), les soirées du *tajwid* (تجويد) ou l'art de bien réciter le Coran. Dès le premier jour, un vendredi, la déception d'Al-Azhar sera à la hauteur de l'attente et du désir de la « science ». Cette école-mosquée reproduit, à une échelle plus grande, les formes et savoirs qui ont cours au village : même allocution solennelle (خطبة), même prière, même psalmodie. L'adolescent se révolte :

> لست في حاجة إلى شيء من هذا [...]. إنما أنا في حاجة إلى العلم، أريد أن أدرس الفقه والنحو والمنطق والتوحيد.
>
> « Je n'ai besoin de rien de tout cela [...]. Je n'ai besoin, moi, que de la science, je désire apprendre le droit religieux, la grammaire, la logique et la théologie[2]. »

Mais toute la « science » d'Al-Azhar se révélera vétuste, inapte à former l'esprit ni à transmettre, en le revivifiant, l'héritage. Assurément, cet établissement n'incarne pas la « science », mais plutôt le dogme avec ses avatars et ses maîtres les plus médiocres. Le récit de cette désillusion des premières années à Al-Azhar (1902-1906) occupe entièrement

1 *Ibid.*, p. 79/83.
2 *Ibid.*, p. 105-106/114.

la deuxième partie d'*Al-Ayyâm* (*Le Livre des jours*). L'écrivain y accorde une place importante à la description de l'espace et du temps cairotes où l'adolescent se meut : sa chambre, Al-Azhar et le chemin parcouru qui les sépare. Ce chemin ou trajet est rempli de personnages et de vacarme :

وإلا أنه يقضي يومه في أحد هذه الأطوار الثلاثة التي يتخيلها ولا يحققها.

« Ses journées s'écoulaient en trois phases distinctes qu'il vivait comme un rêve, car il n'en pénétrait pas la réalité[1]. »

Dans la chambre misérable et non familière, Tâha sent durement son exil (غربة) et sa solitude. Le trajet entre son domicile et Al-Azhar, où il lui faut traverser un quartier populaire d'où s'élèvent des bruits, des voix, des odeurs, est marqué de l'angoisse. Seule la cour d'Al-Azhar, où l'enfant entre après avoir enlevé ses sandales pour écouter les différentes leçons, lui procure « une impression de sécurité apaisante[2] ». Certes, les heures passées à Al-Azhar étaient ce qu'il préférait dans son existence d'alors, mais son esprit critique ne tarde pas à s'exercer à l'égard de la qualité et de l'apport de ces cours. La chaîne des auteurs, qui correspond à la forme traditionnelle du récit arabe appelée *'an'ana* (عنعنة), l'exaspère :

وكان الصبي لا يفهم معنى لهذه الأسماء ولا لتتابعها ولا لهذه العنعنة المملة.

« "Un tel dit, d'après un tel, d'après un tel, etc." L'enfant ne voyait aucun sens à l'usage abusif de ces noms, ni à l'amas de ces prépositions[3]. »

Bientôt Tâha prend l'habitude d'engager des discussions avec les professeurs, et en endure des moqueries qui l'emplissent de honte. Un jour, il est prévenu qu'il devra se présenter, seulement une heure plus tard, à l'épreuve de récitation du Coran qui sert d'examen d'entrée à Al-Azhar. Il réussit à réciter les sourates de *La Caverne* (الكهف) et de *L'Araignée* (العنكبوت). Mais cette scène est vécue comme un trauma pour deux raisons. Au début de son interrogatoire, l'examinateur l'apostrophe ainsi : « Approche, aveugle[4] ! » À la fin, il lui dit : « Va-t-en, aveugle, tu es reçu[5]. » La violence du système azhariste va de pair avec son indigence :

1 *Ibid.*, p. 119/125.
2 « هادئا مطمئنا », *ibid.*, p. 128/136.
3 *Ibid.*, p. 134/143.
4 « أقبل يا أعمى », *ibid.*, p. 225.
5 « انصرف يا أعمى، فتح الله عليك », *ibid.*

وقد دهش الصبي لهذا الامتحان الذي لا يصور شيئا ولا يدل على حفظ.

« L'enfant fut scandalisé de cet examen qui ne signifiait absolument rien, et ne témoignait nullement de la qualité d'une récitation[1]. »

Le récit des longues années à al-Azhar, années entrecoupées des étés passés au village natal, dit la brutalité verbale et physique d'une institution dont les méthodes et les savoirs ne s'adressent ni à l'intelligence des élèves ni à leur dignité. D'ailleurs, la troisième partie d'*Al-Ayyâm* (*La Traversée intérieure*), qui retrace essentiellement la période allant de 1906 à 1919, s'ouvre par l'évocation de l'enseignement d'al-Azhar. S'y trouve la même dualité de la nuit (ليل) et de la lumière (نور) dont la traduction française ne rend pas toujours compte :

كان صاحبنا الفتى قد أنفق أربعة أعوام في الأزهر، وكان يعدها أربعين عاما.

« Cela faisait déjà quatre années que notre ami fréquentait al-Azhar, et ces années en valaient bien, pour lui, quarante[2] ! »

Tâha se plaint du poids écrasant de cette « nuit » azhariste, « une nuit obscure, gorgée de nuages sombres, lourds et opaques[3] », qui « ne laisse aucune issue à la lumière[4] ». Il souffre d'ennui, une souffrance plus forte que celle de l'extrême dénuement matériel dans lequel il vit. Al-Azhar incarne la longueur du temps, la monotonie des jours identiques, la sécheresse des paroles qui ne touchent « ni son cœur ni son sens esthétique » et ne satisfont pas sa soif de nouvelles connaissances. Le narrateur raconte minutieusement une journée typique à al-Azhar résumant ainsi toutes les autres :

حياة مطردة متشابهة لا يجد فيها جديد منذ يبدأ العام الدراسي إلى أن ينقضي : درس التوحيد بعد أن تصلى الفجر، ودرس الفقه بعد أن تشرق الشمس، ودرس في النحو بعد أن يرتفع الضحى [...]. ودرس في النحو أيضا بعد أن تصلى الظهر، ثم فراغ فارغ كثيف [...] حتى إذا صليت المغرب راح إلى درس المنطق يسمعه من هذا الشيخ أو ذاك.

« Chaque jour commençait par un cours de *tawhîd*, dès l'aube, juste après la prière ; puis, au lever du jour, venait un cours de *fiqh*, suivi d'une pause, vers le milieu de la matinée [...]. C'était ensuite un cours de grammaire, qui

1 *Ibid.*, p. 197/225.
2 *Ibid.*, p. 15/309 (*La Traversée intérieure*).
3 « كأنها الليل المظلم، قد تراكمت فيه السحب القاتمة الثقال », *ibid.*
4 « فلم تدع للنور إليه منفذا », *ibid.*

> durait jusqu'à la prière de midi ; et puis encore un autre. Enfin, les étudiants [étaient] livrés à eux-mêmes jusqu'au soir. Cette période d'inactivité forcée était pour notre ami le moment le plus pénible de la journée. Enfin, après la prière du coucher du soleil, il assistait à un cours de logique, sous la houlette de tel ou tel professeur[1]. »

Au bout de six ans à Al-Azhar, alors qu'il a dix-neuf ans, le jeune homme découvre l'université égyptienne qui venait d'être fondée, et cette découverte est racontée comme une résurrection. Le parallèle entre les deux institutions, où il poursuit un double cursus, est établi en des termes d'antagonisme entre l'ancien et le nouveau. Tâha assiste au premier cours donné dans l'université laïque, ayant pour thème la civilisation islamique. En dehors de la présence de professeurs étrangers, plusieurs nouveautés suscitent son étonnement. Le professeur commence d'abord son cours par saluer les étudiants, par s'adresser directement à eux en disant : « Vous, Messieurs » (أيها السادة), alors qu'à Al-Azhar, les *cheikhs* s'adressent à Dieu et ne gratifient leurs disciples d'aucune salutation. À l'inverse des *cheikhs*, le professeur se met ensuite à parler de « sa propre initiative » (يتكلم من عند نفسه), sans faire référence à la fameuse chaîne des auteurs :

وكان [كلامه] غريبا كل الغرابة، جديدا كل الجدة، ملك على الفتى عقله كله وقلبه كله.

> « C'étaient des propos tout à fait étranges, tout à fait nouveaux pour notre ami, qui firent sur son cœur et son esprit une profonde impression[2]. »

Les *cheikhs* d'Al-Azhar s'entendent alors pour infliger un sévère châtiment à Tâha en raison de son insolence intellectuelle et complotent pour le faire échouer, en 1910, à l'examen du diplôme de fin d'études. Mais une nouvelle voie s'ouvre à lui, celle du journalisme qui va confirmer ses qualités d'écrivain et satisfaire son goût pour la liberté et les controverses. L'apprentissage du français en constitue une autre qui, en 1914, le mènera en France, un pays et une culture dont l'impact sur sa vie et son œuvre sera considérable. Pour l'ancien azhariste, outre la découverte de l'amour, les séjours à Montpellier puis à Paris incarnent le changement, la métamorphose. Obéissant à une logique dualiste, le

1 *Ibid.*, p. 16/309-310. *Tawhîd* : science de l'unicité divine ; *fiqh* : « jurisprudence » ou « droit ».

2 *Ibid.*, p. 20/313.

récit décrit cette nouvelle période par opposition à la précédente. Tâha est particulièrement fasciné par les cours du professeur Durkheim et par la nouvelle science qu'enseignait celui-ci, la sociologie. Selon la théorie politique de Saint-Simon, exposée par Durkheim, le pouvoir, dans la société idéale, devrait revenir aux savants ; ce message enthousiasme singulièrement Tâha.

De retour en Égypte, enrichi de diverses connaissances, de langues (français et latin) et de cultures (française et grecque), Tâha est mû par cette « révolution » (ثورة) qui a eu lieu en lui-même[1]. Il entend jouer le rôle d'intellectuel et de savant, et participer à l'élaboration d'une société égyptienne nouvelle. *Al-Ayyâm* (*Le Livre des jours* et *La Traversée intérieure*) est ainsi un récit de formation, et donc de transformation, de mutation. D'un bout à l'autre, Tâha s'y trouve confronté aux institutions d'enseignement, aux professeurs et aux savoirs : le *kûttâb*, al-Azhar, l'université égyptienne, l'université française. Celui que le narrateur nomme « l'enfant », le « jeune *cheikh* », le « jeune homme » ou encore « notre ami » est propulsé par son désir insatiable pour la science que le système traditionnel, fondé sur la mémorisation et la remémoration, ne pouvait pas satisfaire. Dans le dernier volume d'*Al-Ayyâm* (*La Traversée intérieure*), écrit près de trente ans après le terrible procès de *La poésie antéislamique*, Tâha Hussein réitère la leçon acquise à partir de sa propre aventure intellectuelle et humaine : c'est le savoir, et non la religion, qui constitue l'avenir de l'Égypte. Faisant allusion aux joies et aux douleurs de toutes ces années écoulées depuis son retour dans son pays, l'écrivain confirme et assume ses positions scientifiques et politiques :

وعلى كثرة ما لقي من أهوال السياسة وما احتمل من أثقالها وما تعرض لسخط المتطرفين حينا والمعتدلين حينا آخر، لم ينكر من سيرته شيئا ولم يندم على فعل فعله أو قول قاله. [...] وكان شعاره دائما الشعار الذي كان يبادى به من يخاصمه كما كان يبادى به من يغريه قول أبي نواس : وما أنا بالمشغوف ضربة لازب ا ولا كل سلطان علي أمير !

> « Jamais par la suite il ne regretta un seul de ses actes ni un seul de ses propos, malgré tout ce qu'il endura du fait de son engagement, malgré toutes les critiques qu'il essuya, tant de la part des extrémistes que de celle des modérés. [...] sa devise, il ne la cachait ni à ses adversaires ni à ceux qui prétendaient le conseiller ; c'était ce vers d'Abou Nou'âs : "Pour ma passion, je ne saurais souffrir d'infortune, / Et nul sultan, avec moi, n'aura le dernier mot"[2]. »

1 *Ibid.*, p. 511.
2 *Ibid.*, p. 210/519-520.

Al-Ayyâm (*La Traversée intérieure*) se termine donc par une identification et un hommage à Abou Nou'âs (757-814) célèbre pour ses poèmes bachiques et érotiques. Cette fin résonne avec le début quand l'enfant s'identifie à Ma'ari, autre poète arabe sceptique qui fut accusé d'hérésie ou d'athéisme. Un même désir d'historicisation, de démystification, de distanciation à l'égard des mythes religieux travaille *Awlâd hâratinâ* (*Les Fils de la médina*) de Nagîb Mahfûz.

LE MEURTRE DU PÈRE

L'avènement de l'alchimie entend justement inaugurer cette nouvelle ère dans la *hâra* ou quartier (حارة). Un jour, un jeune homme inconnu arrive dans une *hâra* misérable, abrutie par le fatalisme, et dévorée par les mouches et les poux. On le surnomme « l'étranger » (غريب) mais il décline rapidement son identité : il s'appelle Arafa, il est un fils du quartier qui revient après une longue absence. Il se fait connaître en dévoilant le nom de sa mère, une ancienne diseuse de bonne aventure dont quelques vieilles femmes se souviennent encore. Arafa, qui se dit aussi magicien et alchimiste, s'installe avec son frère Hanach dans un sous-sol situé dans le secteur des Rifaïtes. Il fréquente les cafés où les conteurs de chaque secteur racontent inlassablement les gloires passées de leurs héros. Avec dégoût, Arafa pense :

> متى تكف حارتنا عن حكي الحكايات ؟ ومتى يكون على الدنيا العفاء ؟ [...] لكن ماذا أفدت من الحكايات يا حارتنا ؟
>
> « Ils n'en finiraient donc jamais de rabâcher les mêmes histoires ? Quand le monde s'écroulerait-il enfin ? [...] Mais à quoi leur avaient servi toutes ces histoires[1] ? »

En langue arabe *'arafa* (عرف) est la racine de la « connaissance ». Aussi, le dernier héros va se consacrer à l'alchimie (سحر) afin de libérer tout le quartier de l'oppression. Sa foi en l'alchimie dont la puissance « n'a pas de limites » s'allie à la critique du patriarche qui, depuis longtemps,

---

1 *Awlâd hâratinâ*, *op. cit.*, p. 436/460.

n'a plus envoyé le moindre signe à la *hâra* : « Mais a-t-on jamais vu un ancêtre comme le nôtre, qui se claquemure chez lui sans jamais voir ses descendants[1] ? » Une idée s'empare d'Arafa : consulter le fameux registre où le fondateur a consigné les « dix conditions » du *waqf* ([2]وقف) et les recettes magiques par lesquelles il avait assuré son pouvoir sur le désert et ses habitants. Awatef, sa jeune épouse, tente de l'en dissuader, mais celui qui se dit « bâtard » puisque de père inconnu, désire découvrir « le grand traité d'alchimie… le secret de la force de Gabalawi[3] ». Les miracles accomplis jadis dans le désert par l'ancêtre ne pourraient s'expliquer que par l'alchimie : « Dans mon laboratoire, j'ai appris à ne croire qu'en ce que je vois de mes yeux et que je touche de mes mains[4]. » Déterminé à connaître « toute la vérité[5] », Arafa pénètre dans la maison interdite de Gabalawi et tue un serviteur avant de s'enfuir. Le lendemain, le quartier est réveillé par des cris insoutenables : « Gabalawi est mort[6] ! » En effet, l'ancêtre a succombé au choc dû à cet assassinat dans sa propre maison.

Nagîb Mahfûz procède à une double mise à mort du père, réelle et symbolique. En effet, dans une société qui exige que chacun décline son patronyme, il subvertit le nom du père en attribuant à Arafa une origine paternelle inconnue, faisant ainsi de lui seulement le fils de sa mère surnommée Ânesse :

- ابن من يا روح أمك؟
- خالدة الذكر جحشة [...].
- عرفنا أمه فمنذا يعرف أباه؟ [...]
- ماذا نسميك؟
- عرفة.
- ولقبك؟
- عرفة ابن جحشة ! [...]
- طالما ساءلنا أنفسنا في ذلك الزمان حينما حملت أمك ترى من يكون أبوه؟ فهل خبرتك بالحقيقة؟
فقال عرفة مداريا ألمه بمزيد من الضحك :
- ماتت هي نفسها قبل أن تعرفه !

« – Tu es le fils de qui, mon petit gars ? […]
– De la célébrissime Gahcha […]

1 « ولكن هل سمعت عن أحفاد مثلنا لا يرون جدهم وهم يعيشون حول بيته المغلق؟ », *ibid.*, p. 456/483.
2 Bien de mainmorte attaché à une fondation.
3 « كتاب السحر الأول... سر قوة الجبلاوي », *ibid.*, p. 460/486.
4 « وحجرتي الخلفية علمتني ألا أؤمن بشيء إلا إذا رأيته بعيني وجربته بيدي », *ibid.*, p. 460/487.
5 « حقيقة كل شيء », *ibid.*, p. 461/487.
6 « مات الجبلاوي », *ibid.*, p. 472/499.

> – Dis donc [...] ta mère on l'a bien connue, mais ton père, on n'a jamais su qui c'était ? [...]
> – Comment c'est qu'on t'appelle ? [...]
> – Arafa.
> – Et ton patronyme ?
> – Arafa fils de Gahcha. [...]
> – Tu ne peux pas savoir comme on s'est disputé quand ta mère est tombée enceinte pour savoir qui était le père ! [...] Elle ne te l'aurait pas dit, par hasard ?
> – Eh non ! répondit Arafa en riant encore plus fort pour dissimuler sa peine. Elle-même ne l'a jamais su[1]. »

S'apprêtant à pénétrer dans la maison de son ancêtre, Arafa contemple ce coin du désert marqué par les crimes des hommes et le silence, ou l'indifférence, du patriarche : « Oui, et c'est là qu'on a assassiné Rifaa, qu'on a violé notre mère et qu'on l'a battue, sans que notre vénérable ancêtre lève le petit doigt[2] ! » La manière dont Mahfûz minimise l'origine et la figure du père est proprement hérétique. Cela revient à exiger de relire tout l'héritage selon une perspective qui dépassionne le rapport au passé, l'honneur, la virilité, la religion. Dans *Awlâd hâratinâ* (*Les Fils de la médina*), le quatrième et dernier héros tue deux fois le père : en assumant le nom de sa mère comme unique patronyme ; en provoquant la disparition de Gabalawi, le père mythique et symbolique de la *hâra*. Mais la satire s'attaque au nom quel qu'il soit, celui du père ou de la mère, car en nommant la mère Gahcha (ânesse), l'écrivain tourne en dérision toute idéalisation de l'origine.

Le meurtre du père et de son serviteur va provoquer le déclin du fils maudit. Arafa quitte la « grande maison » sans avoir trouvé le testament. Mais la violation de l'espace et du temps de l'ancêtre lui dévoile la vérité pour laquelle il avait risqué sa propre vie, à savoir que le mystère qui entoure la « grande maison » est pure imagination, et que l'alchimie est l'avenir de la *hâra*. L'alchimie est plus puissante que Gabal, Rifaa et Qasim réunis car « rien ne peut nous sauver, hormis l'art que nous possédons[3] ! » Empli d'orgueil ou d'*hybris*, Arafa décide de se vouer entièrement à son art car il rêve de réaliser la « résurrection » de l'ancêtre :

> إن كلمة من جدنا كانت تدفع الطيبين من أحفاده إلى العمل حتى الموت، موته أقوى من كلماته، إنه يوجب على الابن الطيب أن يفعل كل شيء، أن يحل محله، أن يكونه، أفهمت؟

1 *Ibid.*, p. 427-429/450-452.

2 « وفيه قتل رفاعة واغتصبت أمنا وضربت ولم يحرك جدك ساكنا », *ibid.*, p. 461/488.

3 « لا ينبغي أن نعتمد على شيء سوى السحر الذي بين أيدينا! », *ibid.*, p. 470/497.

> « Un seul mot de l'ancêtre poussait les meilleurs de ses descendants à agir sans craindre la mort. Mais maintenant que sa mort est plus forte que ses paroles, il incombe à ses descendants de tout faire par eux-mêmes. De prendre sa place, d'être lui[1]. »

L'alchimiste réussit ainsi à fabriquer une bouteille explosive dans l'espoir d'éradiquer l'ignorance, la violence, la misère. Alors qu'il rêve d'initier tous les habitants de la *hâra* à l'alchimie, Arafa sera rattrapé par l'intendant Qadri qui veut se servir de son art pour asseoir un pouvoir absolu. Arafa, Awatef et Hanach sont invités à s'installer dans la résidence du *futuwwa* (فتوة), à droite de la « grande maison » (البيت الكبير). Comme dans un rêve, ils visitent cette demeure qui se révèle être « une réplique » (صورة صغرى[2]) de celle de l'ancêtre. Mais l'utopie comme le rêve se défont rapidement et cèdent la place au désenchantement, au sentiment d'emprisonnement, au dégoût. Arafa n'est plus qu'un exécutant des commandes d'explosifs de l'intendant qui, par ailleurs, l'invite aux orgies nocturnes où l'alcool et le spectacle des filles qui dansent nues font perdre la raison. Conscients des desseins meurtriers de l'intendant, les deux frères poursuivent secrètement leurs recherches en les consignant par écrit, sous la forme de symboles, dans un carnet. Chaque soir, les trois compères consomment du haschisch pour oublier l'enfer où ils vivent. Le recours au discours indirect libre permet notamment d'exprimer les pensées intimes d'Awatef :

> كان عليهم أن ينسوا الملل والخوف واليأس وإحساسا محزنا بالذنب. كما كان عليهم أن ينسوا آمال الماضي العريضة. ورغم ذلك فقد كان للرجلين عمل. أما عواطف فما كان لها من عمل. كانت تأكل حتى تتخم، وتنام حتى تمل الرقاد، وتقضي الساعات الطويلة في الحديقة مستمتعة بشتى ألوان جمالها. وذكرت أنها باتت تنعم بالحياة التي تحسر عليها أدهم. ما أثقلها من حياة. وكيف تعد مطلبا تذهب النفس حسرات عليه! لعلها كانت تكون كذلك لو لم تكن سجنا ولم يكن ما يحيط بها عداوة وبغضاء.

> « Il leur fallait à tout prix chasser l'ennui, la peur, le désespoir, et un sentiment lancinant de culpabilité ; il leur fallait aussi oublier leurs vastes espérances de jadis. Les deux hommes, au moins, s'occupaient ; quant à Awatef, elle tournait en rond. Elle mangeait à s'en rendre malade, elle dormait au point d'en prendre son lit en grippe, elle passait de longues heures au jardin, contemplant ses belles couleurs. Et c'est donc ça la vie dont rêvait Adham ? se disait-elle. Quel ennui ! Pourquoi s'être torturé pour si peu ? Cette vie ne serait-elle pas plus heureuse, si elle n'était pas une prison, encerclée par la haine et la rancune[3] ? »

---

1 *Ibid.*, p. 503/476-477.
2 *Ibid.*, p. 494/521.
3 *Ibid.*, p. 498/525.

L'aïeule Oumayma provoqua jadis l'exil hors de l'éden paternel contraignant ainsi toute la descendance à bâtir sa vie dans le désert. À présent, Awatef déconstruit lucidement le mythe du paradis perdu. Elle lui préfère sa vie d'avant, certes misérable et tributaire du pouvoir des *futuwwât*, mais finalement plus attrayante. Elle offrait une marge de liberté, d'action, de hasard, d'affection véritable. L'opulence du jardin retrouvé est proprement écœurante : l'excès caractérise la nourriture, l'alcool, le haschisch, la sexualité et, surtout, l'ennui. Car c'est l'intendant qui prend en charge la vie et le destin de ses hôtes, tout en les soumettant à une surveillance presque infaillible. À la suite d'une aventure de son mari avec une servante, la vie du couple devient un enfer laissant ainsi éclater l'envers de la légende et du rêve. Awatef ne se sent plus chez elle : « une prison le jour, un bordel la nuit[1] ! » Déterminée à reprendre sa destinée en main, elle trouve le courage de quitter cette maison pour aller s'installer chez son ancienne voisine Oumm Zonfol.

C'est alors qu'Arafa, désespéré d'avoir perdu son épouse et planant dans le monde du haschisch, fait un jour, un peu avant l'aurore, une étonnante rencontre. Il reconnaît dans la femme noire qui se met en travers de son chemin la servante de Gabalawi, aperçue dans la chambre de ce dernier lors de cette nuit maudite. Elle lui porte un message lumineux : « Avant de rendre l'âme, il m'a dit : Va voir Arafa l'alchimiste et dis-lui que son ancêtre est mort en le bénissant[2]. » Le message semble réhabiliter Arafa tout en intensifiant l'ambiguïté du dernier épisode et du personnage, en qui une partie de la critique voit le double ou une variante du diable. Le récit inscrit cette rencontre salutaire sous le signe de l'hésitation fantastique. Certains éléments la confirment pendant que d'autres en soulignent le caractère irréel. L'hypothèse d'une vision due au haschisch, qui serait donc le fruit de l'imagination divagante du héros, est plausible. Mais l'auteur fictif insiste sur le souvenir qu'Arafa garde de cette entrevue comme celui d'une vérité inébranlable.

À l'issue de cette rencontre effective ou fantasmée, les deux frères, munis du cahier secret, s'enfuient et s'enfoncent dans la *hâra* pour emmener Awatef avec eux. Les hommes de l'intendant encerclent rapidement le secteur, et attrapent Arafa et Awatef pendant que Hanach

---

1 « سجن بالنهار وماخور بالليل », *ibid.*, p. 499/527.

2 « قال لي قبل صعود السر الإلهي : اذهبي إلى غرفة الساحر وأبلغيه عني أن جده مات وهو راض عنه », *ibid.*, p. 508/538.

court vers le désert. L'alchimiste et son épouse connaîtront une fin horrible : bâillonnés, jambes liées, glissés dans un sac, ils seront enterrés vivants. Cet épisode polysémique a donné lieu à une forte controverse religieuse et littéraire. Selon Georges Tarabîchi, le parallèle entre les prophètes et les cinq héros ne fait aucun doute. Plus largement, la fiction est la transposition romanesque ou épique de l'histoire de l'humanité. Préoccupé par la « condition humaine » (مصير الإنسان), Mahfûz suggère une « interprétation sociologique » (تفسيرا اجتماعيا) des religions : « La science est la continuation de la prophétie ; l'humanité se réalisera grâce à leur union[1]. » De son côté, Jacques Berque concède que la mort de Gabalawi évoque la thèse de la « mort de Dieu », que Nietzsche formula vers 1880, avant d'ajouter :

> Du reste, les esprits soupçonneux devraient se rassurer en achevant ce récit dont le dénouement, en somme, leur donne satisfaction. [...] Voilà donc notre coupable châtié, et l'inspiration mauvaise avec lui. Censeurs, de quoi vous plaignez-vous[2].

La fiction s'ouvre à des lectures multiples et contradictoires : Arafa est-il l'objet d'une bénédiction ou d'une malédiction ? Est-il un fils bienfaiteur au même titre que ceux qui l'ont précédé ou bien un sorcier maléfique ? Sa mort est-elle un sacrifice injuste de l'œuvre de la connaissance ou bien un châtiment mérité ? L'auteur fictif prend soin de multiplier les pistes interprétatives sans, finalement, trancher. De plus, l'échec d'Arafa se trouve contrebalancé par le succès de Hanach qui s'évade en emportant le carnet. Enfin, la dernière phrase de la fiction invite à une double lecture : elle exprime le fatalisme et l'attente messianique, tellement ressassés par les conteurs populaires, ou bien elle célèbre la liberté, l'espérance, la révolution à venir :

> وكانوا كلما أضر بهم العسف قالوا : لا بد للظلم من آخر، ولليل من نهار، ولنرين في حارتنا مصرع الطغيان ومشرق النور والعجائب.

> « Patience, disaient-ils. Tout a une fin, même l'oppression ! Le soleil finira bien par se lever, et nous verrons la chute du tyran : l'aube viendra, pleine de lumière et de merveilles[3]... »

---

1 G. Tarabîchi, *Allah fî riblat Nagîb Mahfûz al-ramziyya* / الله في رحلة نجيب محفوظ الرمزية (*Dieu dans l'itinéraire symbolique de Nagîb Mahfûz*), Beyrouth, Dar al-Talî'a, 1988, p. 28.

2 *Les Fils de la médina*, préface, *op. cit.*, p. 12.

3 *Ibid.*, p. 522/552.

Jacques Berque s'étonne de voir « la dévotion se scandaliser d'une transposition de l'histoire sainte dans la chronique familière des hommes[1] ». C'est l'historicisation du sacré qui pose problème car la « dévotion » refuse l'histoire qui implique l'écoulement du temps, le changement, la métamorphose. Elle refuse également le symbole qui menace la littéralité et le figement des paroles et des mémoires.

À l'instar de Nagîb Mahfûz, Nawal el-Saadawi s'attaque à cette dévotion meurtrière en démystifiant le nom du père dont les implications socioculturelles déterminent le rapport du groupe et de l'individu au passé. Née d'un amour fugitif entre la bourgeoise Boudour et de l'enfant du peuple Nessim, mort sous la torture au lendemain d'une manifestation contre le roi d'Égypte, Zina sera discrètement recueillie par la généreuse Ziinat. Dans le chapitre inaugural narré par Maguida, la fille légitime de Boudour et Zakaria, une scène de classe montre le poids culturel et symbolique du patronyme et de ses embranchements à la fois nationalistes et arabo-islamiques :

> فوق السبورة أكتب اسمي الثلاثي بالطبشور الأبيض، « مجيدة زكريا الخرتيتي »، يرمقني المدرس بإعجاب [...]. يقول إن جدي الخرتيتي باشا كان زعيما وطنيا، وإن عائلتي العريقة الأصل تمتد جذورها إلى سعد زغلول، وعرابي باشا، تصل في امتدادها إلى مكة المكرمة، وقريش، والنبي رسول الله؟

> « Sur le tableau, j'écrivis mon nom complet, "Maguida Zakaria Al Khartiti". Le professeur me regarda avec admiration. [...] Il dit que mon grand-père, Al Khartiti Pacha, était un leader nationaliste, que ma famille, de noble extraction, étendait ses ramifications jusqu'à Saad Zaghloul et Ourabi Pacha, et déployait ses racines jusqu'à la Mecque, au clan de Koraïch et au prophète, l'envoyé de Dieu[2]. »

La narratrice traite avec ironie et irrespect une identité donnée comme pleine et certaine, doublement légitimée par le nationalisme moderne et l'histoire islamique. Cette identité va dans le sens du déni de l'Égypte ancienne que Nagîb Mahfûz, pour ne citer que lui, ressuscite notamment par la mise en fiction de l'époque pharaonique. À l'inverse de cette identité héritée des pères et des aïeux, Zina s'obstine, malgré les insultes, à tracer sur le tableau le nom qu'elle s'est choisi, Zina bent Ziinat (زينة بنت زينات), que ses camarades vont transformer en Zina bent Zounât (« Zina, fille de fornicateurs[3] »). Zina, qui décide de se construire

1 *Ibid.*, p. 12.
2 *Zina*, p. 8/8.
3 « زينة بنت زنات », *ibid.*, p. 9.

justement en assumant sa marginalité, s'inscrit davantage dans la lignée des déesses égyptiennes que dans celle de la tradition islamique :

> تتبدد الرواية تحت موجات الضوء الساطع، تتلاشى الشخصيات جميعا، إلا زينة بنت زينات، كانت الوحيدة التي تتألق تحت الأضواء، ربما لأنها الوحيدة التي تملك الجسد وأي جسد؟ جسدها كان يضم أرواح الآلهة والشياطين معا، تكاد تشبه الإلهة القديمة الكبرى، ربة الحياة والموت، ربة الفسق والفضيلة، العاهرة القديسة العذراء، تصاعدت فوق قوانين الأرض والسماء، ولم يعد لها إله إلا نفسها.

> « Le roman s'estompait sous le flot de lumière, tous les personnages s'évaporaient, sauf Zina. C'était la seule qui resplendissait sous la lumière, sans doute parce que c'était la seule qui possédait un corps et quel corps ! Son corps réunissait les âmes des dieux et des démons. Elle ressemblait presque à la grande déesse antique, déesse de la vie et de la mort, du vice et de la vertu, la putain sainte et vierge qui s'élevait au-dessus des lois de la terre et du ciel et n'avait plus d'autre Dieu qu'elle-même[1]. »

Dans ce roman à thèse, la question de l'écriture tient une place centrale, donnant lieu à une construction en miroir, et en abîme, ainsi qu'à de multiples parallélismes entre les personnages et leurs écrits. De même, la citation explicite ou implicite d'autres textes irrigue cette écriture. *Zina* raconte, à travers les personnages principaux qui ont tous un rapport à l'écriture (littéraire, musicale, journalistique), l'histoire d'une libération de l'emprise des « mots » (كلمات) des textes sacrés, par le moyen d'autres mots, ceux de la psychanalyse, de la poésie, de la fiction. Loin d'être blasphématoire, la connaissance profane – philosophie, littérature, arts, sciences – est la « vraie vie ». Sans cette connaissance, notre vie serait « factice, nécrosée ». Comme dans un songe, Boudour entend Badreya lui chuchoter que « l'écriture ne peut se réaliser sans liberté[2] ». Certes, sur le plan social, la liberté peut coûter la vie. Mais sur le plan symbolique, cette liberté illustrée par Ève, qui signifie « la vie vivante » (الحياة الحية), amène à vivre éternellement.

La voix intérieure, ou celle de son double, susurre : « Casse tes chaînes, Boudour, sors de ta prison, tends ta main pour manger du fruit défendu[3]. » Celle-ci hésite, elle redoute la menace divine, mais Badreya refuse la lecture littérale de cet épisode de la genèse et en propose une autre, symbolique et poétique : « Ça, c'est la voix de Satan, non la voix de Dieu.

1 *Ibid.*, p. 179-180/189.
2 « الكتابة لا تأتي من دون الحرية », *ibid.*, p. 175/183.
3 « اكسري قيودك يا بدور، اخرجي من سجنك، مدي يدك لتأكلي من الشجرة المحرمة », *ibid.*, p. 175/184.

Si c'était celle de Dieu, quelle différence y aurait-il entre Lui et Satan[1] ? » Écrasée par un legs transmis d'une manière dogmatique, Boudour va déployer une grande énergie pour s'en dégager, et comprendre que le doute est la condition même de la connaissance, de la vie. Instillé par une démarche intellectuelle personnelle, le « doute profond[2] » s'était insinué en elle depuis l'enfance. La « foi profonde[3] », quant à elle, est imposée par la société et par une myriade d'hommes de religion qui s'octroient le droit de vie et de mort sur leurs semblables. Boudour médite singulièrement sur le sacrifice du fils, épisode fondateur dans les trois religions. Cet acte de foi demandé par Dieu à Abraham lui vaut, dans la Bible, d'être dépositaire de l'alliance entre l'homme et Dieu, et dans le Coran d'être le premier des musulmans, le modèle du vrai croyant, « celui qui se soumet », ou qui « s'abandonne » à Dieu. La soumission, qui correspond au sens étymologique de l'islam, c'est justement ce que Boudour va interroger et critiquer par le biais du parallèle qu'elle fait avec la condition de la femme musulmane. La référence au sacrifice du fils d'Abraham est une anticipation ou une prolepse qui annonce la mort de Zina, interprétée comme un sacrifice exigé par les islamistes.

Nawal el-Saadawi s'écarte donc de l'interprétation biblique et coranique du sacrifice d'Abraham, dont l'assassinat de Zina est la réactualisation romanesque. Elle dénonce un Dieu cruel, vengeur, jaloux, exigeant. Les longues citations de la Torah, de l'Évangile et du Coran sont entrecoupées par les commentaires, les interrogations et l'étonnement de la narratrice face aux « mots [de Dieu] qui ne peuvent pénétrer la raison[4] ». Boudour est scandalisée par la place et la conception de la femme dans les textes sacrés qui s'inscrivent au sein d'une même généalogie et forment un tout indissociable. La Torah scandalise par cette alliance avec Dieu dans la chair, à travers la circoncision, et par l'enfantement dans la douleur. Les versets de l'Évangile exhibent une hostilité intolérable envers la femme prostituée (*zânia*, زانية) :

> وأما العشرة قرون التي رأيت على الوجه فهؤلاء سيبغضون الزانية وسيجعلونها خربة وعريانة ويأكلون لحمها ويحرقونها بالنار.

1 « هذا صوت الشيطان يا بدور ليس صوت الله، وإن كان هو صوت الله فما الفرق بينه وبين صوت إبليس », *ibid.*, p. 176/184.

2 « الشك العميق », *ibid.*, p. 163.

3 « الإيمان العميق », *ibid.*

4 « كلمات لا يمكن أن تدخل العقل », *ibid.*

« Les dix cornes que tu as vues et la bête haïront la prostituée, la dépouilleront et la mettront à nu, mangeront ses chairs, et la consumeront par le feu[1]. »

Boudour s'attarde sur le Coran qui s'adresse seulement aux hommes, élimine les noms des femmes jusque celui d'Ève désignée comme « l'épouse d'Adam » (زوجة آدم), et cite seulement la vierge Marie à laquelle est consacrée la sourate de Marie ([2]مريم). Elle se remémore les paroles de Nessim :

كيف تؤمنين بإله لا يخاطبك ولا يذكر اسمك، ويجعلك تابعة لزوجك، وفي كتبه الثلاثة لا تحظى النساء بما يحظى به الرجال الذكور؟

« Comment peux-tu croire en un Dieu qui ne s'adresse pas à toi et ne parle pas de toi, te fait dépendre de ton mari, et qui, dans ses trois livres, ne donne pas aux femmes la même importance qu'aux hommes[3] ? »

Chez Nawal el-Saadawi, le doute ne correspond pas seulement à une méthode pour accéder à la connaissance et à la vérité, il désigne fondamentalement une morale. Au nom de la raison et d'une éthique humaniste, la narratrice rejette le corpus canonique qui proscrit le doute et se tourne vers Omar el-Khayyâm, poète sceptique (Xe-XIe siècles), dont elle cite ce quatrain :

أخبرني يا رب، من ذا الذي لم يخالف قانونك؟! أخبرني يا رب، ماذا يكون هدف الحياة دون إثم؟! وإذا أنت يا رب تعاقبني بالشر على ما أنا فعلته من شر، فما الفرق يا رب بينك وبيني؟

« Dis-moi, mon Dieu, qui n'a pas désobéi à Ta Loi ? / Dis-moi quel serait le but d'une vie sans péché ? / Et si, Toi mon Dieu, Tu me punis par le mal pour le mal que j'ai fait / Quelle serait la différence entre Toi et moi[4] ? »

À l'inverse de Boudour, son époux Zakaria rappelle et conforte le message religieux dans une colonne publiée dans le quotidien *Le Sphinx*. Badreya dévoile l'hypocrisie de Zakaria, dont elle sait les secrets et les vices. Zakaria est un personnage double, divisé. Sur la place publique, il prône la « droite voie » (au sens coranique), mais en privé, à l'abri des regards, il s'adonne à la perversion, au cynisme, et viole les enfants. La religion sert de masque à ce Tartuffe qui efface ses péchés par la prière,

1 *Ibid.*, p. 158/167.
2 *Ibid.*, p. 153/169.
3 *Ibid.*, p. 161.
4 *Ibid.*, p. 153-154/163.

le jeûne et le pèlerinage. Pourtant, son père comptait parmi les penseurs progressistes et avait publié un essai sur Tâha Hussein, ce qui lui avait valu la colère des *cheikhs* d'al-Azhar et un procès. Le récit du procès fictif, où le nom de Tâha Hussein revient continûment, fait écho au procès réel de *La poésie antéislamique*. Ainsi, Nawal el-Saadawi inscrit sa fiction dans le sillage de l'œuvre de Tâha Hussein et rappelle la dette immense de la littérature et de la pensée égyptiennes envers lui.

« Le roman volé » (الرواية المسروقة), qui est un second récit, réduit Zakaria à sa verge. Lisant le livre caché de Boudour, ce dernier se confronte violemment à son propre portrait, comme dans un miroir. Comme journaliste, Zakaria se met au service de l'islam, de la patrie et du Président, et en récolte un amas de prix et de titres honorifiques et officiels. Le style de Zakaria puise sa forme et son contenu dans les textes canoniques, les formules creuses et figées sont répétées inlassablement, les affirmations sont tranchées et parsemées de citations du Coran et des paroles prophétiques. Toute chose nouvelle – comme cette revendication, portée par une association, de donner le nom de la mère à l'enfant de père inconnu – est jugée hérétique :

> نسب الطفل للأب هو أمر الله، لا يخرج على أمر الله إلا الكافرون والمرتدون عن الإسلام، هذه الجمعية النسوية الجديدة التي تطالب بإعطاء اسم الأم للطفل غير المعروف الأب، إنما هي جمعية خارجة على دائرة الدين، هذه الجمعية مأجورة من الغرب لهدم الإسلام، أيها القراء الأعزاء، هذه تدعو إلى انحلال الأخلاق، إلى الحرية الجنسية للنساء كما تفعل النساء في الغرب، حيث تتفشى أمراض الإيدز والسيلان والأطفال غير الشرعيين والشيوعية والبغاء والإلحاد.
>
> « Le fait que l'enfant porte le nom de son père est un commandement divin. Ne désobéissent aux commandements de Dieu que les incroyants et les apostats. Cette nouvelle association de femmes qui revendique de donner le nom de la mère à l'enfant de père inconnu est une association qui se situe hors du cadre de la religion. Elle est payée par l'Occident pour détruire l'islam, chers lecteurs, et incite à la dissolution des mœurs, à la liberté sexuelle pour les femmes, à l'image de ce que font les femmes en Occident où se propagent le sida et les blennorragies, les enfants illégitimes, le communisme, la prostitution et l'athéisme[1]. »

L'argumentation ne tolère ni réplique ni critique. Rythmé par l'axiome : « ceci est la loi divine » (هذا قانون الله), le discours tourne à vide, dévoilant la corrélation entre sa misère rhétorique et morale et sa puissance abrutissante, aliénante, terrorisante. En flagrante opposition avec cette parole fidèle à l'héritage dont elle fait une matière morte et

1 *Ibid.*, p. 269/285-286.

anhistorique, les chansons de Zina mobilisent des références à l'Égypte rurale et urbaine d'aujourd'hui, et s'adressent au peuple qui lutte pour une vie digne. La chanteuse mourra sur scène, la musique ayant été décrétée *harâm* (حرام), illicite, non conforme à la dévotion islamique. Demeure sa poésie que fredonnent les enfants des rues et d'autres admirateurs :

> نورت يا قطن النيل، يا حلاوة عليك يا جميل، اجمعوا يا بنات النيل يالا ده مالوهش مثيل، قطن ما شالله...
>
> « Tu as fleuri, coton du Nil / Quelle splendeur… quelle beauté ! / Courage, filles du Nil, cueillez ! / Ce coton est à nul autre pareil[1]… »

Ou encore :

> أنا جئت من الأرض وإلى الأرض أعود\ أنا لم أهبط من الفضاء أو النجوم\ لست ابنة الآلهة ولا الشياطين\ [...] أموت وأحيا وأموت\ واقفة محتضنة العود.
>
> « Je viens de la terre et à la terre je retournerai […] / Je meurs, je revis et je meurs / Debout en tenant le luth[2]. »

Le problème du corps rend flou l'idéal de liberté féminine chez Nawal el-Saadawi, tout à la fois militante, essayiste et romancière féministe. Cet idéal correspond-il à une femme sans corps, sans désir ? Car dans *Zina*, exception faite de la nuit d'amour entre Boudour et Nessim, le désir et la sexualité sont systématiquement associés au viol, à la saleté, à la puanteur, à la perversion. Les scènes de viol des femmes, des enfants des rues (filles et garçons), sont racontées dans un style cru, brut, mettant sous les yeux du lecteur un tableau d'une violence insoutenable. Il n'y a presque pas de jouissance sexuelle, la femme ne jouit pas pendant que l'homme jouit de son pouvoir sur elle. Badreya, cet être de papier, se déploie librement, échappant à la perversion masculine et à la sexualité, souvent agressive et asservissante. Dans ce roman, seules Badreya et Zina, qui n'ont pas de corps et ne sont pas animées par le désir sexuel, triomphent sur le plan éthique. Ces personnages féminins, à l'image de la Kahina chez Kateb Yacine, incarnent essentiellement un symbole de liberté, un idéal pour l'avenir de la communauté.

---

1 *Ibid.*, p. 99/109.
2 *Ibid.*, p. 304/309.

RECRÉATION DE L'HISTOIRE

La Kahina ou Dihya peut être divisé en trois tableaux qui mettent en scène la crise et sa résolution. Ce rythme ternaire impulse un mouvement dialectique et désigne un au-delà du conflit. Dans cette pièce, il s'agit d'une héroïne définie par son action et la force de son verbe, c'est pourquoi il n'y a pas d'unité de lieu, mais une unité de temps. Le premier tableau expose une contradiction interne (Dihya face aux paysans) et externe (Dihya face aux cavaliers arabes). Cela se résout par la mort de l'héroïne au combat, hors de la scène. Le deuxième tableau exhibe la contradiction entre l'action et la parole des partisans de Dihya et celles des soldats arabes, autour du cadavre de la combattante d'Amazigh. La résurrection symbolique de l'héroïne constitue, dans le troisième tableau, le dépassement de la crise.

Dans la pièce, tout se cristallise autour d'elle, vivante ou morte. Dihya occupe continûment la scène sous trois formes successives : le corps vivant de la figure historique, le cadavre de la résistante, l'incarnation d'un mythe et d'un symbole. L'héroïne est la seule à avoir un code onomastique, et même un double nom : Kahina et Dihya. Car il s'agit de ressusciter une figure historique singulière et de la charger d'un contenu symbolique dont l'Algérie contemporaine a besoin. Quant aux autres acteurs – deux paysans, deux jeunes filles et deux cavaliers –, ils incarnent schématiquement des fonctions et des valeurs : l'attachement à la terre, la présence de la féminité dans l'histoire algérienne depuis ses origines, la conquête arabo-islamique.

Dans le premier tableau, Dihya fait face aux paysans sceptiques quant à sa politique de « terre brûlée ». Les paysans conçoivent la terre comme une source de récoltes et de productions, et doutent du bien-fondé de la résistance militaire face aux envahisseurs tout-puissants. Leur complainte ouvre la pièce et suggère un champ de ruine hors scène. Le premier dit : « Le feu, toujours le feu ! » Le second réplique : « Sang et poussière / Feu et flammes / Sur la terre libre d'Amazigh[1] ! » Dihya prend alors la parole et explique, dans le cadre de cette double énonciation verticale et horizontale propre au théâtre, que la terre est essentiellement un idéal

1 *Parce que c'est une femme*, *op. cit.*, p. 55.

de liberté : « Les récoltes sont perdues / Mais nous pouvons tout perdre / Il nous reste la terre[1]. » La terre est un absolu, c'est ainsi que l'histoire ancienne de l'Algérie rejoint son histoire actuelle. Dihya incarne aussi bien les idéaux de la figure historique que ceux de la révolution algérienne. Dans ses répliques et tirades, elle décline ce désir de liberté en prenant position contre les trois monothéismes : « Toutes ces religions qui n'en sont qu'une / Servent des rois étrangers[2]. » L'islamisation est au service d'un pouvoir politique et militaire. Comme l'évangélisation et la mission civilisatrice, elle est le masque de l'occupation, du vol de la terre, de l'acculturation, de l'aliénation de « l'âme » et de « l'esprit[3] » du peuple. Ce Dieu n'est ni amour ni spiritualité, il est un prétexte pour prendre possession d'autrui :

> Ce dieu qu'on nous impose / De si loin par les armes / N'est que le voile de la conquête. / Le seul dieu que nous connaissons, / On peut le voir et le toucher : / Je l'embrasse devant vous, / C'est la terre vivante, / La terre qui nous fait vivre : La terre libre d'Amazigh[4] !

La gestuelle et la parole hérétique de Dihya, dont la terre est l'unique dieu, sont susceptibles de susciter une intense émotion et réflexion chez les spectateurs. C'est à ce moment que deux cavaliers font irruption sur la scène. Les soldats arabes exigent la capitulation de celle qu'ils nomment Kahina. Le dramaturge met en exergue l'héroïsme de Dihya qui refuse de se rendre, de vivre sous l'occupation arabo-islamique, et choisit de résister jusqu'à la mort. La situation dramatique est ainsi proprement tragique. Avant d'affronter cette mort certaine, Dihya occupe la scène par sa parole et ses mouvements, pendant que les cavaliers articulent les mêmes mots : « Écoute ô Kahina ! » Il est aisé d'imaginer le puissant impact des tirades de Dihya, dénonçant les non-dits de l'histoire arabo-islamique, sur les spectateurs algériens au début des années 1980.

Dans une tirade haletante, Dihya attaque l'islam sur deux points cardinaux : l'esclavage et la condition des femmes. L'héroïne n'hésite pas à apostropher les Arabes avec l'expression péjorative de « marchands d'esclaves » qui vendent tout, y compris leurs filles. Les paysans réunis

---

1 *Ibid.*
2 *Ibid.*, p. 56-57.
3 *Ibid.*, p. 57.
4 *Ibid.*

autour des valeurs du travail et du lien avec la terre sont opposés aux commerçants, qui pratiquent le profit, le mensonge. Dihya dénonce la misogynie et le statut inférieur ou mineur de la femme musulmane, recluse et voilée, qui ne peut ni parler ni être écoutée, qui n'a pas le droit d'assumer la fonction de chef ou d'imam : « Une femme libre les scandalise, pour eux / je suis le diable[1]. » La combattante souligne enfin la violence des nominations. Car nommer l'autre, ce que le colonisateur a toujours fait, c'est lui imposer une violence réelle et symbolique. Dihya inscrit ces nominations dans l'ordre de l'histoire du Maghreb : « barbares » pour les Romains, « Kahina » et « Berbères » pour les Arabes. Originellement, chez les Grecs, le terme « barbare » repose sur un critère linguistique désignant celui qui ne parlait pas grec, ne possédait pas le *logos*. Dihya met en exergue l'autre signification de ce mot, la plus répandue, celle qui renferme une vision négative, méprisante, de l'autre, de l'étranger :

> Comme tous les envahisseurs, ils appellent barbares / Les peuples qu'ils oppriment, tout en prétendant / les civiliser[2].

« Berbères » et « barbares » sont donc synonymes et démasquent le même système d'oppression, qu'il soit romain ou arabe. Quant à la qualification de *kâhina*, ici encore, Kateb Yacine s'en tient au sens courant que le mot a pris dans l'histoire moderne. Or, dans l'Arabie antique, des hommes étaient nommés *kâhin* (كاهن) et assumaient le rôle de voyant, de conseiller de la tribu. Saisis de transes, ils affirmaient avoir des esprits (*djinns*, جن) pour compagnons parlant par leur bouche. Une fiction marquée par l'engagement idéologique ne s'arrête pas à de telles nuances linguistiques ni culturelles. Elle cherche à communiquer un message, elle élabore une stratégie pédagogique fondée sur le parallélisme, l'opposition, le manichéisme. Selon le dramaturge, ce qui importe pour les Algériens c'est de saisir les leçons et les signes de ce passé antéislamique. Pour transmettre son message, ou sa vision de l'histoire, Dihya procède à cette inversion où se lit une éthique de l'histoire : « Les barbares sont les agresseurs. » De même, elle parle de manière tout à fait actualisée, en citant par exemple le nom de l'Algérie.

---

1 *Ibid.*, p. 58.
2 *Ibid.*, p. 58-59.

Face aux cavaliers arabes, Dihya est une « femme libre » qu'il faut donc abattre. Une didascalie indique qu'elle est « tuée au combat », hors de la scène théâtrale. Avant de disparaître, elle va prononcer ces paroles qui invitent l'Algérie contemporaine à prendre conscience de cette histoire originelle qui se trouve en son « cœur » en dépit des entreprises d'altération et d'aliénation :

> Adieu, marchands d'esclaves ! / Je vous laisse l'histoire / Au cœur de mes enfants / Je vous laisse Amazigh / Au cœur de l'Algérie[1] !

Le deuxième tableau s'ouvre par cette didascalie : « Deux jeunes filles et des paysans portent le corps, face au soleil couchant. » Les filles filent une métaphore qui a un lien sémantique avec le nouveau nom arabe d'Amazigh, *el-Maghreb* (المغرب), et qui désigne « l'heure du coucher du soleil » (ou l'Ouest). La poésie des jeunes filles explore des jeux de mots et des images pour dire la mort, le sang, la nuit longue de plusieurs siècles auxquels les Arabes vont soumettre cette terre. Les jeunes filles s'adressent à l'émotion des spectateurs, à travers le rythme, les phrases courtes, les anaphores, ainsi qu'à leur imagination sollicitée pour interpréter les métaphores. Dans cette scène de deuil, les jeunes filles pleurent le soleil, associé à Dihya. Avec la mort de l'héroïne, l'Algérie entre dans un temps nouveau marqué par la nuit. L'anaphore « soleil rouge assombri » rythme les répliques des jeunes filles dont les paroles et rôles sont interchangeables. Toutes deux pleurent Dihya et la patrie dont la combattante est le symbole, la quintessence :

> Soleil rouge assombri / Tu reviendras plus rouge encore / Nous voulons te revoir / Même s'il faut passer mille et une nuits blanches[2] !

Les actrices développent une autre métaphore essentielle, celle du corps sans tête. Ce thème est récurrent dans l'univers fictif de Kateb Yacine, il revient, par exemple, dans *Mohamed prends ta valise* et *L'Afrique sans tête*. Selon Zebeïda Chergui, « il semble symboliser un pays dépourvu de pensée et précipité dans l'obscurantisme[3] ». Sollicités par les jeunes filles, les deux paysans « égorgent le cadavre », introduisant la violence

1 *Ibid.*, p. 59.
2 *Ibid.*, p. 60.
3 *Ibid.*, p. 149.

de la conquête arabo-islamique sur la scène théâtrale. Le chœur des jeunes filles et des paysans chante, dans une poésie rythmée par les anaphores et les interrogations, l'Afrique et le désarroi de ses enfants :

> Afrique corps sans tête, Afrique, / Soleil couchant plonge-toi dans la nuit, / La longue nuit tragique / D'où sortira une autre Afrique [...] / Afrique corps sans tête / Où es-tu, tes enfants te cherchent / Tes enfants du soleil couchant / Tes enfants de la longue nuit / Tes enfants de la nuit tragique / Afrique, où est ta tête[1] ?

À cette symbolique de la tête tranchée s'ajoute donc celle du puits. Dans l'univers culturel maghrébin, cet espace est lié à la mort et au secret. Il est surtout lié au féminin car, fuyant une condition intolérable, les femmes se suicident souvent en se jetant dans un puits. Le corps de Dihya sera enterré sans tête afin que les ennemis ne puissent pas l'identifier, et la tête ainsi tranchée sera rejetée au fond d'un puits. Face à ce corps coupé en deux, dont une part sera à jamais dissimulée, les Arabes « croiront » Dihya « tout à fait morte[2] ». Mais Dihya ne peut pas mourir :

> Elle n'en vivra que mieux / Dans les rêves du peuple, / Comme si elle était toujours à ses côtés[3].

Le dialogue des deux soldats, de retour sur la scène théâtrale que les partisans de Dihya viennent de quitter, dévoile la crainte que l'héroïne leur inspire. La disparition de son cadavre laisse flotter un doute sur sa mort réelle dont les soldats voudraient pourtant s'assurer :

> Cette fois, on dit qu'elle est bien morte. / Elle s'est jetée dans un puits. [...] Elle empoisonne toutes les sources[4].

Un autre symbole est à l'œuvre, celui de la victime sacrificielle, que développent les paysans, de retour sur scène, transportant encore le corps de l'héroïne. *La Kahina ou Dihya* se caractérise par une construction rhétorique et éthique dualiste. Cela apparaît d'emblée dans le titre opposant le nom arabe, et les valeurs qui s'y raccrochent, au nom berbère. Pour

---

1 *Ibid.*, p. 61-62.
2 *Ibid.*, p. 60.
3 *Ibid.*, p. 61.
4 *Ibid.*, p. 62-63.

écrire l'histoire nationale, Kateb Yacine fait des recherches érudites avant d'écrire une histoire singulière. Il adapte le passé à la réalité actuelle dans le but de construire un sentiment national ; il choisit des périodes exemplaires pour rappeler la grandeur du peuple. Il multiplie les versions avant de revenir à un texte concis où s'effacent les compilations successives. Par le biais de la mise en scène de l'histoire, Kateb Yacine suggère que l'enjeu essentiel est la question de l'identité nationale qui, encore aujourd'hui, « reste floue » :

> Qui sont les Algériens ? Des Berbères arabisés ou des Arabes berbérisés qui sont au fond, à l'origine, des Berbères[1].

Dans *Loin de Médine*, Assia Djebar pose aussi cette question de l'identité et réalise, à la manière d'une enquête, une remontée dans le temps jusqu'à l'Arabie antique. L'histoire énigmatique de la reine yéménite, dont la tradition islamique ne rapporte pas le nom, inaugure cette fiction tournée vers l'évocation des femmes. Le mari de cette musulmane meurt en combattant Aswad, un Arabe qui se prend pour un prophète et fomente une révolte de Bédouins. Quelques semaines avant de s'éteindre, Mahomet maudit le faux prophète, mais il ne maudit pas la Yéménite qui vient de l'épouser. Séductrice, rusée, inventive, cette reine rend possible le retournement de l'histoire, en ouvrant la chambre nuptiale à un vengeur qui viendra trancher la tête d'Aswad. Dans les chroniques, le souvenir même de cette femme tombe dans la poussière. Assia Djebar imagine les dialogues et les détails qui manquent, et n'hésite pas à comparer cette reine anonyme à Judith, l'héroïne biblique, tout en soulignant l'écart qui existe entre une telle fiction et la tradition arabe :

> Non, il n'y a pas de Judith arabe ! [...] Ce n'est pas encore le moment, dans l'imaginaire arabe, pour faire lever de tels êtres, ou pour en inventer ! Pas encore, du moins, en ces récits des temps anciens. En cette origine. [...] Elle [la Yéménite] disparaît dans l'oubli : sans honneurs, sans d'autres commentaires. Nul sillage ne la prolonge. Sa chandelle s'est éteinte : le silence se referme sur elle[2].

Cette fiction exhume les femmes oubliées alors qu'elles ont été actrices dans les premiers temps de l'islam. L'histoire de Nawar, épouse d'un chef arabe révolté, apostat et faux prophète, succède à celle de la reine du

1 *Ibid.*, p. 44.
2 *Loin de Médine*, *op. cit.*, p. 29.

Yémen. Croyant « à la mission prophétique de son homme[1] » et « assoiffée de légende[2] », Nawar est présente sur le champ de la bataille, avant de s'enfuir loin avec le rebelle vaincu. De son côté, Selma la rebelle va diriger elle-même le combat contre les musulmans. Le célèbre général musulman, Khalid ibn el-Walid aurait dit : « Que peut une femme ? » Au-delà de son destin singulier, Selma incarne un symbole et s'inscrit dans une lignée féminine qui va d'Arabie en Algérie :

> Pour la première fois, une guerrière se lève en chef d'armes contre l'Islam : Selma annonce, en cette 11e année de l'hégire, d'autres femmes indomptables et rebelles, ainsi que la plus irréductible d'entre elles, Kahina, la reine berbère[3]…

Sadjah, la prophétesse d'origine chrétienne, fait partie de ces femmes dont l'action symbolise la liberté et le défi. Elle possède le Verbe, elle est poète, elle fascine par sa détermination. Même abandonnée par les siens, pour s'être donnée pour rien, « pour l'amour seul, pour le plaisir seul[4] » à Mosaïlima, un autre faux prophète, son charme continue d'agir et d'alimenter une fiction dédiée aux femmes qui font l'histoire. Mais c'est sur le puissant écho du « non » de Fatima que se termine la première partie de *Loin de Médine*. En effet, Fatima, la fille de Mahomet, oppose un « non » retentissant à Médine parce qu'elle estime avoir été doublement spoliée par la loi que les successeurs de son père confortent et durcissent pour les générations à venir. « Celle qui dit non à Médine », tel est le titre du chapitre conclusif de la première partie où justement les femmes dont on raconte les histoires sont animées par la liberté et le défi.

Paradoxalement, le « non » que le récit commence par évoquer n'est pas celui de Fatima, mais celui du prophète lui-même. Entre l'an 8 et l'an 10 de l'*hégire*, à la fin d'un discours du haut du minbar, à la mosquée de Médine, Mahomet dit « non » à son gendre Ali, qui souhaite prendre une deuxième épouse. Le « non » claironné par le père résonne comme un « non, pour ma fille », et aussi comme une exception. Le prophète explique aux croyants que par ce « non », il ne leur interdit pas ce que Dieu leur a permis, à savoir la polygamie (qu'il pratique lui-même sans limitation du nombre de ses femmes). S'il dit « non » à Ali, c'est parce

1 *Ibid.*, p. 32.
2 *Ibid.*, p. 33.
3 *Ibid.*, p. 37.
4 *Ibid.*, p. 49.

que ces épousailles feraient souffrir sa fille : « Ma fille est une partie de moi-même ! Ce qui lui fait mal me fait mal ! Ce qui la bouleverse me bouleverse ! » La narratrice met toute la lumière sur cette scène, que l'hagiographie a pris soin d'oublier, en insistant sur son caractère exemplaire susceptible de guider le présent :

> Quatorze siècles se sont depuis écoulés : il semble qu'aucun père depuis, du moins dans la communauté de l'islam, plus aucun père ne se dressa, ne développa une défense aussi ardente pour la quiétude de sa fille ! Aucun, excepté le père de la fille aimée[1].

À la mort de son père, Fatima va reprendre ce « non » pour s'opposer à la ville même du prophète. Fatima refuse, au nom de tous ceux appelés « les gens de la maison », à savoir la famille de Mahomet, de prêter allégeance à Abou Bakr qui vient d'être désigné premier *calife*. En dépit des menaces de brûler sa maison ou de tuer son époux, Fatima dira toujours « non », sans hésiter à apostropher ces hommes qui se sont accaparés le pouvoir : « Vous n'avez pas attendu notre avis et vous ne vous êtes pas souciés de nos droits[2] ! » Après cette controverse initiée pour le droit d'Ali au commandement, Fatima s'engage dans une lutte âpre pour ses droits de fille, sa part d'héritage que le *calife* lui refuse au nom d'une interprétation littérale et rigoureuse d'une parole de Mahomet : « Nous, les prophètes, on n'hérite pas de nous ! Ce qui nous est donné nous est donné en don ! » Abou Bakr condamne alors la fille même du prophète à la déshérence, et Fatima oppose encore un « non » acharné à la loi masculine de Médine. Certes, le père a laissé peu de biens, mais « il s'agit d'un symbole bien plus grave », ainsi le comprend Fatima. Elle accusera, jusqu'à son dernier souffle, les successeurs de Mahomet de trahir la « révolution » de l'islam, pour les filles et pour les femmes, qui a été d'abord de les faire hériter. L'acte de déshériter la fille du prophète constitue un retour à la loi préislamique, une atteinte à la nouvelle loi divine lourde de conséquences. Fatima se transmue poétiquement en la figure originelle et archétypale de la déshéritée :

> Fatima, la dépouillée de ses droits, la première en tête de toute une interminable procession de filles dont la déshérence de fait, souvent appliquée par les

1 *Ibid.*, p. 67.
2 *Ibid.*, p. 77.

> frères, les oncles, les fils eux-mêmes, tentera de s'instaurer pour endiguer peu à peu l'insupportable révolution féministe de l'islam en ce VIIe siècle chrétien[1] !

L'énonciation s'ordonne selon une perspective précise : c'est dans les premiers temps de l'islam (et aussi ceux d'avant l'avènement de l'islam) qu'il faut puiser les paroles, les situations, les personnages exemplaires qui serviront pour élaborer une réponse au discours fondamentaliste contemporain. Une réponse venue de l'extérieur ou du dehors serait, en Algérie et partout où le contexte de réception est saturé par la tradition arabo-islamique, inaudible et inefficace. Assia Djebar procède à une recréation de l'héritage, en inscrivant l'islam dans son contexte culturel, social et historique, en dévoilant ce qui fut dissimulé ou oublié, en imaginant ce qui s'est perdu. Ressusciter, dans une Algérie majoritairement sunnite, ces femmes apostats et combattantes ainsi que le « non » de Fatima, un « non » précurseur du chiisme, relève d'une scénographie hérétique.

Le Silence de Mahomet poursuit l'écho de *Loin de Médine*. En exergue du récit de Khadija, la première épouse de Mahomet, sont inscrits les premiers versets de la sourate du « Caillot de sang » (العلق). Donnée à la Mecque, au début de la révélation, cette sourate conjugue la lecture et la récitation du Coran à l'impératif (اقرأ). « Lire » et « réciter », tel est le double sens du verbe *qara'a* (قرأ), un verbe sémitique, courant en hébreu, d'où vient le mot « coran » :

> Lis au nom de ton seigneur qui a créé ! Il a créé l'homme d'un caillot de sang ! Lis !... Car ton seigneur est le très-généreux qui a instruit l'homme au moyen du calame, et lui a enseigné ce qu'il ignorait[2].

L'ouverture du *Silence de Mahomet* par cette sourate qui célèbre la parole ou le *kalâm* (كلام) est significative. En effet, en contestant le dogme de l'illettrisme du prophète, Salim Bachi s'écarte de la tradition islamique. En racontant l'enfance de celui-ci et ses voyages en Syrie, Khadija dessine les contours du portrait psychologique et intellectuel de son époux qu'elle décrit comme « un homme de grand savoir et de grande sagesse ». Mahomet rapportait de ses voyages « les manuscrits qu'il dévorait seul, à l'abri des regards. Souvent il en discutait avec son

---

1 *Ibid.*, p. 79.

2 *Le Silence de Mahomet*, *op. cit.*, p. 17.

meilleur ami, Abou Bakr, et ils devisaient ensemble des mystères de ce monde[1] ». Le prophète est en proie à d'importantes influences intellectuelles et spirituelles, celles des chrétiens, des nazaréens, des juifs. Un dialogue entre le héros et son ami montre leur parfaite connaissance des religions d'alors et leur désir de disposer eux aussi d'un livre en arabe :

> – Mon ami, pourquoi les Arabes ne disposent-ils pas de leur religion comme les juifs et les nazaréens ?
> – Certains sont devenus nazaréens à Mekka. Ou juifs à Yathrib. Waraqa ibn Nawfal écrit l'Évangile en hébreu et il me donne à lire certains passages.
> – Cela est vrai, Mohammad. Pourquoi n'avons-nous pas notre propre Livre ? Notre Évangile, notre Torah, notre Zabour ?
> – Dieu nous a abandonnés, Abou Bakr.
> – Pourquoi n'a-t-il point abandonné les juifs et les nazaréens ?
> – Je ne sais pas Abou Bakr[2].

Le prophète est loin d'être ce personnage analphabète comme la tradition orthodoxe veut bien le présenter dans le but d'accentuer le miracle absolu et inattendu de la révélation coranique. De même, la période antéislamique n'apparaît pas comme une *jahiliyya*, une période d'ignorance, d'obscurantisme ou de rudesse que la révélation aurait soudainement illuminée et transmuée en une communauté dont la nouvelle religion va connaître un essor spectaculaire. Instruits par leurs voyages et leurs échanges, Mahomet et Abou Bakr sont fascinés par les préceptes du monothéisme : « Ils avaient rencontré des hommes pour qui Dieu était unique, seul et inaccessible ; et ces hommes croyaient en une vie après la mort[3]. » Dans *Le Silence de Mahomet*, l'Arabie est un territoire continûment traversé, enrichi, pénétré par les caravanes, les voyageurs, les échanges des biens matériaux mais aussi symboliques. Terre de passage, l'Arabie recueille des influences politiques, culturelles, religieuses, celles du Yémen, des empires perse et byzantin, singulièrement celle des divers schismes chrétiens.

Salim Bachi s'écarte encore de l'orthodoxie qui sanctifie les compagnons du prophète au point de juger blasphématoire leur représentation cinématographique ou picturale. La fiction démystifie ces figures et les ramène à leur subjectivité, elle essaie de saisir au plus près leur vérité romanesque, en les dévoilant, en les débarrassant des accoutrements que la tradition

1 *Ibid.*, p. 19.
2 *Ibid.*, p. 20.
3 *Ibid.*

leur a prêtés. La tradition surnomme Khalid « le glaive (*seif*) de l'islam » et le décrit comme un chevalier qui incarne la puissance invincible de cette nouvelle religion. Or ce personnage avoue qu'il a adhéré à la foi musulmane par ambition, par calcul. Les voix romanesques disent les doutes, les contradictions, les tentations terrestres. Elles désagrègent la légendaire harmonie de l'écho immémorial sur l'absolu engagement spirituel de Mahomet et de ces compagnons. *Le Silence de Mahomet* met à nu l'intimité des témoins-narrateurs et celle du prophète, mais il montre aussi un islam conquérant couvant, dès les premiers jours de la révélation, une volonté d'expansion quel qu'en soit le prix matériel et humain.

En ces débuts de l'islam, les premiers compagnons du prophète sont encore minoritaires, ils sont assaillis par des adversaires déterminés à défendre leurs propres croyances, païennes, polythéistes ou monothéistes. Mais au-delà du problème spirituel se profile une lutte pour le pouvoir politique et économique. Les musulmans n'hésitent pas à s'engager dans cette lutte, laissant éclater une violence extrême. L'islam naissant entend conquérir le pouvoir non seulement à Médine (anciennement Yathrib), pourtant la ville qui a offert l'hospitalité aux émigrants, mais aussi à Qouraysh et ailleurs. Les armées de l'islam traquent les révoltés de toutes sortes – apostats, hérétiques, chefs de tribu – pour assurer l'expansion de leur foi, pour acquérir diverses richesses territoriales, matérielles et humaines, comme les esclaves. Dans son récit, Khalid exprime ainsi cette ambition militaire et politique :

> Plus que tout, je crois en la force de l'homme, en la victoire obtenue sur le champ de bataille [...]. Abou Bakr et Mahomet acceptaient cette vérité : pour terrasser son ennemi, il faut déchaîner une plus grande violence que lui ; et mieux vaut être le premier à le faire. [...] Saisir le moment propice, voilà la preuve manifeste du génie militaire ! Si on laisse échapper cet instant fugace, il ne reste plus qu'à prier Dieu et ses anges[1].

Aïcha rapporte un épisode terrible où éclate la violence de l'islam naissant qui, déjà, ne tolère aucune opposition à ses principes, y compris lorsque cette opposition provient du judaïsme dont il s'est pourtant largement inspiré. Dans cette fiction où les motifs du soleil, du sabre et de la mort sont continûment repris par les divers narrateurs, le rappel du massacre des juifs s'ouvre par une interrogation : « Que dire de Mahomet quand

1 *Ibid.*, p. 191-192.

il trempa son glaive dans le sang des juifs de Qouraydha[1] ? » Plus de six cents personnes, tous les hommes de la tribu, furent alors égorgées. Aïcha évoque cette violence insoutenable, et rappelle les similitudes entre juifs et musulmans qui, à l'origine, se tournaient vers Jérusalem pour accomplir leurs prières et obéissaient « au même Dieu[2] ». Mahomet accuse les juifs d'occultation de la Torah en ne reconnaissant pas Jésus comme leur messie ; il accuse aussi les nazaréens d'associer à Dieu le messie et le saint-esprit.

Pour sa part, Khalid rappelle dans un récit subversif son refus de s'allier à Mahomet au début de la révélation. Avant d'embrasser à son tour l'islam, Khalid combat farouchement celui qui se dit prophète, et que les Qourayshites traitent de poète. Mahomet « hait cette engeance » car, inspirés des djinns, « les poètes disent n'importe quoi[3] ». Khalid se souvient des sarcasmes soulevés par le voyage nocturne (*isrâ'*, الإسراء), l'ascension (*mi'râj*, المعارج) du prophète : « Nous rîmes de bon cœur et racontâmes que le chagrin l'avait rendu fou[4]. » La fiction inscrit ces propos hérétiques dans leur contexte historique et montre que celui qui les narre, Khalid, va basculer dans le camp des musulmans et risquer à maintes reprises sa propre vie pour assurer la grandeur de l'islam. Il n'en demeure pas moins que l'orthodoxie ne saurait apprécier le rappel de ces temps et de ces paroles troubles, elle qui jette un voile transparent sur les événements et les acteurs des débuts de l'islam. C'est ainsi que le portrait romanesque d'Omar, l'un des premiers compagnons de Mahomet, s'écarte de l'évocation traditionnelle de ce *calife*. L'islam sunnite décrit les quatre premiers successeurs comme chefs modèles et les surnomme « les *califes* bien guidés ». Or dans la fiction Omar est un ivrogne, assoiffé de pouvoir, très violent, toujours prompt à dégainer le sabre :

> Omar ibn al-Khattab était un homme injuste et emporté. C'était un sac à vin, une outre percée ; quand il ne buvait pas, il se rendait chez les veuves. S'il n'avait pas tant péché, il n'eût pas tant à se faire pardonner[5].

Converti à l'islam, Omar donnera libre cours à sa violence, à son rigorisme et singulièrement à sa haine des femmes. La tradition islamique

1 *Ibid.*, p. 321.
2 *Ibid.*, p. 327.
3 *Ibid.*, p. 220.
4 *Ibid.*, p. 239.
5 *Ibid.*, p. 226.

est prompte à sanctifier tous les compagnons de Mahomet et à enfouir toute parole susceptible d'insuffler le doute, la contradiction. Mais c'est à l'intérieur de cette tradition, irriguée par l'héritage à la fois païen, polythéiste et monothéiste qui la précède, que des écrivains cherchent les styles et les thèmes pour l'innover, la ressusciter. Aujourd'hui livrée au discours fondamentaliste, un discours manichéen et frappé d'asymbolie, cette tradition tourne à vide et devient une machine de mort.

Dans des œuvres à thèse, fortement marquées de leur propre engagement, Kateb Yacine et Nawal el-Saadawi feignent d'ignorer le niveau symbolique des textes sacrés dont ils proposent une lecture littérale, sans tenir compte de leur contexte de production et de réception ni de leur énonciation. Leurs héroïnes rejettent cette tradition au nom de leurs positions morales et idéologiques. Les auteurs se réfèrent à l'Égypte antique ou à l'Algérie berbère, forgent d'autres symboles, multiplient les points de vue. En dépit d'une polyphonie apparente, notamment dans *Zina*, la structure demeure, comme l'explique Jean-Marc Moura, essentiellement antagonique :

> La scénographie des œuvres « engagées » répond à [...] une structure antagonique : un affrontement entre deux adversaires qui ne sont pas égaux du point de vue éthique et moral. Dans ce conflit entre deux forces, l'une est identifiée au bien, l'autre au mal, avec les traits forcés, caricaturaux, et inhérents à ce type d'opposition. Le héros d'une histoire antagonique n'apprend rien, l'œuvre n'étant pas le récit d'une formation mais d'une confirmation manifestée de façon parfois redondante. Essentiellement performatif, le livre transmet un système de valeurs[1].

De leur côté, Assia Djebar, Salim Bachi et Nagîb Mahfûz considèrent la tradition biblique et coranique comme une source de poésie, un réservoir de personnages et de situations exemplaires et symboliques, la mise en fiction et en scène de notre condition humaine vulnérable, ou arbitraire. Dans une formule à double sens, « le symbole donne à penser », Paul Ricœur suggère que le symbole donne, et qu'il donne à penser ou de quoi penser. Par symbole, le philosophe entend « toute structure de signification où un sens direct, primaire, littéral désigne par surcroît un autre sens indirect, secondaire, figuré, qui ne peut être appréhendé qu'à travers le premier[2] ». Les livres dits sacrés élaborent

---

1 *Littératures francophones et théorie postcoloniale*, *op. cit.*, p. 135-136.

2 Paul Ricœur, *Le conflit des interprétations*, Paris, Seuil, 1969, p. 16.

différentes modélisations de l'histoire et de l'origine qu'il faut lire singulièrement au sens allégorique, symbolique. À ce propos, Daniel Sibony se demande si les trois courants monothéistes juif, chrétien et musulman pourraient un jour se supporter, se pardonner, en reconnaissant qu'ils sont nés du même manque originel. Chacun d'eux est marqué d'une faille à l'origine, une faille intrinsèque à l'humain, qui se trouve affrontée et transformée de façon créatrice à l'intérieur et hors du champ religieux. Les musulmans ont cru résoudre leur rapport problématique à l'origine en qualifiant les premiers tenants du message de faussaires, ce que Daniel Sibony analyse comme l'effet de « second-premier » :

> Quand celui qui vient en second dit le message premier à ceux qui l'ignoraient, et qui en avaient grand besoin, alors, pour eux, c'est lui qui en est la source, et surtout l'unique auteur – car l'idée d'origine multiple (c'est-à-dire partagée, ramifiée, rejouée en de multiples « entre-deux ») est pour eux difficile à penser et encore plus à vivre. [...] De plus, cette idée d'origine plurielle se révèle dure à vivre et à penser pour le second messager lui-même, quand son problème est justement de remplacer le premier[1].

Dès lors que le texte coranique fonde sa légitimité et son autorité sur cette accusation de faux à l'encontre d'un autre texte (juif et chrétien), il ne saurait y avoir de relation sereine au texte, n'importe lequel, qu'il soit religieux ou profane. Tout nouveau texte (au sens d'innovation) est ainsi accueilli dans un climat de suspicion. Pour le musulman, il en résulte une condition identitaire proprement impossible. Assumer au plan historique et spirituel la position de « second-premier », telle est la condition de la pacification du lien du monde arabo-islamique au texte, à l'écriture, à l'autre. La reconnaissance active d'une origine marquée du divers, de la présence du juif, du chrétien, du païen, du polythéiste impliquerait une relation apaisée à l'autre et à soi-même. Elle permettrait de sortir de cette pathologie de la relation pour expérimenter une salutaire poétique de la relation.

L'accusation de faux ouvre, en revanche, un cycle infernal de violence qui imprègne l'histoire arabo-islamique. La mise en scène de la violence originelle permettra-t-elle de dire et de comprendre la violence et le tragique qui marquent l'histoire actuelle ? Telle est la question que les

1 *Les trois monothéismes. Juifs, chrétiens, musulmans entre leurs sources et leurs destins*, *op. cit.*, p. 114-115.

œuvres égyptiennes et algériennes posent en filigrane. La convocation et la transformation du passé participent des modélisations que la fiction élabore pour représenter l'histoire contemporaine. Chez Tâha Hussein, l'avènement du sujet se fait dans la douleur et exige une lutte difficile contre la tyrannie d'une tradition fondée sur la mémorisation et la fidélité absolue au passé. Nagîb Mahfûz met en scène, de manière allégorique, une temporalité circulaire et fatale. Chez Kateb Yacine, Nawal el-Saadawi, Assia Djebar, Salim Bachi et Tahar Djaout, le détour par les figures du passé va de pair avec l'ancrage, explicite ou implicite, dans le présent marqué de désolation et de mort. Que la fiction pressente le désastre à venir ou qu'elle naisse au cœur de ce désastre, elle s'affirme comme une écriture d'urgence et un espace de liberté face au fanatisme religieux. En totale opposition avec l'approche orthodoxe anhistorique, atemporelle, épique, la fiction figure l'histoire de manière dynamique, dialectique, créatrice. L'inscription des êtres et des événements dans une perspective historique permet à la fois de représenter et d'interpréter la violence, la fatalité, le tragique.

TROISIÈME PARTIE

LA REPRÉSENTATION DE LA VIOLENCE HISTORIQUE

UNE ALLÉGORIE DU TEMPS

Les fictions arabophones et francophones convoquent le mythe et l'histoire et en font leur matériau de prédilection. Cela pose problème aux yeux de la critique dans le champ égyptien ou algérien. Il est vrai que les Arabes demeurent attachés à une représentation mythique, en particulier des débuts de l'islam. En effet, l'idéalisation de la génération-témoin de la révélation ne se soucie guère de la perspective historique. La représentation mythologisante du passé l'emporte sur tout effort de connaissance rationnelle et profane. La transfiguration mythique des personnages et des événements intervenus lors de l'Âge fondateur a eu pour conséquence d'interdire, voire de criminaliser, tout travail de rationalisation ou de subversion. Le refus de penser l'historicité des sociétés fait que les sciences religieuses gardent la primauté et la priorité sur les sciences profanes dites rationnelles. Selon Mohamed Arkoun, les « tabous qui font considérer toute innovation comme une impureté[1] » pèsent particulièrement sur la fiction. Les sociétés arabo-islamiques présentent ainsi des traits archaïques qui se manifestent sous les formes de temporalité cyclique, d'attente messianique, d'aspirations millénaristes, de prédominance de l'imaginaire, du mythe, de la primauté du groupe sur l'individu.

Or la fiction transfigure poétiquement ces traits relatifs au temps, à l'histoire et à la mémoire, et les rend productifs et dynamiques. Dans *Pourquoi la fiction ?*, Jean-Marie Schaeffer défend l'idée que « la fiction est une réalité pragmatique, et plus précisément qu'elle nécessite l'instauration d'une attitude mentale spécifique[2] ». Cependant, précise-t-il, la fiction implique une relation différente à la réalité, au sens où elle détache les représentations qu'elle produit de toute évaluation épistémique. La fiction, à laquelle sont reconnus des enjeux cognitifs, proposerait ainsi une représentation analogique de la réalité :

1 *La pensée arabe*, *op. cit.*, p. 31.

2 J.-M. Schaeffer, *Pourquoi la fiction ?*, Paris, Seuil, 1999, p. 213.

> Le fait que la fiction soit « au-delà du vrai et du faux » et qu'elle mette entre parenthèses la question référentielle telle qu'elle se pose dans le cadre des modèles homologues n'empêche pas que les modèles fictionnels se rapportent à la réalité (et sont donc référentiels en ce sens-là, qui est celui de l'analogie globale), puisque pour les êtres humains il n'y a pas de modèle représentationnel qu'en tant qu'il se rapporte à ce à quoi nos actes représentationnels sont capables de se rapporter, c'est-à-dire à ce qui relève de la réalité au sens le plus général (et le plus générique) du terme[1].

Tâha Hussein, dans *Al-Ayyâm* (*Le Livre des jours* et *La Traversée intérieure*) décrit minutieusement la violence structurelle de la culture égyptienne, violence due à la fois au contenu des savoirs orthodoxes et à leurs modes de transmission. Le détour par l'ailleurs, ainsi que la découverte des créateurs musulmans interdits ou marginalisés par la tradition, s'imposent comme une nécessité pour briser cette prison. Dans ce récit de formation, l'écrivain met en lumière l'histoire d'un individu et non celle d'un groupe ou d'une nation : il s'agit d'une élaboration littéraire du temps subjectif pour célébrer la naissance d'une personnalité et d'une intelligence individuelle. *Awlâd hâratinâ* (*Les Fils de la médina*) est une allégorie du temps où Nagîb Mahfûz fictionalise la genèse, ou le début du temps, et le temps successif qui se répète de manière cyclique. *Zina*, *Loin de Médine*, *Le Silence de Mahomet* et *Le Dernier Été de la raison* convoquent les figures du passé islamique ou préislamique dans une perspective poétique et historique. De nombreux prismes sont à l'œuvre pour dire la violence contemporaine comme la relation entre mythe et histoire, la dialectique de la vérité et du doute, et la question du genre.

Chez Nagîb Mahfûz, l'espace a essentiellement une valeur temporelle. Dans *Awlâd hâratinâ* (*Les Fils de la médina*), la configuration des deux pôles antithétiques de l'espace, la *hâra* et la « grande maison », invite à les décrire et à les interpréter comme une variation imaginative sur le temps, sur la durée. La fiction fournit des indications sous forme de toponymes correspondant à des lieux réellement existants, Le Caire, Muqattam, Gamaliyya. Cet imaginaire spatial est central chez l'écrivain égyptien : « La ruelle et le quartier demeurent incontestablement l'épicentre de son univers[2]. » L'espace tire son importance de la manière dont il se trouve investi par l'histoire et la mémoire. « Gabal »

1 *Ibid.*, p. 219.
2 *Mahfouz par Mahfouz. Entretiens avec Gamal Ghitany*, *op. cit.*, p. 27.

s'ouvre par une description détaillée de la géographie et de l'architecture du quartier Gabalawi. En dehors de la « grande maison », la *hâra* est structurée autour de quelques autres référents topographiques : l'espace de l'échange, le café, l'espace politique dont le symbole est la maison de l'intendant. La *hâra* est aussi subdivisée en secteurs ayant chacun une organisation autonome, à travers la figure du *futuwwa* lui-même soumis à l'autorité centrale. Les bagarres entre les trois clans rythment la vie de ce quartier surpeuplé où s'accumule une misère affreuse :

> الأطفال الحفاة أشباه العرايا يلعبون في كل ركن، ويملأون الجو بصراخهم والأرض بقاذوراتهم. وتكتظ مداخل البيوت بالنساء [...]. والفئران تنطلق في الأفنية وعلى الجدران [...]. أما الذباب فلا يضاهيه في الكثرة إلا القمل، فهو يشارك الآكلين في الأطباق والشاربين في الأكواز، يلهو في الأعين ويغني في الأفواه كأنه صديق الجميع.

> « Les enfants, pieds nus et à peine vêtus, jouaient dans tous les coins, remplissant l'air de leur vacarme et couvrant le sol de leurs excréments. Les femmes s'agglutinaient sur le seuil des maisons [...]. Les rats grouillaient dans les cours des maisons et nichaient dans les murs [...]. Quant aux mouches, leur nombre n'avait d'égal que celui des poux : elles partageaient la vie des habitants avec une familiarité amicale, mangeant dans leurs assiettes, buvant dans leurs verres, jouant autour de leurs yeux et se glissant même parfois jusque dans leur bouche[1]. »

La répugnance de la *hâra*, où le trafic de drogue est généralisé, est décrite dans un style réaliste chargé de détails et d'images. Les descriptions, qui sont des hypotyposes, créent à la fois un effet de réel et soulignent le caractère imaginaire des représentations. Le tableau du dénuement matériel de la population est complété par un autre, celui de la « tyrannie » ([2]فتونة) et du « pouvoir absolu » ([3]سلطان) exercés par les *futuwwât*, l'exécutif de l'institution politique dont le représentant est l'intendant. Les habitants ne sont que « de la poussière sous leurs pieds[4] ». Le narrateur rappelle que cet état de dénuement et d'humiliation perdure depuis la fondation du quartier. En effet, jouant sur l'écart entre le temps de la narration et le temps raconté, celui-ci intervient régulièrement pour faire un parallèle entre le temps ancien et l'époque actuelle :

1 *Awlâd hâratinâ*, *op. cit.*, p. 115-116/120.
2 *Ibid.*, p. 116/120.
3 *Ibid.*, p. 116/121.
4 « أما الأهالي فتحت الأقدام », *ibid.*, p. 117/122.

وهذه الحال الكئيبة شهدتها بنفسي في أيامنا الأخيرة، صورة صادقة مما يروي الرواة عن الأزمان الماضية.
[...] وإني لأتساءل عما أبقى آباءنا - أو عما يبقينا نحن - بهذه الحارة اللعينة؟

> « Cette situation est affligeante, j'en ai été moi-même témoin à notre époque ; elle représente fidèlement ce que rapportent les traditions sur le temps passé. [...] En vérité, je me demande ce qui a retenu nos ancêtres, et ce qui nous retient nous-mêmes dans ce quartier maudit[1]. »

Le télescopage entre le passé et le présent suggère la fonction du café, qui est le centre du dispositif spatial et narratif (ou temporel). Les clients du café sont les hommes misérables, les *futuwwât* et les conteurs. Le café se réduit à une salle étroite et enfumée où l'assistance consomme du thé, du café, de la cannelle, surtout de l'alcool et du haschisch. D'ailleurs, le traducteur avertit le lecteur du « rôle voyant » qu'occupent ces substances, normalement interdites par la loi islamique. Le haschisch a une fonction ambiguë : « fléau social en un sens, mais aussi exutoire à une misère sans issue plausible, voire même facteur de sociabilité[2]. » Ce qui importe, au-delà du décor misérable, c'est la temporalité représentée ou vécue par les personnages comme figée ou cyclique. En effet, l'origine reculée et obscure de Gabalawi justifie l'élaboration populaire de fables retraçant son exceptionnel destin, ainsi que le maintien de son pouvoir et de son prestige, du moins jusqu'à l'ère de l'alchimie. La description minutieuse de la « grande maison » où habite l'ancêtre crée un effet de réel, mais les signes du familier se mêlent inextricablement à ceux de l'étrange, du surnaturel.

Au commencement, à l'emplacement actuel de la *hâra*, le fondateur érige la « grande maison » au milieu du Muqattam, derrière un haut mur d'enceinte, sur un vaste terrain dont la moitié ouest constitue un verger et la moitié est, une demeure de trois niveaux. Longtemps après, le narrateur évoque son attente désespérée près du haut mur d'enceinte qui enferme la « grande maison », ou « devant le portail immense, contemplant le crocodile empaillé accroché au linteau[3] ». Fasciné par le héros légendaire des contes que transmet la tradition orale, le narrateur rôde autour dans l'espoir de surprendre l'ancêtre, ne percevant rien d'autre qu'une luxuriante végétation identique à celle de l'origine, ou

1 *Ibid.*
2 *Ibid.*, p. 18.
3 « أمام بابه الضخم أرنو إلى التمساح المحنط المركب أعلاه », *ibid.*, p. 6/24.

« les volets clos qui ne laissent échapper aucun signe de vie[1] ». Le récit décrit abondamment ce jardin, unique lieu du « vrai bonheur » (السعادة الحقة[2]) où poussent les mûriers, les sycomores, les palmiers, les arbustes à henné, les jasmins. Cet espace idyllique animé par le chant des oiseaux tranche avec la pièce du rez-de-chaussée où se passe la tragédie sur laquelle s'ouvre le récit de la genèse.

« Un jour » (يوما[3]) – le récit n'apporte pas d'autre précision temporelle – le patriarche décide de confier l'administration du *waqf* à son plus jeune fils Adham, incitant ainsi Idris à la rébellion. En effet, en tant que fils aîné et fils d'une dame de haute naissance, alors que la mère de son frère cadet est une esclave noire, Idris revendique son droit à diriger le *waqf*. Il est surtout, comme le fut son prestigieux père, *futuwwa*. La confrontation entre le père, décrit comme un « despote absolu chez lui comme dans le désert[4] », et le fils se résout par le reniement et le bannissement d'Idris hors de la « grande maison » :

> لا أنت ابني ولا أنا أبوك، ولا هذا البيت بيتك، ولا أم لك فيه ولا أخ ولا تابع، أمامك الأرض الواسعة فاذهب مصحوبا بغضبي ولعنتي.
>
> « Tu n'es plus mon fils, et je ne suis plus ton père. Cette maison n'est plus ta maison, tu n'y as plus ni mère, ni frère, ni serviteur. Le vaste monde est devant toi : pars, et que ma colère et ma malédiction t'accompagnent[5]. »

Commence alors le récit de l'exil, événement qui détermine l'histoire de la descendance de l'ancêtre. « Un jour, la colère du patriarche se souleva à nouveau[6] » : cette fois, une servante, Nargis, est chassée hors de la « grande maison » en raison de sa grossesse illicite. Après avoir erré toute la journée dans le Muqattam, elle rencontre Idris qui l'avait séduite quelque temps avant sa propre expulsion. Au même moment, entre l'espace clos de la « grande maison » et l'espace ouvert du centre du Caire, que surplombe le Muqattam, se réalise un entrelacement à l'occasion de la noce d'Adham et Oumayma. Partie à minuit du fond de la Gamaliyya pour revenir vers la « grande maison », la procession

1 « ونوافذ مغلقة لا تنم على أي أثر لحياة », *ibid.*, p. 6/25.
2 *Ibid.*, p. 19/35.
3 *Ibid.*, p. 11/27.
4 « انه جبار في البيت كما هو جبار في الخلاء », *ibid.*, p. 11/28.
5 *Ibid.*, p. 16/32.
6 « ويوما تفجر الأب عن ثورة جديدة », *ibid.*, p. 25/41.

de noces dessine la continuité entre les espaces. Toute excursion dans le désert et les quartiers voisins tend vers la maison du fondateur, ce point nodal de l'entrecroisement désormais interdit au fils maudit.

Parallèlement à l'investissement horizontal de l'espace, la noce d'Adham implique une dimension temporelle centrale, incarnée par la filiation à venir. Les futurs enfants du jeune administrateur du *waqf* devront sauver la « grande maison » de la mort et de l'oubli, les quatre autres fils de l'aïeul n'étant pas capables d'assurer cette continuité générationnelle. En effet, Idris est « perdu » (ضاع), selon le jugement du patriarche ; Abbas et Galil sont stériles ; aucun des enfants de Ridwan n'a survécu. C'est ainsi que le fondateur exhorte Adham : « Alors, toi, remplis cette maison de ta descendance, et je n'aurai pas vécu en vain[1]. » Dans une société fondée sur la référence paternelle, Gabalawi lèguerait à sa descendance une appartenance et une noblesse ancestrales ; par ricochet, celle-ci donnerait un sens à l'existence même de l'ancêtre éponyme. Mais le bannissement d'Adham et de son épouse, enceinte, va impliquer un autre développement narratif. Tenté par Idris et Oumayma, Adham s'introduit dans la chambre de Gabalawi à la recherche du registre du *waqf* où celui-ci aurait consigné les « dix conditions » (الشروط العشرة). Pour la troisième fois, la lourde porte de la « grande maison » s'ouvre pour laisser sortir les expulsés. En se refermant, la porte marque géographiquement et symboliquement la frontière qui sépare la maison du patriarche et la *hâra*.

Hors de la « grande maison », ce paradis de leur enfance, les bannis chutent dans l'histoire dont le premier épisode est l'exil dans le désert du Muqattam. À peine éloignés de quelques pas de la « grande maison », Adham et Oumayma entendent « un éclat de rire dément, atroce, hideux[2] », celui d'Idris qui se tenait devant la cahute bâtie avec des bouts de tôle et de bois. Adham et son épouse s'acheminent alors vers le côté droit de la « grande maison » où ils vont bâtir une cabane. Ils ne veulent pas s'en éloigner même si cela les contraint à supporter le voisinage d'Idris, décrit comme « l'incarnation du mal » (شرا مجسدا[3]). Adham et Oumayma sont désormais préoccupés par leur survie matérielle, mais ils nourrissent déjà l'espoir qu'un jour le patriarche leur accorde

1 « فاملأ هذا البيت بذريتك، وإلا ذهب عمري هباء », *ibid.*, p. 26. 42.
2 « ضحكة ساخرة مخمورة », *ibid.*, p. 50/62.
3 *Ibid.*, p. 50/63.

son pardon. Cette attente va justifier la fixation spatiale et temporelle autour de la « grande maison ». Les cabanes s'élèvent sur sa gauche, sa droite ou lui font face. Le temps des exilés semble s'être immobilisé dans la nostalgie ou la rancœur. Idris se dresse souvent devant cette maison pour défier le fondateur et présager la misère et la mort :

فلتبق وحدك مع ابنائك العقماء الجبناء، لن يكون لك حفيد الا من يسعى في التراب ويتقلب في القاذورات [...]، غدا يمتزج دمك بأحقر الدماء.

« Maintenant, tu vieilliras seul, et tu n'auras d'autre descendance que ceux qui se traîneront dans la poussière et se rouleront dans les ordures [...], et ton sang se mêlera à celui des familles les plus viles[1]. »

La révolte des enfants bannis dit le non-sens de leur histoire et des perspectives qui se dessinent pour chacun d'eux. Ramené au « crime » (جريمة) commis par les fils, le châtiment semble absurde ainsi que le suggère l'exclamation d'Oumayma : « Non, depuis que les pères existent, on n'a jamais vu de père comme le tien[2] ! » L'exil menace la filiation et les divers liens qu'elle suppose ; il brise l'unité de l'espace et du temps originels ; il ouvre cette existence sur l'hétérogène, le discontinu, le conflictuel. Dès lors, la « grande maison » va constituer le point de jonction vers lequel convergent les mouvements, les fantasmes, les rêves. Aux yeux d'Adham la vie passée paraît irréelle comme une ancienne légende qu'il s'obstine pourtant à se remémorer, à réactualiser :

لا شيء حقيقي في هذه الدنيا، هي البيت الكبير، هي الكوخ الذي لم يتم، هي الحديقة هي عربة اليد، هي الأمس واليوم والغد، لعلي أحسنت صنعا بالإقامة قبالة البيت حتى لا أفقد الماضي كما فقدت الحاضر والمستقبل، وهل من عجب أن أخسر الذاكرة كما خسرت أبي وكما خسرت نفسي؟

« Rien n'est vrai en ce monde, se disait-il, ni la grande maison ni la cabane que je n'ai pas terminée, ni le jardin, ni cette charrette à bras, ni hier, ni aujourd'hui, ni demain. J'ai bien fait de m'installer en face de la grande maison : peut-être ainsi ne perdrai-je pas entièrement mon passé, comme j'ai perdu mon avenir. Et pourtant... Qu'y aurait-il d'étrange à ce que je perde la mémoire, comme j'ai perdu la confiance de mon père et ma véritable nature[3]. »

La perte de cette mémoire aurait certainement métamorphosé le cours de l'histoire de la descendance de Gabalawi, en cela qu'elle aurait

1 *Ibid.*, p. 61/64.
2 « لم تعرف هذه الأحياء أبا مثل أبيك », *ibid.*, p. 63/65.
3 *Ibid.*, p. 55/67.

induit une conception du temps différente de celle qui va finalement s'imposer. Le traumatisme de l'expulsion donnera lieu à une mémoire entièrement repliée sur l'idéalisation de la « grande maison », archétype du paradis perdu car le temps y est aboli, arrêté. Adham lègue aux générations qui suivront l'idée que la « vraie vie » se trouve seulement dans la « grande maison ». La rude adaptation dans ce désert inhospitalier met en relief l'opposition radicale entre le temps mythique (du père) et le temps historique (de l'agir, du faire). L'exil signifie que l'histoire des fils du patriarche n'est plus un don ; désormais, elle est action. Alors qu'Adham répète que le travail est une « malédiction » (لعنة), Oumayma pense que la nostalgie de l'origine devrait inciter les exilés à se forger un destin à l'image même de celui qu'ils ont perdu :

قلبي يحدثني باني سأجعل من كوخنا بيتا شبيها بالبيت الذي طردنا منه. لن تنقصه الحديقة ولا البلابل.

« Je ne puis me défaire de l'idée que nous ferons de cette cabane une maison semblable à celle qui nous a chassés ; rien n'y manquera, ni le jardin ni les rossignols[1]. »

La « grande maison » est devenue le modèle absolu qu'il ne faut pas oublier, qu'il faut chérir et imiter. L'idée de sa perfection ainsi que l'attente du retour de ce « temps de la joie et des chansons[2] » présideront à l'action comme à l'imaginaire des habitants du Muqattam. D'ailleurs, Adham tente de transmettre à ses enfants jumeaux, Qadri et Hammam, l'idée de reconnaissance et de soumission envers Gabalawi dont il parle toujours avec vénération. Hammam adhère au point de vue de son père pendant que Qadri partage le sentiment d'Idris :

ولو كانت به ذرة خير ما جفا لحمه هذا الجفاء الغريب. إني أراه كم يراه عمنا لعنة من لعنات الدهر.
[...] لقد نال هذه الأرض هبة بلا عناء ثم طغى واستكبر.

« S'il avait pour deux sous de cœur, il ne traiterait pas sa famille comme il la traite. Non, je suis d'accord avec notre oncle, c'est une vraie malédiction ! [...] Il a reçu cette terre en cadeau, sans se fatiguer, et maintenant il joue les tyrans[3] ! »

Qadri n'admet pas que la colère du grand-père puisse s'étendre à tous ses descendants : « Et nous, ses petits-fils, quelle faute avons-nous

1 *Ibid.*, p. 62/74.
2 « يوم المرح والغناء », *ibid.*, p. 63/74.
3 *Ibid.*, p. 71/82.

commise[1] ? » Il est aussi révolté par leur condition misérable, la solitude des journées consacrées à garder des chèvres et des moutons, son amour impossible pour sa cousine Hind. La vie dans le désert est d'autant plus intolérable qu'elle est continûment concurrencée par l'enchantement que représente la « grande maison ». Qadri mesure ce décalage entre le passé faste et le présent pitoyable : « Nous trimons dans la poussière et la boue, en rêvant de jouer de la flûte à l'ombre d'un jardin plein d'oiseaux[2]. » Il voudrait savoir les termes du testament du patriarche qu'il apostrophe depuis le désert : « Alors, tu nous laisseras ton héritage, ou bien tu continueras à t'acharner sur nous après ta mort[3] ? » À l'inverse, Hammam se contente des fruits de son travail, qui constitue une source de fierté. La cabane est devenue « presque une petite maison » dont le mur extérieur est couvert de plantes grimpantes et le troupeau assure à la famille de quoi vivre. Les frères jumeaux répètent le schisme qui sépare déjà leurs pères, mais dans leur cas cela ira jusqu'au fratricide, une tragédie que les futures générations ne cesseront jamais de se remémorer. Un soir, il se produisit un événement étonnant : « la porte de la grande maison s'ouvrit, et une silhouette en sortit, une lanterne à la main[4]. » Le portier déclare que le patriarche veut voir Hammam sur l'heure. Le petit-fils s'introduit dans cette maison où il est attendu par un « géant » (هائل[5]), son grand-père qui veut l'honorer en tant que petit-fils élu :

> رأيت أن أعطيك فرصة لم تتح لأحد ممن في الخارج، وهي أن تعيش في هذا البيت، وأن تتزوج به، وأن تبدأ حياة جديدة فيه.
>
> « J'ai décidé de te donner une chance que je n'ai encore jamais accordée à personne de l'extérieur : tu viendras vivre dans cette maison, tu y prendras femme et tu y commenceras une vie nouvelle[6]… »

Hammam choisit de rester parmi les siens, mais les conséquences de son élection sont terribles. Le soir même, Idris et Qadri se battent devant la « grande maison », et Hind disparaît. Le lendemain, dans le

1 « ما ذنب الأحفاد؟ », *ibid.*, p. 72/83.
2 « نشقى في التراب والطين ونحلم بالناي في ظل حديقة غناء », *ibid.*
3 « أسمحت بأن نرثك أم ستعاقبنا في موتك كما عاقبتنا في حياتك؟ », *ibid.*
4 « فتح باب البيت الكبير وخرج منه شبح حاملا مصباحا », *ibid.*, p. 82/92.
5 *Ibid.*, p. 87/97.
6 *Ibid.*, p. 89/98.

désert, au moment du coucher du soleil, Hammam est assassiné par son frère, qui va, à son tour, disparaître dans la nuit. Sarcastique, Idris dira le jour de l'enterrement de Hammam : « Ah ! Elle est belle la descendance du grand et vénérable Gabalawi : une putain et un assassin[1] ! » Enfin, le patriarche rend visite à Adham pour lui annoncer qu'il lui a pardonné et que le *waqf* appartiendra à ses descendants. Dans ce récit de la genèse, l'exil s'achève avec la mort des premiers protagonistes, Adham, Oumayma, Idris. Une nouvelle ère s'ouvre grâce à la formidable croissance de leurs héritiers qui se multiplient, se mélangent à d'autres lignages, font fructifier le legs ancestral. Les personnages entrent ainsi pleinement dans l'espace et le temps historiques, où les signes du merveilleux et de l'irrationnel sont encore déterminants. Dans les quatre parties qui suivent, l'action se déroule essentiellement dans le quartier Gabalawi qui entretient le souvenir de son fondateur. La remémoration du passé est un exutoire, un moyen de se consoler d'un destin impitoyable. Dans les cafés, s'élevant des pipes à haschisch, la fumée obscurcit l'atmosphère pendant que les habitants savourent les récits oraux des temps anciens, accompagnés par les accords du violon (رباب) :

> أما شعراء المقاهي المنتشرة في حارتنا فلا يروون إلا عهود البطولات متجنبين الجهر بما يحرج مراكز السادة، ويتغنون بمزايا الناظر والفتوات، بعدل لا نحظى به ورحمة لا نجدها وشهامة لا نلقاها وزهد لا نراه ونزاهة لا نسمع عنها.

> « Quant aux conteurs des cafés, ils s'en tiennent à l'époque héroïque, évitant soigneusement tout ce qui pourrait déplaire aux puissants, et chantent les louanges de l'intendant et des futuwwât : leur justice dont nous n'avons jamais profité, leur compassion que nous n'avons jamais rencontrée, leur grandeur d'âme que nous n'avons jamais connue, leur désintéressement dont nous n'avons jamais vu les effets, leur équité dont nous n'avons jamais entendu parler[2]. »

Les conteurs des cafés inaugurent leur discours selon un rituel qui semble transcender le temps, en rendant hommage à l'intendant, « le bien-aimé de Gabalawi », et au *futuwwa* en chef, « la parure des braves ». À l'instar de leurs aïeux, les habitants du quartier endurent les coups et les humiliations le jour, et se remémorent la gloire passée la nuit. Lieu de convivialité sociale, le café est également un lieu où s'exprime la soumission ou la révolte. Les contes du passé anesthésient les consciences,

1 « أصبح للجبلاوي العظيم حفيدة عاهرة وحفيد قاتل », *ibid.*, p. 109/115.
2 *Ibid.*, p. 117/122.

figent le temps en en excluant la réalité extérieure faite d'injustice et de malheur. Le peuple vit selon une conception spécifique du temps fondée sur la patience et « l'attente d'un avenir meilleur dont personne ne sait quand il arrivera[1] ». Rituellement, en guise de consolation, les habitants montrent du doigt la « grande maison » en disant : « C'est là-bas qu'est notre ancêtre à tous[2]. » L'espace clos et mystérieux de la maison du patriarche fonctionne comme une allégorie de l'origine du quartier et de son devenir : il est le lieu d'où tout a émergé, et celui où tout doit retourner. La « grande maison » devient l'espace sacré. Quant au café, en faisant la part belle à la drogue et au conte, il est ce lieu urbain où les habitants sont amenés à vivre hors du présent, en se réfugiant soit dans la nostalgie soit dans l'espérance, c'est-à-dire dans un temps messianique. La *hâra* ne connaît pas de transformations importantes et paraît immuable. Le temps est marqué par la répétition, c'est le temps de l'éternel retour.

En effet, dans cette fiction, chaque période d'inertie historique est suivie d'une rébellion populaire guidée par un héros du quartier. La structure se caractérise par une dimension circulaire, les quatre dernières parties se réfléchissent dans le cadre d'une construction en miroirs. À trois reprises, alors que l'oppression de l'intendant et des *futuwwât* est à son comble, et que la patience du peuple est à bout, Gabalawi envoie des signes à un personnage qu'il charge d'une mission de justice et d'ordre. Les différents secteurs qui forment la *hâra* donnent successivement naissance à un « fils » élu, à la fois envoyé et prophète qui sait interpréter et réaliser le message du patriarche. Les manifestations surnaturelles de l'ancêtre impliquent une poétique de l'espace selon laquelle le désert n'est plus seulement, comme à l'origine, un lieu de l'exil et de la mort, mais aussi un refuge pour les héros (prophètes) persécutés, et le lieu où se révèle la volonté du maître.

C'est au café Hamdan que s'exprime la première rébellion populaire. Gabal, le fils adoptif de l'intendant, se rallie à la cause des Hamdanites auxquels il est attaché par des liens de sang. Il émigre à Souk el-Muqattam et, des années après, il retourne parmi les siens pour raconter une étonnante rencontre avec Gabalawi. Ce dernier l'aurait exhorté à diriger la révolte de son clan : « C'est par la force que vous renverserez

1 « نتطلع إلى مستقبل لا ندري متى يجيء », *ibid.*
2 « هنا أبونا العتيد », *ibid.*

l'oppresseur[1]. » Grâce à des pouvoirs qui relèvent de la magie et du fantastique, Gabal réussit à vaincre l'injustice et la corruption et il devient, pour longtemps, « un symbole de justice, de force et d'ordre[2] ». À la fin de cette partie, le narrateur met en exergue le caractère fatal et circulaire de l'histoire de la *hâra* :

ولولا أن آفة حارتنا النسيان ما انتكس بها مثال طيب. ولكن آفة حارتنا النسيان.

« Et, si le fléau de notre quartier n'était pas l'oubli, un si bon exemple n'aurait pas été perdu. Mais, justement, le fléau de notre quartier, c'est l'oubli[3]. »

Dans les deux autres épisodes, « Rifaa » et « Qasim », c'est la même histoire qui se répète. Le quartier retombe dans la misère et l'oppression ; Rifaa est choisi par le fondateur pour vaincre le mal par « le beau » (الجميل) et « le bien » (الطيب). L'ancêtre appellera Qasim dont la mission est de faire du quartier tout entier « un prolongement de la grande maison[4] ». Combinant la force et la douceur, ce dernier élu chasse l'intendant, réussit à établir la cohésion et la prospérité, fait fructifier le *waqf* au profit de tous les clans. À sa mort, la *hâra* retombe dans le schisme, la violence, l'injustice, la misère. Le souvenir des ces trois fils bienfaiteurs semble lointain, chimérique :

من جبل ومن رفاعة ومن قاسم؟! وأين الآثار التي تدل عليهم خارج نطاق القهوات؟ أما العين فلا ترى إلا حارة غارقة في الظلمات وربابا تتغنى بالأحلام. وكيف آل بنا الأمر إلى هذه الحال؟ [...] ولم يعد جبل ورفاعة وقاسم إلا أسماء، وأغاني ينشدها شعراء المقاهي المسطولون.

« Gabal, Rifaa, Qasim… ont-ils jamais existé ? Que reste-t-il d'eux ? Un quartier plongé dans les ténèbres, et un *rebab* [violon] qui ressasse des rêves anciens. Comment en sommes-nous arrivés là ? […] Gabal, Rifaa et Qasim n'étaient plus que des noms, des personnages mythiques que chantaient les conteurs des cafés, ces imbéciles abrutis par l'alcool et le haschisch[5]. »

Chez Nagîb Mahfûz, l'espace (qu'il s'agisse du quartier ou du désert) a essentiellement une dimension temporelle. Il appelle le parcours, mais loin d'être une simple démarche ou promenade, ce parcours est surtout contemplation, au sens de la remémoration, l'attente, l'espérance, l'exploration d'un temps fantasmé. Nadine Gordimer note le symbolisme

1 « بالقوة تهزمون البغي », *ibid.*, p. 178/179.
2 « مثالا للعدل والقوة والنظام », *ibid.*, p. 209/209.
3 *Ibid.*, p. 209/210.
4 « امتدادا للبيت الكبير », *ibid.*, p. 340/353.
5 *Ibid.*, p. 423-425/447-448.

qui s'attache aux trois maisons où le romancier égyptien situe sa *Trilogie du Caire* (*Impasse des deux palais*, *Le Palais du désir* et *Le Jardin du passé*) : « Restées debout alors que tout le reste s'élève ou s'effondre, ces maisons représentent aussi l'ultime autorité, la puissance du temps, dans lequel tout est contenu[1]. » Les Égyptiens sont ainsi représentés non comme des bâtisseurs de villes, mais singulièrement comme des habitants du temps. *Awlâd hâratinâ* (*Les Fils de la médina*) condense l'histoire d'une société qui ne parvient pas à faire l'expérience de la discontinuité entre le stade archaïque et le stade historique. L'impossibilité d'assumer une condition historique va de pair avec une vision épique du passé et des aïeux. L'épopée comporte, selon Mikhaïl Bakhtine, trois traits constitutifs : le passé absolu, la légende et la distance épique. L'épopée est « un poème sur le passé » qui célèbre le passé héroïque national, les commencements de l'histoire. Le monde de l'aède et son auditoire (contemporains) et le monde des héros épiques sont séparés par la distance épique :

> Pour la vision du monde épique, « commencement », « premier », « fondateur », « ancêtre », « prédécesseur », etc., ne sont pas des catégories purement temporelles, mais également axiologiques ; c'est le degré superlatif de valeur dans le temps : dans ce passé tout est bon, et tout ce qui est essentiellement bon (« premier ») n'est que dans ce passé[2].

Le passé épique apparaît comme l'unique source et le modèle de tout ce qui est efficace pour le présent et le futur. Cette sacralisation du passé se fonde sur la mémoire et ignore l'activité de la connaissance. Le passé absolu de l'épopée est « un passé de valorisation (hiérarchique), il est dépourvu de toute relativité, c'est-à-dire des transitions graduelles, purement temporelles, qui le lieraient au présent. Il est séparé par une frontière absolue de tous les temps à venir, et, avant tout, de celui où se trouvent le chantre et son auditoire[3] ». Le récit épique se construit et s'énonce selon la légende ; le monde du passé absolu est ainsi « inaccessible à l'expérience personnelle, et n'admet point d'opinions et jugements individuels ». Il s'agit d'un trait formel et signifiant de l'épopée qui interdit « toute possibilité d'une autre option », et exige « une profonde vénération pour l'objet de la représentation et pour le discours lui-même

1 N. Gordimer, *L'Écriture et l'existence*, Paris, Plon, 1996, p. 54.

2 *Esthétique et théorie du roman*, *op. cit.*, p. 449.

3 *Ibid.*, p. 451.

qui l'évoque[1] ». Grâce à la distance épique, qui « exclut toute possibilité d'activité et de modification », le monde du passé « acquiert sa perfection exceptionnelle, non seulement du point de vue de son contenu, mais aussi de son sens et de sa valeur[2] ». Par rapport à l'épopée qui fige le temps et représente le passé absolu et sacré, « l'expérience, la connaissance et la pratique (le futur) définissent le roman[3] ». Le genre romanesque déploie librement le comique, le familier, le rire, le blasphème ou la profanation :

> Le présent, l'actualité contemporaine comme telle, « moi-même », « mes contemporains », « mon époque », furent, dès l'origine, l'objet d'un rire ambivalent, joyeux et destructeur[4].

Nagîb Mahfûz tourne en dérision le passé et ses héros mythiques ou légendaires. Arafa et le narrateur soutiennent un point de vue éminemment critique, distancié, irrévérencieux. L'alchimiste provoque la mort du fondateur, ce qui signifie de façon allégorique qu'il prend la liberté de déconstruire, de réinterpréter, d'évaluer le passé. L'ironie et la parodisation du narrateur, et auteur fictif, suggère une position identique. Le doute et la prise de conscience de la relativité de tout passé apparaissent comme la condition même pour que les habitants de la *hâra* transforment le présent qu'ils vivent comme tragique, fatal. À l'instar d'*Awlâd hâratinâ* (*Les Fils de la médina*), *Zina*, *Le Silence de Mahomet*, *Loin de Médine* et *Le Dernier Été de la raison* convoquent des motifs tragiques qu'il convient d'interroger pour savoir si le concept de fatalité leur est applicable. Deux types de modélisations se dégagent : le caractère tragique de l'histoire est continûment compensé par la possibilité de rétablir l'équilibre et la liberté, en revenant sur le passé.

1 *Ibid.*, p. 452.
2 *Ibid.*, p. 453.
3 *Ibid.*, p. 451.
4 *Ibid.*, p. 456.

MODÉLISATIONS DE L'HISTOIRE

Entre fatalité et liberté

L'irruption contemporaine de la violence de l'islam politique semble marquer la fin de l'histoire. Cette violence installe un profond sentiment de pessimisme et de désarroi. Comment dire et interpréter ce désastre ? Quels en sont les signes et les origines ? Les fictions élaborent des poétiques, suggèrent des prismes et des paradigmes pour exprimer cette catastrophe et en envisager les réparations. *Le Dernier Été de la raison* de Tahar Djaout se compose de brèves parties qui mettent en relief l'irruption de ce temps annonciateur de mort : « L'été où le temps s'arrêta », « Le pèlerin des temps nouveaux », « L'avenir est une porte close ». Le rêve sur la cité idéale, échafaudé par le héros, devient alors « un rêve en forme de folie ». L'horreur du présent éclate dans cette inversion : désormais c'est la célébration de la vie qui semble relever de la « folie » car la loi des Frères Vigilants énonce et exalte la mort :

> Boualem Yekker aspirait à une humanité libérée de la hantise de la mort et du châtiment éternel. Mais ses rêves avaient tardé à se matérialiser. La vie avait continué, avec son masque de laideur et de désillusion. Puis le rêve lui-même devint interdit. La catastrophe s'est abattue, comme un séisme qui bouleverse la face du monde, dévoilant des gouffres hideux, des paysages dévastés, des espaces inhospitaliers, des faces affligées de verrues, des corps cataleptiques[1].

À quelle origine, à quelles fautes commises dans le passé faut-il raccrocher le tragique du présent ? La « Prédication » qui ouvre le récit invite à lire la suite comme une mise en accusation de l'islam orthodoxe. Chez Tahar Djaout, comme chez Kateb Yacine, Nawal el-Saadawi et aussi Nagîb Mahfûz, même si ce dernier choisit l'allégorie pour le suggérer, la tradition monothéiste est porteuse de mal, de terreur. Transcrite en style italique, la « prédication » pastiche et condense le message coranique.

1 *Le Dernier Été de la raison*, *op. cit.*, p. 68.

L'Œil Omniscient énonce sa vérité, exige des croyants qu'ils continuent de la propager, de se soumettre à elle, sous peine de terribles châtiments. Le champ lexical et sémantique de l'anéantissement caractérise cette parole divine. Un schéma axiologique, totalement manichéen, se met en place : la « nuit de l'impiété » s'oppose au « chemin éblouissant de la croyance » qui exige de l'action, du sang, du « feu de la rédemption ». Au nom de la « gloire » divine, la diversité et le doute sont bannis :

> Finie la dispersion, finis les chemins vicinaux ! Toute chose reviendra à son essence. À quoi bon des livres alors qu'existe, pour toutes les curiosités et toutes les soifs, le Livre ? À quoi bon les inquiétudes et les questionnements douloureux lorsque l'inépuisable sérénité est à portée de cœur[1] ?

Le héros pressent, et attend, sa mort à venir qui s'inscrit dans une nouvelle logique de destruction collective. Dans ce qu'il dénomme le « dernier été de la raison » ou dernier été de « l'histoire », le héros scrute les signes du désastre qui ne va pas tarder à engloutir le pays. En effet, « le pays a ensuite tourné en roue libre, est sorti de l'histoire[2] ». En basculant d'une saison à l'autre dans la guerre civile, l'Algérie entre dans un temps « sans saisons et sans nuances », un temps « mué en tunnel[3] ». Confisqué, le présent se conjugue au meurtre. Mais ce temps est aussi amputé de sa troisième dimension, c'est ce qu'une métaphore spatiale suggère en comparant l'avenir à « une porte close[4] ». Qu'en est-il alors du passé ? Tahar Djaout se tourne vers les figures du passé islamique, mais il n'y puise pas de modèle positif ; au contraire, il y repère l'enracinement du désastre contemporain.

Par ailleurs, la formule évoquant la fin de l'histoire a essentiellement une valeur stylistique, elle dit de manière superlative et hyperbolique l'horreur de la violence. Elle ne traduit pas l'éthique de cet écrivain qui s'attache à inscrire cette violence dans un processus historique. Le désastre du présent est inhérent à une culture saturée par la religion. L'islam politique exalte un livre, le Coran, et une action, le *jihâd*. Le « temps inexorable[5] », ce temps de la cassure qu'introduit le fondamentalisme,

1 *Ibid.*, p. 10.
2 *Ibid.*, p. 27.
3 *Ibid.*
4 *Ibid.*, p. 71.
5 *Ibid.*, p. 89.

est théâtralisé dans « Le tribunal nocturne ». Abandonné par son épouse, son fils et sa fille, qui ont rejoint le camp de l'islam radical, Boualem est en proie aux visions les plus terrifiantes, marquées implicitement de la présence intertextuelle du *Procès* de Kafka.

Le récit du « tribunal nocturne » multiplie les signes qui forcent l'étonnement du protagoniste. De retour à Alger après quelques jours d'absence, celui-ci s'engage sur l'autoroute menant vers le centre. Il est rapidement surpris de voir les immeubles se dresser de travers, les transformations subies par le tracé de la route, le flux fantasque des voitures. Bientôt un bouchon interminable le force à s'immobiliser à l'instar de nombreux conducteurs. En quête d'une explication, il va vers ces derniers qui se sont formés en groupes ici ou là, mais personne ne parle de la scène présente. Les conciliabules portent sur les détails banals de la vie quotidienne. L'écart entre l'étrange et le familier inquiète Boualem : « Ne serait-il pas l'objet d'une conjuration[1] ? » Quelques instants après, trois hommes masqués de cagoules « fondent sur lui, le ceinturent et le jettent à terre[2] ». Il se débat et rend les coups, faisant tomber l'une des cagoules, et c'est alors qu'il découvre le visage de son fils Kamel.

Suit le récit halluciné du procès nocturne, dans une sorte de caserne itinérante, d'hommes enchaînés, à genoux. Quel est-il ce tribunal ? De quoi tous ces hommes sont-ils coupables ? Quelle faute Boualem a-t-il commise ? Un homme est poussé brutalement devant l'émir-juge, derrière lequel Kamel se tient fièrement. L'accusé est en sueur, il bredouille, il demande pardon pour des fautes qu'il ne parvient pas à formuler, surtout il flatte l'émir et s'en remet à Dieu. Le juge met fin à ce flot de paroles : « D'un doigt levé au ciel, il efface magnanimement la faute et absout le misérable orateur[3]. » Kamel bondit sur un autre jeune homme pour le traîner devant l'émir, le bourrant de coups, donnant lieu à un spectacle insoutenable. Boualem s'empare de l'arme d'un des gardiens, un pistolet-mitrailleur, et vide le chargeur sur son fils qui s'écroule. Tenaillé par une douleur indicible, le père constate que le « masque imperturbable et barbu » que portait son fils est tombé : « Le vrai visage de Kamel est apparu, visage d'adolescent, imberbe et frais, sans

1 *Ibid.*, p. 52.
2 *Ibid.*, p. 53.
3 *Ibid.*, p. 56.

la moindre trace de blessure[1]... » C'est alors qu'il se réveille, encore effrayé par ce cauchemar qui suggère la folie et l'absurdité fanatiques dans l'Algérie déchirée par la guerre civile pour complaire au « Dieu de la vengeance et du châtiment[2] ».

Malgré la fermeture de la librairie, ordonnée par « le comité de préservation de la morale collective[3] », malgré l'assassinat final de Boualem Yekker, présageant celui de Tahar Djaout lui-même, le récit se termine ainsi : « Le printemps reviendra-t-il[4] ? » Cette clausule fait écho, quarante ans après, à la dernière phrase d'*Awlâd hâratinâ* (*Les Fils de la médina*). L'histoire ne relève pas de la fatalité, mais elle génère le sentiment tragique que l'anéantissement est inexorable. La violence, disséquée et historicisée, participe d'un processus historique qui suppose dialectiquement l'avènement de l'après-catastrophe. La perspective historique prévaut également dans *Le Silence de Mahomet* où Salim Bachi représente les débuts de l'islam et opère ainsi un double éloignement, géographique et temporel. Mais la place qu'occupe le thème de la violence implique un sens figuré qui supplémente le sens littéral. La volonté de saisir la violence contemporaine motive et justifie cette démarche qui consiste à écrire une fiction à partir des références textuelles historiographiques et hagiographiques. Le récit s'adresse à la fois aux lecteurs algériens et français qui, pour des raisons certainement différentes, s'interrogent tous sur le fanatisme et le terrorisme islamiques.

Salim Bachi convoque les débuts de l'islam pour y puiser des paroles et des situations qui permettraient de signifier le présent, dont la violence défie le langage et la pensée, et, également, pour répondre à la rhétorique fondamentaliste. En racontant chacun à son tour une même situation, les narrateurs en suggèrent des niveaux de lecture pluriels. Par le biais de cette pluralité même qui introduit la faille dans le récit orthodoxe, Salim Bachi entend en exhiber les contradictions et les ambiguïtés. Il se distingue en ceci de Tahar Djaout. De toute la culture islamique, ce dernier ne reconnaît de valeur humaniste qu'à la littérature, d'ailleurs décrite comme « dépravée » par les Frères Vigilants, « célébrant le corps et la boisson, suscitant le doute et le questionnement ». Il rejette l'autre littérature, « celle qui est tout entière dévolue à la célébration du créateur et à l'explication de

1 *Ibid.*, p. 58.
2 *Ibid.*, p. 89.
3 *Ibid.*, p. 103.
4 *Ibid.*, p. 125.

sa parole[1] ». Or c'est dans cette littérature qui prêche mécaniquement les vérités et les certitudes que Salim Bachi quête des éléments et des détails qu'il transforme en ressources poétiques ouvrant sur le divers, le trouble, l'impur. Le prophète est traité comme un personnage romanesque dont les différentes voix éclairent la psychologie et la pensée. Mais Salim Bachi va plus loin quand il suggère que la violence accompagne l'islam depuis sa naissance en raison de ses desseins politiques et expansionnistes. Khalid relate les négociations de Mahomet avec une puissante tribu de Qouraysh (قريش) avec laquelle il veut s'allier. Le chef de tribu propose au prophète sa protection à condition qu'il laisse en paix leur religion. Mahomet réfléchit quelques instants et finit par dire : « Pourquoi ne feriez-vous pas une simple profession de foi qui vous donnerait tout pouvoir sur les Arabes et mettrait les Perses et les *Roûms* à votre merci[2] ? » Selon le narrateur, ce pragmatisme montre que le prophète « vivait bien parmi les hommes[3] ». La dimension politique de l'islam est désignée comme la source du malheur, du schisme, du sang qui nourrit les hypotyposes.

Le meurtre de l'héroïne sur lequel s'achève *Zina* invite également à une lecture à rebours de la violence de l'islam radical dont les signes et les manifestations secouent la vie quotidienne en Égypte. La violence décrite par Nawal el-Saadawi est multiforme, bruyante, absurde ; cependant, elle n'est jamais située hors de l'histoire ni hors du langage malgré le deuil et la terreur qu'elle inspire. Partout présente, la violence est insidieuse ou flagrante. L'État et les islamistes se sont alliés, dans la corruption et la perversion, pour persécuter toute forme d'opposition. La presse publie les listes de la mort dressées par le groupe clandestin, appelant au meurtre de ceux qui transgressent les limites de la religion ou de l'ordre public. Au nom d'une *fatwa* morbide, le nom de Zina fut ajouté à cette liste. Un journaliste ayant écrit un article élogieux sur l'art de Zina sera torturé :

> ألم تقرأ الفتوى التي قالت إن الموسيقى والرقص والغناء من أعمال الشيطان؟ كيف تدافع في مقالك عن امرأة ساقطة من بنات الشوارع، بنت زنى؟
>
> « Tu n'as pas lu la *fatwa* qui indique que la musique, la danse et le chant sont l'œuvre du Diable ? Comment oses-tu défendre dans ton article une femme vile, une fille des rues, une bâtarde[4] ? »

1 *Ibid.*, p. 34.
2 *Le Silence de Mahomet*, *op. cit.*, p. 212.
3 *Ibid.*
4 *Zina*, *op. cit.*, p. 297/302.

Face à ses geôliers, ce personnage dissèque, dans un discours argumentatif, les maux de la société ; il réaffirme son refus de la religion, de l'obscurantisme et du déclin, du voile qui cache la femme, des mosquées qui poussent beaucoup plus vite que les écoles et les universités. La mort lui paraît douce en comparaison avec la vie dans ce pays devenu une prison, ou un enfer sur terre. Sept coups de feu successifs mettent fin à la tirade irrévérencieuse du journaliste qui avait exalté la beauté de la musique et ignoré celle de Dieu. Une autre forme de violence, qui émane des mosquées, occupe l'espace public. Dans un style hérétique et ironique, la narratrice raconte cette scène, qui se passe un vendredi, où s'exhibe l'hystérie ou la folie de tous :

الأبواق والميكروفونات كلها مفتوحة مثل فوهات الجحيم [...]. امرأة تختفي وراء نقاب أسود، تصب على العالم فحيحها ولهاثها [...]. والعالم من حولها يزعق في الميكروفونات : الله أكبر، الله أكبر... حتى القطط الشاردة أصبحت تموء بكلمة الله أكبر، تتلقى من الصباح إلى المساء كل ما يخرج من فوهات الأبواق، تتمسح بالأرض ساجدة فوق بطنها في خشوع مع الجموع.

« Tous les mégaphones et les haut-parleurs étaient ouverts comme les bouches de l'enfer. [...] Une femme dissimulée sous un voile noir déversait autour d'elle ses halètements et les sifflements d'une respiration difficile. [...] Le monde entier vociférait autour d'elle : Dieu est grand, Dieu est grand... Même les chats vagabonds s'étaient mis à miauler ces mots. Ils entendaient du matin au soir le son provenant des haut-parleurs et se collaient par terre, prosternés avec recueillement au milieu de la multitude[1]. »

Les personnages et leur ville sont broyés par une violence dont la source est ancrée dans les textes monothéistes qui dessinent l'image d'un Dieu détestable :

رجل حرب وقتل وخراب، ودم مراق في كل الأرض، يقتص من ذنوب الآباء في الأبناء في الأطفال الأبرياء.

« Un guerrier qui fomente massacres et destruction, répand le sang sur la terre et châtie les fils, les enfants innocents pour les crimes des pères[2]. »

Le sang d'hier, des temps premiers, se mélange avec celui d'aujourd'hui. Les fautes du passé seraient-elles irréparables ? La narratrice se remémore l'épisode du sacrifice d'Abraham au moment même où elle assiste à sa réactualisation dans la fête du sacrifice du mouton. Le rituel donne l'impression du retour du même, de la permanence d'un temps immuable

1 *Ibid.*, p. 283/287-288.
2 *Ibid.*, p. 245/257.

à la fois originel et éternel. Comment briser alors le cycle de la répétition du passé et du sacrifice ? Zina et Boudour meurent d'une mort injuste, l'une est abattue pour avoir chanté, l'autre meurt de chagrin après avoir perdu sa fille, puis son roman. L'Égypte contemporaine ne se contente pas de sacrifier le mouton, elle sacrifie les femmes et tous ceux qui tentent de s'émanciper du passé et de sa mythologie. Nawal el-Saadawi et Tahar Djaout suggèrent la nécessité de se libérer de cette fiction d'origine et d'en élaborer une nouvelle.

L'exploration de l'histoire, individuelle ou collective, amène à construire un point de vue hérétique, distant et irrévérencieux par rapport aux paradigmes du sacré. La fiction transforme la mythologie islamique, paralysée et stérilisée par la tradition, en mythes et savoirs producteurs de formes et significations. Les échos du passé, ainsi revivifiés et désacralisés, irriguent une poétique du temps circulaire. La fiction brise la prévalence de l'origine islamique, et ouvre sur la mémoire mutilée et l'éclatement générique. Le traitement du personnage féminin, autre figure sacrifiée de l'histoire arabo-islamique, en témoigne. Par son irruption et sa brutalité, le fondamentalisme illustre, pour ces sociétés d'Algérie et d'Égypte, l'impossibilité de vivre. N'ayant pas pu se réformer structurellement en assurant l'égalité des sexes et le dévoilement de la femme, ces sociétés perpétuent un ordre injuste, aliénant, meurtrier. Pour saisir l'identité de la figure féminine, cette inquiétante présence-absence, la fiction recourt au modèle biblique et coranique, à l'histoire, au symbole.

LE PERSONNAGE FÉMININ

Histoire et symbole

La fiction sème le trouble dans la tradition arabo-islamique quand elle s'attaque à l'un de ses éléments structurels, celui de l'assise virile. Kateb Yacine, Nawal el-Saadawi, Tahar Djaout, Salim Bachi et Assia Djebar recourent à l'histoire et au symbole pour représenter la minoration de la femme par (et dans) l'islam. La différence sexuelle excède, de manière explicite ou implicite, la représentation du problème de la différence. À ce propos, en se posant la question du fondement de la hiérarchie des sexes, l'anthropologue Françoise Héritier met en évidence l'existence de ce qu'elle nomme une « valence différentielle des sexes » universellement repérable. Dans toute société, la différence des sexes structure la pensée puisqu'elle en commande les concepts primordiaux. De l'observation de la différence anatomique et physiologique des sexes « découlent des notions abstraites dont le prototype est l'opposition identique/différent[1] ». Pour sa part, Nadia Tazi décrit ainsi le *nomos* du monde arabo-islamique, qui est structuré par la prévalence du mâle :

> Cette culture ne se borne pas à servir l'homme-adulte-musulman au détriment des autres [...] minorisés. Elle sature et elle polarise le *gender*. L'homme doit se postuler comme souverainement masculin, comme Un, et il ne cesse de se définir négativement en rapport à l'autre. Son éminence est visible au point d'en devenir aveuglante : la virilité est la tache aveugle de ce monde[2].

La déconstruction de l'assise virile dans l'islam répond à une nécessité. Quel que soit le signifiant de la virilité – honneur, dignité, vertu, autorité, héroïsme –, dans l'imaginaire arabo-islamiques de l'au-delà et de l'ici-bas, cette notion recouvre toujours, selon Nadia Tazi, « de l'hybris, de l'hyperbole, de l'excédence[3] ». Raja ben Slama précise que le

1 F. Héritier, *Masculin / Féminin I La pensée de la différence*, Paris, Odile Jacob, 1996, p. 26.
2 F. Benslama et N. Tazi (dir.), *La virilité en islam*, Paris, L'Aube, 2004, p. 44.
3 N. Tazi, « D'un paradis obscur », *Cliniques méditerranéennes*, n° 73, 2006/1, p. 97-114.

culte de la virilité peut se lire selon une double perspective qui révèle, en réalité, un paradoxe. Littéralement, la virilité exprime l'autorité : en arabe le principe d'autorité se dit *qia : m* (قيام) et signifie étymologiquement « stature debout, érection[1] ». Jacques Hassoun note que la virilité est cliniquement « un interdit au désir[2] ». L'idéologie de la virilité interdit donc aux femmes et aux hommes d'advenir en tant que sujet libre. De même, elle bloque tout mouvement dynamique pourtant nécessaire à l'évolution historique de la société. Ce principe d'économie sexuelle explique, selon Fethi Benslama, la maladie politique du monde arabo-islamique ; d'où l'urgence de la déconstruction de la virilité, plus largement d'un travail sur le genre :

> C'est en terre d'islam aujourd'hui que l'on observe le plus massivement, à la fois la valence différentielle des sexes [...], et en même temps son impensé radical : l'adhésion aveugle de la plupart de ces sociétés à un ordre androcentré et la perpétuation d'un droit et d'une culture sexistes. C'est là également, le long de cette ligne de séparation des hommes et des femmes, que la crise se noue le plus violemment[3].

La quasi-absence de la femme égyptienne dans *Al-Ayyâm* (*Le Livre des jours* et *La Traversée intérieure*) est fort significative de la réclusion à laquelle l'islam l'a condamnée. Tâha Hussein n'a pas choisi délibérément de mettre la femme à la marge de son récit. Seulement, il est question d'un récit de formation dans lequel la femme égyptienne ne joue presque aucun rôle parce qu'elle n'intervient pas dans les affaires de l'espace public. Elle est absente du *kuttâb*, de la mosquée, d'al-Azhar, de l'université égyptienne. Le narrateur évoque, dans le premier volume, les complaintes et les mélopées des femmes chantant leur malheur et leurs deuils successifs :

> وكل امرأة في مصر محزونة حين تريد. وأحب شيء إلى نساء القرى إذا خلون إلى أنفسهن أن يذكرن آلامهن وموتاهن فيعددن، وكثيرا ما ينتهي هذا التعديد إلى البكاء حقا.

> « Or, toute Égyptienne est triste quand elle le veut, et il n'y a rien qui plaise aux femmes des villages, quand elles sont seules, comme de rappeler le souvenir de leurs deuils et de leurs morts, sur un ton de litanie. Souvent, cette mélopée finit par des pleurs véritables[4]. »

1 *La virilité en islam*, *op. cit.*, p. 210.
2 *Ibid.*, p. 239.
3 *Ibid.*, p. 7.
4 *Al-Ayyâm*, *op. cit.*, p. 29/30.

Longtemps après, alors qu'il est étudiant à l'université égyptienne, Tâha va rencontrer, dans des réunions d'hommes, deux femmes dont la présence va le surprendre. L'une, Nabawiyya, était la première bachelière égyptienne, elle était instruite et ambitieuse, elle n'hésitait pas à contredire les hommes. L'autre, May Ziyâda, était une femme de lettres d'origine libanaise ; elle était devenue l'égérie de la renaissance littéraire arabe. Mais c'est en France que Tâha pourra enfin partager, dans l'espace privé, une vraie relation avec la femme. Suzanne, sa future épouse, lui fait découvrir l'amour, l'altérité féminine, la littérature française : « À compter du jour où notre ami entendit cette voix, qui lui lisait quelques vers de Racine, il vécut une seconde naissance[1]. » Cette renaissance intime et intellectuelle, vécue à partir de 1915, marque de manière décisive le parcours de l'écrivain.

Dans l'œuvre de Kateb Yacine, les figures féminines jouent un rôle important dans le processus de création et de mise en scène de l'histoire : « Elles sont les actrices de l'histoire et de son inscription à travers deux thèmes essentiels : la terre et la langue[2]. » *La Kahina ou Dihya* se réfère au modèle historique et convoque la combattante berbère devenue l'incarnation d'un devenir national. Le dramaturge fait revivre cette figure historique en tant que symbole de la liberté de la femme :

> C'est montrer à quel point la femme a pu être libre dans le passé. La liberté pour nous est au passé au lieu d'être à l'avenir [...]. Vraiment, si l'on compare le sort des femmes au temps de la Kahina et le leur aujourd'hui, la comparaison n'est pas en notre honneur. C'est tragique d'être ainsi en retard sur son histoire[3].

Kateb Yacine force probablement le trait de cette supposée liberté féminine au passé, le destin historique de Dihya étant assez exceptionnel. Mais le dramaturge est en quête d'un modèle positif à proposer à l'Algérie contemporaine. Au VIIe siècle, dans la tradition laissée par les grands chefs berbères qui ont résisté aux Romains et au Christianisme, la Kahina, de son vrai nom Dihya, est l'une des grandes figures de la résistance des Amazighen, dont le nom signifie « hommes libres », face aux conquêtes islamiques. L'historien Ibn Khaldûn classe la Kahina

1 « سمع الفتى ذلك الصوت يقرأ عليه شيئا من شعر راسين ذات يوم. فأحس كأنه خلق خلقا جديدا », *ibid.* (*La Traversée intérieure*), p. 115/414.

2 *Parce que c'est une femme*, *op. cit.*, p. 10.

3 *Ibid.*

parmi les chefs les plus prestigieux, tous masculins. Il suggère à la fois la fascination et la terreur qu'inspire la guerrière qui aurait détruit tout le pays alors qu'il n'était qu'un seul bocage et une succession de villages. S'agissant des croyances, l'historien note que Dihya serait chrétienne pour les uns, juive pour d'autres, et que se sachant perdue, elle demande à ses trois fils d'adhérer à l'islam pour avoir la vie sauve.

L'écrivain s'inspire du récit d'Ibn Khaldûn dans son *Histoire des Berbères*, mais s'en éloigne sur un point essentiel, celui des religions. Convaincu que les « trois religions monothéistes font le malheur de l'humanité[1] », il laisse en marge la controverse historique sur la religion initiale de Dihya. Il choisit de la réinventer comme une héroïne qui défend la terre libre d'Amazigh : « La Kahina n'est pas entrée dans l'histoire parce qu'elle a lutté pour le judaïsme, [...] mais en tant que nationaliste[2]. » Kateb Yacine suggère une nouvelle lecture de la politique de destruction pratiquée par Dihya. Fille de nomades, elle n'est pas attachée aux villes ni aux villages, contrairement aux paysans sédentaires, et elle décide de tout détruire parce qu'elle ne veut rien laisser à l'ennemi. Le thème de l'attachement des paysans à leur terre dont le caractère est inaliénable est le leitmotiv de la pièce. Kateb Yacine veut démontrer une thèse : ce qui fonde la nation ce n'est pas la religion, c'est le peuple, c'est la terre qu'il cultive et la langue qu'il parle. Autrement dit, bien avant l'islam, c'est la berbérité qui constitue la nation algérienne d'aujourd'hui. Suivant cette perspective, Dihya formule une éthique essentielle : « Les barbares sont les agresseurs[3] », et cette éthique vaut pour tous les peuples colonisés, dominés. Kateb Yacine dénonce l'orientation agressive des médias officiels au moment même où il montait sa pièce :

> Comme par hasard [...] on a fait passer en même temps à la radio un feuilleton où il était question de La Kahina. Mais elle y était montrée comme une femme assoiffée de sang qui voulait détruire le pays, comme une sorcière. Imaginez qu'on présente Jeanne d'Arc comme une sorcière aux Français. [...] L'héroïne nationale numéro un, la Jeanne d'Arc du pays est considérée à la radio comme une sorcière et personne ne proteste[4] !

Dans le tableau final de *La Kahina ou Dihya*, la parole des paysans célèbre l'idée que Dihya continue de vivre au-delà de sa mort physique.

1 *Le Poète comme un boxeur*, *op. cit.*, p. 107.
2 *Ibid.*, p. 106.
3 *Ibid.*, p. 59.
4 *Ibid.*, p. 18.

L'héroïne incarne un idéal collectif de liberté, sa mort est en quelque sorte un sacrifice pour que vive son peuple, d'où la corrélation entre sa mort et sa résurrection. Les acteurs évoquent la « transhumance[1] » de Dihya et sa dispersion dans toute la terre d'Amazigh. Dihya n'est pas un corps ni un cadavre, elle est un absolu, un symbole intemporel : « Tandis qu'elle s'envolait par pétale, / Neige flétrie et volcanique, / Cendre modeste accumulant l'outrage, / Dilapidée aux quatre vents[2]. » L'héroïne fonctionne comme un mythe créateur. Sa mort se conjugue avec une survivance dynamique due à la puissance de sa résistance et de son verbe. Elle incarne une lutte qui doit se continuer après sa mort, et en son nom. Elle accomplit un rôle déterminant dans la conquête épique de la liberté, et dans l'édification de la nation. Ce rôle se poursuit même au-delà de sa mort, c'est ainsi que l'héroïne historique devient, dans la fiction dramatique, un mythe national. Les paysans propagent, dans un style lyrique, les valeurs propres de Dihya. Comme la terre, elle est une mère nourricière pour tout son peuple, elle est une « fontaine de sang, de lait et de larmes[3] ». Elle est aussi la « femme sauvage » (une autre pièce porte ce titre), c'est-à-dire la femme rebelle, libre, radicale. Faisant référence à la « pierre noire » de la Kaaba que les musulmans adorent, au sens de dévotion religieuse, les acteurs réitèrent, de manière implicite, leur opposition à l'islam :

> Nous ne sommes pas de ceux / Qui adoraient la pierre noire. / Notre idole est cette femme sauvage[4].

La fiction dramatique convoque d'autres figures mythiques pour suggérer la permanence de Dihya à travers ce qu'elle représente : elle est semblable à Osiris, ce dieu de la mythologie égyptienne (désigné par un nom grec) qui signifie « l'œil puissant », « le siège de la puissance ». C'est le dieu des morts et le garant de la survie du mort dans le monde souterrain. Selon une version du récit mythique, à la mort de leur père, Osiris reçoit la terre noire d'Égypte. Seth, qui était un homme stérile, hérite les terres rouges et les déserts – d'où l'allusion à la terre rouge dans cette pièce. Dieu de la fertilité, Osiris est la personnification du renouveau

1 *Ibid.*, p. 63.
2 *Ibid.*
3 *Ibid.*, p. 64.
4 *Ibid.*

végétal. En renaissant éternellement, il garantit l'équilibre du monde et des cycles naturels : « Elle est rentrée dans l'ombre / Comme Osiris au fond de son tombeau / Le temps d'un renouveau / Et d'un autre avatar[1]. » Cette transfiguration poétique est en rupture avec la plupart des récits historico-romanesques qui inscrivent le personnage de Dihya dans le cadre historique connu. Au contraire, Kateb Yacine met en œuvre divers procédés pour « montrer la permanence, la validité et la nécessité de ce qu'elle a incarné, à savoir la défense de "la terre libre d'Amazigh" ». Refusant les nominations qui viennent du dehors, le dramaturge fait le choix de l'appeler Dihya et de la faire parler « en tant que terrienne à d'autres terriens qui sont les paysans[2] ». C'est l'identité de l'Algérie contemporaine qui se joue à travers la réécriture de l'histoire originelle.

Un autre choix poétique fondé sur le rejet des modèles mythiques et historiques caractérise *Zina*. Ce récit se situe dans l'Égypte actuelle, secouée et traumatisée par les attentats islamistes. L'auteure invente un nouveau symbole de la liberté féminine pour signifier le combat de la femme dans une telle société. Le recours à l'ironie et au grossissement comique de certaines images liées à la sexualité contribue à déconstruire la figure de l'émir et du mythe de la virilité. Prenant au pied de la lettre ce principe d'autorité (ou d'érection) qui fonde la virilité, la narratrice raconte avec minutie les érections répétées de l'émir, alors qu'il est prosterné sur le tapis de prière :

> تزحف إليه الرغبة الآثمة مثل ثعبان، مثل الحية التي أغوت آدم وحواء [...]، ينتفخ العضو الصغير تحت الشعر، ينتصب برأسه المدبب يتشمم الأنثى [...]، يلصق جبينه بالأرض، يدعو الله أن يبعد عنه الشيطان والغواية.

> « Le désir coupable rampa vers lui comme un serpent, celui qui séduisit Adam et Ève […]. Son petit membre se gonfla sous les poils et se dressa avec son gland pointu flairant la femelle. […] Il colla son front par terre et pria Dieu d'éloigner de lui Satan et sa séduction[3]. »

Le recours au monologue, au dialogue, au style indirect libre, au rêve donne accès aux pensées secrètes du viril, partagé entre les voix de

1 *Ibid.*
2 D. Brahimi, « Figures historiques et mythiques dans les œuvres théâtrales de Kateb Yacine », *Itinéraires et contacts des cultures*, n° 32, dir. J. Girault et B. Lecherbonnier, Paris, L'Harmattan, 2002.
3 *Zina*, *op. cit.*, p. 217-218/229.

Dieu et de Satan. Dieu s'adresse à l'émir pour le mettre en garde contre son désir pour Zina :

> أنت لا تشبع ولا تقنع، أنا منحتك كل شيء في الدنيا والآخرة. لك في الجنة قصر كبير محجوز لك ولمن تشاء من الحوريات، ولك في الدنيا كل زينات الدنيا، مال وبنون ومناصب ونساء وقصور وخدم وحرس وحشم و...
>
> « Tu n'es jamais rassasié, jamais satisfait. Je t'ai tout donné ici-bas et dans l'au-delà. Tu as un palais réservé au paradis pour toi et les houris que tu désires. Tu as tous les ornements de la vie en ce monde, richesses et enfants, position sociale, femmes, palais, serviteurs, gardes, escorte et[1]… »

La jouissance virile implique donc cette accumulation des biens, en particulier des femmes et des enfants. À ce propos, on peut citer Jacques Hassoun, expliquant un séminaire de Lacan (*D'un Autre à l'autre*) : « [D]ès lors que nous nous référons à la virilité, être le maître et enfanter vide la fonction paternelle de sa dimension symbolique en l'inscrivant dans l'ordre de la nature[2]. » Nawal el-Saadawi montre comment ce « savoir être le maître » s'exerce à l'endroit des enfants et des femmes, la « mécanique virile[3] » étant un lieu important de cette domination. Peu de temps avant que l'histoire ne bascule dans le meurtre, le récit nous propose une sorte d'arrêt sur image mettant en exergue l'asymétrie entre les corps de la femme et de l'homme. Sur la plage, assise à l'abri de sa tente noire, le corps ruisselant de sueur, l'épouse de l'émir regarde avec envie ce dernier se baignant dans les eaux vivifiantes de la mer, se roulant dans la lumière du soleil. Le chauffeur de l'émir se délecte lui aussi du soleil et de la mer, en rendant grâce à Dieu de l'avoir créé homme et non femme. Pendant que l'épouse suffoque et pleure, le maillot de bain porté par ces hommes laisse apparaître « sa majesté le pénis[4] » en érection, une scène que la narratrice commente avec une ironie amère :

> لا يعيب الرجل أن يكون له قضيب متمرد [...]. أما النساء فإن وجوههن عورة فما بال الفخذين أو الساقين أو حيى الذراعين. أفتى الأمير أن صوت المرأة عورة أما جسدها فكل جزء فيه عورة حتى الرأس مركز العقل والتفكير.
>
> « On ne peut reprocher à l'homme d'avoir un pénis rebelle […]. Quant aux femmes, si leurs visages sont tabous, alors que dire des cuisses, des jambes

1 *Ibid.*, p. 243-231/244.
2 *La virilité en islam*, *op. cit.*, p. 232.
3 « الآلة الذكورية », *Zina*, *op. cit.*, p. 230/243.
4 « سعادة القضيب », *ibid.*, p. 211/222.

ou même des bras ! L'émir avait délivré une fatwa selon laquelle la voix de la femme est taboue ainsi que tout son corps, y compris sa tête, siège de l'esprit et de la pensée[1]. »

Pour instituer ce pouvoir masculin, il a été décrété que la femme était taboue (عورة), son corps comme sa pensée. Nawal el-Saadawi propose une analyse subversive de l'inconscient du viril où s'entremêlent la caricature, la dérision, l'ironie. Dans un dialogue avec Dieu, l'émir déclare que Zina incarne une « féminité puissante[2] », qui est presque de la virilité, justifiant sa volonté de la posséder. Zina finit par se confondre avec la *houri* que le Coran promet à la jouissance de l'élu. Tour à tour, dans ses chimères et rêves érotiques, l'émir s'abandonne à son désir, et tente de soumettre Zina. Dans l'un de ses songes, il se voit entre les bras de la chanteuse, murmurant à son oreille : « Monte sur moi, prends-moi, possède-moi, mon adorée[3]… » La voix d'un Dieu furieux, grondant qu'il était infidèle et polythéiste, l'arrache à ce plaisir. Dans un autre songe, l'émir se voit pénétrer dans la chambre de la vierge pour la violer :

تمتد يده إلى مركز الشهوة في ثنايا اللحم، يثبتها فوق السرير بدون حراك، كالمروض يثبت الثور الهائج بحركة واحدة، بنظرة قوية خارقة، إلا أن الثور يقفز في لحظة خاطفة، ويغرز أسنانه في لحم كتفه العارية.

« Sa main s'avança vers le centre du désir, dans les replis de la chair. Il immobilisa la fille sur le lit comme on dompte un taureau déchaîné d'un seul geste, d'un regard dur et perçant, si ce n'est que le taureau bondit dans un éclair et planta ses dents dans la chair nue de son épaule[4]. »

Ahmad Al Damhiri se réveille avec une sensation douloureuse à l'épaule causée par une piqûre de moustique. Nawal el-Saadawi tourne en dérision le *topos* du paradis musulman rempli de *houris*. À ce propos, Nadia Tazi rappelle la puissance et la persistance du mythe musulman du paradis (جنة). La scène promise par le Coran s'énonce en des termes de « splendeurs et voluptés à corps perdu » pour les hommes, alors que « rien de particulier n'est envisagé sur ce chapitre[5] » pour les femmes. Nadia Tazi ajoute que tout « en centrant la condition humaine sur

1 *Ibid.*, p. 211-212/222-223.
2 « الأنوثة القوية », *ibid.*, p. 231/244.
3 « اصعدي فوقي، خذيني واملكيني يا معبودتي », *ibid.*, p. 233/236.
4 *Ibid.*, p. 249/261.
5 « D'un paradis obscur », *op. cit.*, p. 97-99.

l'idée du jugement, la doxa islamiste promet à l'élu surtout du sexe[1] ». Dans l'imagerie coranique, la *houri* est la femme parfaite, le modèle de la femme terrestre ; elle se distingue par sa virginité, « autrement dit son appartenance exclusive à l'Unique, à qui elle voue une disponibilité pleine et entière[2] ». La *houri* a une intensité pornographique et virtuelle, en tant qu'elle est pure promesse de chair. Vouée à « la seule jouissance mâle », elle n'existe plus « que de servir de véhicule aux transports de l'élu[3] ». L'idée de la jouissance féminine ne semble pas effleurer ce monde régi par la loi du plaisir viril.

Dans l'œuvre de Nawal el-Saadawi, les femmes qui s'affirment comme des sujets libres et refusent de se soumettre au désir viril meurent presque toujours. Zina assume un patronyme qui ne renvoie à aucune ascendance paternelle (Zina bent Ziinat) et résiste au viol, à la prostitution, au statut de *houri*. Mais dans une société où la fonction de la femme se limite à sa soumission au désir du viril, Zina construit sa liberté sur la négation de la sexualité et du désir ; elle mourra vierge. Puisque l'on refuse à la femme la possibilité d'émerger comme un être désirant, et non pas comme un objet de désir, Zina tire sa jouissance de son art :

> يظن الواحد أنه قادر على امتلاكها [...]. رجال يملكون كل شيء في الدنيا والآخرة. وهي لا تريد أن تملك شيئا إلا صوتها. إلا أغانيها. وألحانها. تريد أن تعزف وتغني وترقص حتى تموت واقفة على خشبة المسرح.
>
> « [Les hommes] croyaient pouvoir la posséder [...] – des hommes qui possédaient tout dans ce monde et dans l'autre. Elle ne voulait posséder que sa voix, ses chansons, ses airs de musique. Elle voulait jouer, chanter et danser jusqu'à la mort, debout sur les planches du théâtre[4]. »

À la différence des autres protagonistes, Zina échappe à la contradiction, au déchirement, à la schizophrénie. Ce personnage cohérent, constant, guidé par son unique passion pour le chant et la musique est construit comme le symbole de la création artistique et de la liberté. Dans l'incipit, la narratrice définit Zina comme un être libre de tout attachement ; elle est sans âge, sans identité, sans origine « comme si elle était née un siècle auparavant[5] ». Dans une construction circulaire, cette même

1 *Ibid.*, p. 99.
2 *Ibid.*, p. 100.
3 *Ibid.*
4 *Zina*, *op. cit.*, p. 216/227-228.
5 « كأنما جاءت إلى الدنيا قبلي بمائة عام », *ibid.*, p. 7/7.

idée est reprise à la fin du roman, quelques instants avant que les coups de feu ne soient tirés, alors que Zina chante encore sur la scène : « Elle a cent ans de plus que son âge[1]. » La fiction préfère créer sa propre figure mythique féministe plutôt que de la puiser dans un modèle ou un texte du passé. Le « devenir-mythe » de la femme correspond à une anticipation sur l'avenir, et à une distanciation par rapport aux modèles que l'histoire égyptienne pourrait proposer. La romancière procède à la sublimation du désir de Zina comme si la jouissance de l'art libérait la femme de la lubricité virile, de son propre corps, de son désir sexuel. En se libérant ainsi, elle devient celle qui possède les hommes désireux de prendre possession de toutes les femmes. La mort donne lieu à un lyrisme célébrant la victoire de celle qui a refusé la loi virile, et a choisi la sublimation artistique. Dans un style hyperbolique, le récit rend compte des centaines, des milliers, des millions de voix qui chantent en accompagnant Zina jusqu'à sa demeure finale :

> كانت الدماء تنزف من صدرها وهي واقفة تعزف وتغني، الناس من حولها يرقصون ويغنون، حملوها فوق رؤوسهم وساروا بها وهم ينشدون.
>
> « Le sang coulait de sa poitrine tandis qu'elle était debout à jouer et chanter. Les gens autour d'elle dansaient et chantaient. Ils la portèrent au-dessus de leurs têtes et avancèrent en chantant[2] ! »

La fiction met en scène des personnages écrasés par une macrostructure qui annihile leur être. Tous – les sœurs et les mères, les fils et les pères – sont engoncés dans une hiérarchie sexuelle leur interdisant d'advenir comme un sujet. L'émir est contraint, depuis l'enfance, de suivre la voie d'une virilité accomplie : « Tu es un homme, tu es le fils de ton père, de ton grand-père et de ton aïeul[3]. » En ressassant que les hommes sont supérieurs aux femmes, et que la femme manque de raison et de religion, le Coran fonde une société dans laquelle les femmes et les hommes sont soumis au manque. En représentant cette saturation paradigmatique de l'horizon arabo-islamique, la littérature interroge justement le manque de désir, le manque d'être. Le meurtre de l'héroïne, qui s'affirme comme un être de la transgression, témoigne de la fragilité et de la décadence de ces sociétés régies par la domination masculine, et par la haine du

1 « أكبر من عمرها بمائة عام », *ibid.*, p. 303/308.
2 *Ibid.*, p. 305/310.
3 « أنت رجل من صلب أبيك، وجدك، وجد جدك », *ibid.*, p. 239/253.

désir. Or, comme le note Jacques Hassoun, « le désir est ce qui spécifie le sujet[1] ». La femme est le contraire symétrique du viril. Le viril appartient au monde de l'*avoir*, la femme est un personnage-objet ; le viril a tout, la femme n'est rien. Mais ce monde de l'*avoir* masculin est un simulacre car les hommes sont, tout autant que les femmes, privés du désir et de la liberté. Par-delà la distinction des sexes se pose le problème du désir pour tous les protagonistes qui tentent de s'affirmer comme un corps et une voix face à la doxa religieuse et culturelle.

La prévalence masculine (dont les hommes se leurrent) est aussi, selon Tahar Djaout, un paradigme puissant, au plan synchronique et diachronique, qui permet de décrire et d'interpréter la guerre civile en Algérie. Une société qui condamne les femmes à la réclusion est une société qui court à la catastrophe. Dans *Le Dernier Été de la raison*, le regard de Boualem Yekker, devenu spectateur de sa ville, est saisi singulièrement par le tableau des hommes et des femmes qui marchent dans la rue. Cette scène où la femme se réduit à un être sans visage, sans corps, sans regard et sans voix est transmuée en une scène exemplaire ou archétypale d'une violence structurelle qui gangrène toute la société et la voue à l'anéantissement. Que faire des femmes une fois qu'on leur a ôté le visage ? Le héros de Tahar Djaout surprend justement cette absurdité mortelle, la « présence » des femmes sans visage n'étant autre que la présence de la mort, le signe du tragique qui menace de détruire l'Algérie :

> Des hommes, se prévalant de la volonté et de la légitimité divines, décidèrent de façonner le monde à l'image de leur rêve et de leur folie. Maints citoyens découvrirent que Dieu pouvait révéler un visage bien hideux. [...] Les femmes réduisent leur présence à une ombre noire, sans nom et sans visage. Elles rasent les murs, humbles et soumises, s'excusant presque d'être nées. Les hommes devancent leurs femmes de deux ou trois mètres ; ils jettent de temps en temps un regard en arrière pour s'assurer que leur propriété est toujours là : ils sont gênés, voire exaspérés, par cette présence à la fois indésirable et nécessaire[2].

Le Dernier Été de la raison saisit à vif les images et les visions de l'Algérie qui sombre dans la violence meurtrière en ce début des années 1990. Le narrateur retrace les pensées intimes, les souvenirs, les inquiétudes,

1 *La virilité en islam*, *op. cit.*, p. 239.
2 *Le Dernier Été de la raison*, *op. cit.*, p. 68-69.

la rêverie et les cauchemars de Boualem Yekker qui, depuis sa librairie désertée, occupe ses journées à scruter la rue algéroise. Le récit est une succession d'instantanés (ou de clichés) de la société qui porte un suaire en signe de mort et de deuil, dont le voile niant le visage et le corps de la femme est l'expression la plus choquante, la plus signifiante. Les monologues, rapportés au style indirect libre, disent l'impossibilité de parler et d'échanger avec les autres où désormais chacun est suspecté, surveillé, menacé. Cette condition intolérable faite aux femmes apparaît comme la condensation et la radicalisation de la violence inhérente à l'islam. La haine des femmes, à l'origine de leur réclusion et de leur voilement, s'enracine dans une tradition rigoriste et morbide.

En dépit du bruit et de la fureur du présent, Salim Bachi nuance cette vision, et cherche dans les débuts de l'islam des signes qui amèneraient à briser l'interprétation littérale du Coran. Dans *Le Silence de Mahomet*, les narrateurs Abou Bakr, Khalid et Aïcha mettent en relief le rôle joué par Omar pour parachever la réclusion des musulmanes. Les femmes du prophète le craignaient plus que leur propre époux. Abou Bakr suggère que c'est la haine des femmes – des « images » et des « statues » féminines de l'Arabie, ou encore des « mères » comme Maryâm ou Maria – qui aurait poussé Omar à rejoindre l'islam. Khalid note l'impact de la misogynie d'Omar du vivant même de Mahomet : « C'est Omar qui confina les femmes et les éloigna du prophète qui de jour en jour devint plus suspicieux à leur égard[1]. » En exhumant la parole intime de la plus jeune épouse du prophète, la fiction creuse ce même sillon pour dire le scandale du destin féminin.

Dans *Le Silence de Mahomet*, les citations coraniques sont intégrées en tant que discours dont le récit fictionnel relate systématiquement le contexte historique d'énonciation. Les sourates qui autorisent le prophète à se marier avec l'ancienne épouse de son fils adoptif, ou encore avec toutes les femmes qu'il désire, sont explicitées par le récit d'Aïcha qui en relate les circonstances intimes et objectives. Cette explicitation se fait dans une perspective critique souvent assumée par la narratrice. Le contexte de la sourate qui ordonne de voiler les épouses du prophète nous apprend que c'est la jalousie de Mahomet qui est à l'origine du voilement et du veuvage à vie de ses femmes. Même si Aïcha déclare

1 *Le Silence de Mahomet*, *op. cit.*, p. 198.

finalement comprendre et accepter cette double contrainte, la fiction invite à interroger cette condition faite aux femmes. Par ailleurs, Aïcha raconte que le prophète a fait divorcer son fils adoptif de Zayneb pour la posséder lui-même, une noce qu'elle commente en ces termes : « en la matière, Dieu fut d'une complaisance étonnante avec Mahomet ; il sanctifia un peu vite ces épousailles. » La fiction va encore plus loin en rapportant une parole d'Aïcha que la tradition islamique préfère garder à l'ombre : « Ton Dieu, à ce que je vois, s'empresse de satisfaire tous tes désirs[1]. »

Le sociologue égyptien Mansour Fahmy rappelle cette parole dérangeante dans *La condition de la femme dans l'islam* ; il démontre qu'en dépit de ses intentions, l'islam a dégradé la condition de la femme en imposant à celle-ci la réclusion. Dans sa préface à cet ouvrage, jugé hérétique et longtemps interdit, Mohammed Harbi insiste sur l'étouffement, par la doxa, de la voix d'Aïcha :

> Et Mansour Fahmy est irrespectueux. Non seulement il parle du prophète comme d'un homme qui ressemble aux autres, mais il se permet de le juger et de le critiquer. « Mahomet légifère pour tous et fait exception pour lui-même », écrit-il. Cette phrase contient, à elle seule, une double « hérésie », car, pour l'orthodoxie, c'est Dieu seul qui légifère et si Mahomet [...] a des privilèges, c'est Dieu qui les lui a accordés. Mais les gardiens de la foi et de la loi ont la mémoire courte. Ils savent, d'un savoir certain qu'Aïcha, la jeune épouse préférée du prophète, de qui ils sont censés apprendre « la moitié de leur religion », a osé ironiser un jour et dire à son mari qui venait de contracter un nouveau mariage béni par le Coran : « O envoyé d'Allah, je constate que Dieu est prompt à satisfaire ta passion. » Ni le prophète ni personne par la suite n'a jamais relevé[2].

La convocation du modèle tragique biblique et coranique élargit encore ce cadre référentiel et intertextuel. Dans *Loin de Médine*, Assia Djebar ressuscite les voix d'hier pour dire, moduler, insuffler les voix d'aujourd'hui des filles d'Agar, contre une tradition qui n'évoque que les fils d'Ismaël. Dans l'épilogue, un poème en prose, « "Filles d'Agar", dit-elle », clôt *Loin de Médine*. Assia Djebar s'écarte de la tradition islamique qui affirme que l'objectif du voyage d'Abraham était de réinstaller

1 *Ibid.*, p. 298.
2 M. Fahmy, *La condition de la femme dans l'islam*, avant-propos de M. Harbi, Paris, Éditions Allia, 2002 [1913], p. 10.

Agar ailleurs plutôt que de l'expulser, et de cacher ainsi la descendance d'Abraham. Dans la fiction, les « voix d'hier » et les « voix d'aujourd'hui » résonnent de façon symétrique autour du thème de l'expulsion de la femme. Les filles d'Agar seraient-elles destinées à répéter fatalement la scène de l'aïeule abandonnée dans le désert ?

Les « voix d'hier » rappellent la scène de l'expulsion d'Agar, rapportée dans les livres religieux selon des versions et des intentions différentes : *« Agar l'expulsée, parce que la servante, parce que la première accouchée*[1]. *»* Une hypotypose évoque la scène originelle, et donne à voir Agar et son fils abandonnés dans le désert, sous un soleil écrasant. Redoutant qu'Ismaël ne meure de soif, Agar va et vient entre Safa et Merwa, Agar danse, prie, délire, quand enfin l'eau jaillit de la source de Zem-Zem. Identifiant leur condition à cet épisode fondateur, les « voix d'aujourd'hui » s'élèvent pour revendiquer qu'elles sont *« d'abord filles de l'expulsée »* : *« Oui, d'abord descendantes de celle qui va et vient entre Safa et Merwa, avant de nous savoir filles d'Ismaël. »* Les fils d'Ismaël, quant à eux, n'ont eu de cesse de rejouer l'acte d'Abraham :

> *Laissons les fils d'Ismaël (« ils ont autorité sur vous ! » rappelle le Coran), laissons-les creuser, retourner, triturer l'humus et la boue du sillon paternel – héritage noirci, sarments pour nul flamboiement. / Laissons-les, eux, les archers sauvages, laissons-les se chercher, se diviser, laissons-les s'entre-dévorer, sous les auspices du Père retourné inexorablement vers l'épouse préférée. / Laissons les fils d'Ismaël – nos pères, nos fils, nos époux répudiateurs – livrés à l'ombre opaque de leur propre père*[2].

Jouant sur la polysémie du prénom Agar ou Hâjar (qui signifie « étrangère »), de la même racine que *hégire* (émigration), les « voix d'aujourd'hui » écartent la généalogie paternelle, et patriarcale, dévoilant la figure de l'expulsée autour de laquelle pourrait s'ordonner un nouveau récit de l'origine du point de vue féminin, un récit puisant ses ramifications dans un temps et un espace bien antérieurs à l'*hégire* vers Médine :

> *Filles d'Agar, nous avons été, nous serons une seule fois expulsées à travers elle* [...] *et depuis, dans un désert de la vie entière, nous allons et venons, nous dansons, nous nous affolons, toujours entre la première et la seconde colline*[3] *!*

1 *Loin de Médine*, *op. cit.*, p. 303. En italique dans le texte.
2 *Ibid.*, p. 305. En italique dans le texte.
3 *Ibid.* En italique dans le texte.

Au temps des prophètes, les filles d'Agar se transmettent une condition d'expulsion, d'exil. Voilées, recluses, épousées, répudiées, abandonnées, effacées, silencieuses, toujours séparées des hommes, elles sont encore rendues à l'absence ou à la mort symbolique dans l'histoire et la mémoire arabo-islamiques. *Loin de Médine* se termine sur cette image à rebours, celle d'Abraham qui revient dans le désert pour rejoindre Agar, celle des filles et des fils réactualisant la course éperdue d'Agar. La course des pèlerins entre les deux collines en mémoire de l'émoi d'Agar symbolise, aux yeux de certains, la célébration de la maternité et l'autorité des femmes dans l'islam. Ainsi, à l'occasion du rituel musulman du pèlerinage, filles d'Agar et fils d'Ismaël, réunis, « rejouent la scène d'Agar », entre Safa et Merwa :

> *Une fois dans l'année / une fois au moins dans la vie / l'unique théâtre / pour eux et par eux / s'ordonne / la seule fiction islamique. / Filles d'Agar et fils d'Ismaël / Abraham, sur ses pas, revenu*[1].

La revendication de l'appartenance à Agar suggère une amplification de l'histoire des femmes qui ne saurait commencer ni se confondre seulement avec la révélation islamique. La convocation des prophètes juifs invite les musulmans à réécrire leur propre héritage, à en élargir le cadre temporel, à en enrichir les références historiques et textuelles. Cette recréation-interprétation à rebours devra s'agencer autour de la scène originelle qui, une fois l'an, réunit miraculeusement les filles d'Agar et les fils d'Ismaël, au-delà de leur séparation, de leur exil. La parole créatrice de la *rawiya* exhume « la seule fiction islamique » où, le temps d'une marche entre les deux monts, le désert d'Arabie se métamorphose en un théâtre rassemblant les filles et les fils en la mémoire de l'aïeule.

Mais qu'en est-il, dans ces fictions qui modélisent la mémoire des débuts de l'islam, de la figure de la femme à l'époque préislamique ? Le héros de Tahar Djaout l'évoque de manière furtive quand il déclare douter de la véracité d'une « tradition barbare des anciens Arabes, pourtant rapportée dans maints écrits : l'inhumation de fillettes vivantes dans des tribus guerrières pour lesquelles seuls les garçons comptaient[2] ». Le Coran rapporte, dans diverses sourates, cette coutume qu'il condamne.

---

1 *Ibid.*, p. 306. En italique dans le texte.
2 *Le Dernier Été de la raison*, *op. cit.*, p. 73.

La glose orthodoxe, qui l'a entérinée comme un fait historique, la brandit continûment pour attester du caractère révolutionnaire de la révélation :

وإذا بشر أحدهم بالأنثى ظل وجهه مسودا وهو كظيم. يتوارى من القوم من سوء ما بشر به أيمسكه على هون أم يدسه في التراب ألا ساء ما يحكمون.

« Si l'on annonce à quelqu'un d'entre eux la naissance d'une fille, son front se rembrunit et il s'afflige profondément. Il se cache aux siens, à cause de la désastreuse nouvelle. Doit-il contenir sa disgrâce ou l'ensevelir dans la poussière ? Que leurs jugements sont déraisonnables[1] ! »

De son côté, Assia Djebar varie les allusions à la circulation spatiale de la femme préislamique. Celle-ci fréquentait librement les lieux de culte, faisait des offrandes aux idoles, participait au commerce, accompagnait les hommes sur les champs de bataille. La combattante Oum Hakim est ainsi le symbole de cette liberté perdue. Tabari, le chroniqueur des temps originels de l'islam, ne consacre que « deux lignes » au personnage de « la fascinante Oum Hakim[2] ». Elle sera ressuscitée grâce à l'imagination et à la parole de la *rawiya* :

Oum Hakim retrouvait, de ces jours dont on ne parlait plus, l'élan, le désir de fureur, le frissonnement des femmes parées, chacune admirant l'époux en armes et s'exposant à ses côtés… Oum Hakim soupira : « Comment retrouver cette ivresse[3] » ?

Les Mecquoises songent avec nostalgie à leurs jeux guerriers et à leurs chevauchées d'hier. Les migrantes dans Médine, la ville-refuge de Mahomet, sont comme un miroir où se reflètent, pour toutes les femmes, la réclusion et le voilement à venir. Déjà, les épouses du prophète sortent moins librement qu'auparavant. Elles se rendent à la mosquée, dissimulées tout entières dans des voiles, pour participer à la prière collective. Elles sont autorisées à aller seulement à la prière de l'aube, dans la demi-obscurité, pour ne pas être vues. Dans *Loin de Médine*, face à la béance, au manque ou au silence du discours historique (masculin), Assia Djebar recourt à la puissance de la fiction pour donner vie aux mortes, aux oubliées, aux humiliées.

L'évocation des figures féminines et religieuses de l'époque préislamique, dans les fictions francophones et arabophones, demeure allusive,

1 Le Coran, « A-nahl » / النحل (*Les abeilles*), XVI, 60-61, *op. cit.*, p. 213.
2 *Loin de Médine*, *op. cit.*, p. 155.
3 *Ibid.*, p. 143.

oblique. La fictionalisation de ces figures s'accomplit, de manière originale et inédite, dans *Les Filles d'Allah* de Nedim Gürsel. À l'instar de Salman Rushdie, l'écrivain franco-turc se réfère à l'épisode des faux versets que Satan aurait insufflés à Mahomet. Pour convaincre les chefs de Qouraysh d'embrasser la nouvelle foi, celui-ci a récité un verset du Coran où les divinités païennes étaient nommées et reconnues : « Ce sont des demoiselles belles et très distinguées et qui méritent l'adoration. » Mais le prophète ne tarda pas à se rétracter et récita un nouveau verset qui annulait les versets sataniques :

> وما أرسلنا من قبلك من رسول ولا نبي إلا إذا تمنى ألقى الشيطان في أمنيته فينسخ الله ما يلقي الشيطان ثم يحكم الله آياته والله عليم حكيم.
>
> « Nous n'avons envoyé avant toi aucun apôtre que Satan ne lui eût suggéré des erreurs dans la lecture d'un livre divin ; mais Dieu met au néant ce que Satan suggère, et affermit le sens de ses signes. Car Dieu est savant et sage[1]. »

L'écrivain ressuscite, dans *Les Filles d'Allah*, les trois déesses des versets abrogés, al-Lat, al-Uzza et al-Manat que l'orthodoxie islamique recouvre d'oubli et d'opprobre. Dans cette fiction, les niveaux d'hérésie sont multiples : le rappel des versets sataniques est hérétique car l'orthodoxie se réserve le droit absolu de décider de ce qui est mémorable, et de ce qui ne l'est pas ; le parallélisme romanesque entre la révélation coranique et les croyances païennes l'est tout autant ; la construction du point de vue des déesses introduit une altérité triplement intolérable, parce qu'elle est préislamique, païenne et féminine. Selon le récit orthodoxe de l'origine, la révélation correspond à un maintenant absolu comme point-zéro d'orientation temporelle. Nedim Gürsel revendique sa liberté de créer tout en rejetant le procès qui lui est intenté :

> Mon délit est d'avoir parlé d'une manière allégorique de la naissance de l'islam, en respectant la foi des musulmans et en m'accordant la liberté d'interroger toute forme de croyance religieuse[2].

Dans *Les Filles d'Allah*, deux citations coraniques sont mises en exergue. Dans la sourate de l'Étoile, Dieu conteste ce statut de « filles d'Allah » des déesses ainsi que leur pouvoir divin : « Ce ne sont que des

1 Le Coran, « Al-hajj » / الحج (*Le pèlerinage*), XXII, 51, *op. cit.*, p. 263.
2 A. Clavel, « Les versets poétiques », *L'Express*, 22 octobre 2009, en ligne.

noms dont vous les avez nommées, vous et vos pères. » En contrepoint d'un récit où se mêlent légendes et souvenirs d'enfance, Gürsel donne la parole aux idoles des Mecquois et des bédouins avant l'islam. Dans leurs monologues, les déesses scandent un contre-chant où elles évoquent leur vie et leur anéantissement. Le choix d'une telle situation d'énonciation et de communication transmue ces personnages en narratrices qui s'adressent directement au lecteur comme témoins de la révélation. Dans le prologue, le narrateur adresse cette injonction : « Écoute ! Écoute les étoiles dans le ciel et le chuchotis des rochers sur la terre ! [...] Les filles d'Allah, al-Lat, al-Uzza et al-Manat. Écoute-les, elles aussi ! Écoute leur voix[1]. » L'alternance entre la narration à la troisième personne et celle à la première personne suggère que la fiction ne donne pas seulement à lire, elle fait aussi entendre ou retentir une voix. Les six monologues s'organisent selon ce refrain : Lat – Uzza – Manat – Uzza – Manat –Lat.

Lat, Isis/Athéna/Aphrodite de l'Orient, inaugure ces mélopées. Elle prédit la démolition des idoles de la Kaaba alors que Mahomet n'est pas encore né, et que les Arabes les adorent et se prosternent devant elles. Uzza, la divinité guerrière, déesse de la fécondité et de la puissance, nourrit l'espoir que les Qoraïch leur resteront fidèles. Elle n'ignore pas l'attrait des paroles magiques de Mahomet : « Pourvu que lui aussi ne soit pas un poète[2] ! », commente-t-elle ironiquement. Manat, la déesse du destin, se souvient de Mahomet qu'elle a connu au berceau : « Il est le seul dont je n'ai pas tranché le destin, c'est lui qui a tranché le nôtre[3]. » Le prophète ordonnera la destruction matérielle de toutes les idoles, dont il ne restera qu'un souvenir enseveli par la tradition islamique. Lat clôt cette évocation hérétique : « Quant à nous, les filles d'Allah, on nous a jetées au sol et brisées en mille morceaux, et il n'est restée que notre nom et notre souvenir[4]. » L'interrogation sur le sacré et la Turquie moderne a pour corrélat la démystification des dogmes. Les trois femmes rappellent, selon André Clavel, qu'elles sont « nées libres dans un monde libre », et « qui ne l'est plus[5] ». Elles incarnent la liberté passée des femmes, et orientent vers leur liberté à venir. Malgré

1 *Les Filles d'Allah*, *op. cit.*, p. 11-12.
2 *Ibid.*, p. 55.
3 *Ibid.*, p. 98.
4 *Ibid.*, p. 303.
5 « Les versets poétiques », *op. cit.*

leur destin tragique, marqué du reniement de leur père et celui des hommes, ces déesses douées de la parole et de l'imagination constituent un symbole fort au plan poétique et maïeutique.

Les motifs tragiques travaillent et irriguent toutes ces fictions. Le tragique désigne l'écrasement du personnage par la fatalité, l'anéantissement de sa liberté et de sa volonté par un pouvoir supérieur. Dans *Awlâd hâratinâ* (*Les Fils de la médina*), l'aliénation se double de la fabulation parce que les personnages se révèlent incapables de contempler l'image de leur soumission volontaire. Ils expliquent leur misère par des légendes qui en rejettent la responsabilité sur le destin. Gabal, Rifaa, Qasim et Arafa agissent pour transformer l'état du quartier et impulser une histoire fondée sur la justice. Cependant, les trois premiers invoquent l'autorité supérieure et mystérieuse de Gabalawi, et cela interdit aux habitants de se charger eux-mêmes de leur histoire. Englués dans le fatalisme, ils délèguent leur passé et leur devenir à l'invisible patriarche. Le projet d'Arafa suggère la volonté de casser le cycle des prophéties et d'entrer pleinement dans l'histoire. Mais la mort est le point extrême de l'évolution subie par le héros. Chez Nagîb Mahfûz, les modes de traitement du temps, « choix d'un moment privilégié, héros essentiellement en devenir, fatalité s'exerçant par une série d'ondes successives[1] », convergent toujours vers cette mort. Les héros se définissent par la singularité de leur situation et non de leur personne. Ils sont représentatifs d'un type général incarné par un héros épique. Selon André Miquel, c'est dans la représentation des personnages que résident « l'originalité » et la « réussite » de Nagîb Mahfûz :

> Cet équilibre discret entre les nécessités singulières d'un conte et l'exemplarité des héros, engagés dans une histoire nationale qu'on veut rendre présente à tous, cette étude d'un peuple entier à travers quelques représentants situés à mi-chemin de l'originalité romanesque et la stylisation épique, répondent sans nul doute à un souci affirmé d'être de son siècle[2].

Le sacrifice des enfants innocents de l'Algérie et de l'Égypte, réactualisé dans ces textes, est l'expression de la violence tragique de l'histoire contemporaine. La convocation du sacrifice d'Abraham en dit le caractère insoutenable. S'interrogeant sur l'aliénation et la liberté des personnages

1 A. Miquel, *Propos de littérature arabe*, Paris, Le Calligraphe, 1983.
2 *Ibid.*

et des nations, Tahar Djaout et Nawal el-Saadawi rejettent les modèles historiques et originels, jugés asservissants. La création et l'innovation sont la condition de la liberté. Kateb Yacine, quant à lui, estime nécessaire la représentation de l'histoire pour résister à l'assèchement de la mythologie arabo-islamique. Dans un théâtre de mystification, un théâtre qui crée un mythe national, l'histoire, transfigurée et réinventée, devient un modèle de liberté et de ressourcement pour l'avenir. Chez Salim Bachi et Assia Djebar, l'exploration de l'origine s'inscrit dans cette recherche du rejaillissement poétique et éthique. Une dynamique d'entre-deux se déploie dans ces textes arabophones et francophones, et rend compte des multiples tressages et retournements qui ont lieu entre identité et différence, histoire ancienne et actuelle, origine et mémoire, passé et avenir : « Il n'y a pas là, entre les deux, que des abîmes, il y a des tentatives de passage, des espaces frontaliers et précaires, des lieux de vie et d'invivable[1]. » Affirmation forte de la pluralité des imaginaires et des reconstructions identitaires, continûment en recomposition et en négociation, la fiction hérétique régénère librement l'héritage et ses grands récits sacrés.

1 *Entre-deux. L'origine en partage*, *op. cit.*, p. 7.

CONCLUSION

> Le cycle historique de la nation arabe s'est ouvert sur le verbe sacré à partir duquel s'est constituée une conscience durable. Il pourrait se fermer sur un verbe réduit à l'état de slogan et c'est un risque dont on ne mesure pas encore ce qu'il a de mortel[1].

Georges Henein écrit ces lignes dès 1967. Dans le champ culturel arabo-islamique, le verbe sacré est l'origine et l'horizon, le passé et le futur de toute parole. L'orthodoxie, qui contrôle la pensée et la création franco-arabes, a fini par assécher ce verbe et le réduire à une littéralité menaçante. C'est à cette littéralité que la fiction hérétique veut arracher le verbe sacré et les narrations mythiques ou historiques. La poétique de la démystification recourt à l'allégorie, au symbole, à la polyphonie, à la discontinuité, à l'hybridité, au rire. Suivant de multiples modalités, les écrivains puisent dans ce même héritage pour construire un nouveau point de vue sur l'histoire arabo-islamique. Une poétique et une éthique s'ordonnent à partir de la notion du doute, d'où le caractère révolutionnaire de la fiction hérétique.

L'acquis essentiel de la *nahda* fut d'avoir légitimé le *tajdîd*, l'innovation, et « d'en avoir fait la loi fondamentale d'évolution du champ littéraire[2] ». Les controverses et condamnations emplissent la vie littéraire et culturelle dans les pays arabes et expriment à la fois le refus et la peur de la fiction. Cette réception négative de la fiction n'est pas propre au champ littéraire arabo-islamique. L'anthropologue anglais Jack Goody s'interroge sur les ambivalences dont le roman fait l'objet depuis ses commencements en Europe, au Japon et en Chine. La controverse sur l'illusion se trouve au cœur des préjugés contre le récit de fiction, rejeté en tant que narration « païenne ». Jack Goody soutient qu'il est nécessaire

1 L. Norin et É. Tarabay, *Anthologie de la littérature arabe contemporaine. La poésie*, tome 3, préface, G. Henein, Paris, Seuil, 1967, p. 5.

2 *Entre scribes et écrivains. Le champ littéraire dans l'Égypte contemporaine*, *op. cit.*, p. 23.

d'en finir avec la dichotomie sacré/profane pour assurer les conditions de l'épanouissement de la fiction :

> En Occident, nombreux sont les chefs religieux qui, tout en acceptant sans réserve les récits bibliques et leurs dérivés, comme les vies de saints, condamnèrent les romans profanes. Cette forme artistique était assurément dans une mauvaise passe à l'aube du Moyen Âge. [...] Lire des romans était une activité frivole, associée (sans l'être exclusivement) aux femmes, tandis que le mythe avait été l'œuvre des hommes ; il en allait de même de la religion. L'essor du roman (européen) ne tient pas simplement à l'avènement de la société urbaine et bourgeoise et à la formation d'un nouveau public de lecteurs ; il fallait aussi en finir avec les préjugés contre la fiction, en particulier contre la littérature profane, d'imagination[1].

Dans le champ arabo-islamique, le poids du cadre orthodoxe (esthétique, religieux, politique) est écrasant. Des écrivains ont été agressés et assassinés au nom de l'esprit et de la lettre des grands récits qui fixent l'origine et le devenir. La fiction, qui rejette le clivage sacré/profane, se déploie selon la dynamique de la remémoration et du travestissement. Le Coran devient une fable et un modèle à pasticher, à transformer ou à parodier, et Mahomet et ses compagnons sont traités comme des personnages romanesques. Ce choix est hérétique car « étudier le prophète comme un personnage relevant de l'analyse historique, c'est remettre en question tout l'édifice sur lequel repose la législation musulmane, c'est-à-dire l'autorité religieuse[2] ».

La fiction hérétique va encore plus loin. Elle altère les grands récits en y introduisant l'autre. Cette figure se manifeste sous la forme des sources juives, chrétiennes, païennes qui ont irrigué les narrations sacrées. Or, comme le note François Déroche, la recherche des traces d'influences extérieures dans le Coran suscite des polémiques, la notion même de « sources » n'étant pas « toujours conciliable avec le dogme musulman[3] ». Aujourd'hui, l'islam a besoin d'engager le débat interne, d'ouvrir la porte de l'*ijtihâd* fermée depuis neuf cents ans ; il a besoin de ranimer les potentialités novatrices. Aux yeux de Jacques Berque, cela comporte de s'adapter à deux choses, la modernité et la mondialité :

1 *La peur des représentations*, *op. cit.*, p. 214.
2 *La condition de la femme dans l'islam*, *op. cit.*, p. 10.
3 F. Déroche, *Le Coran*, Paris, PUF, Que sais-je ?, 2005, p. 116.

> Car le progrès technologique n'est lui-même possible que soutenu par un contexte de libre information, de critique irrespectueuse et de libre discussion. Depuis la renaissance, Descartes, Newton et Galilée, plus encore depuis les Lumières et la révolution, les notions de progrès historique et de liberté critique sont indissociables[1].

Le doute, la rationalité, la liberté sont nécessaires pour faire revivre le passé. Leur déploiement aboutit à briser en mille fragments et récits les narrations mythiques ou sacrées. Mais l'avenir même de ces narrations dépend de cette décomposition-recomposition qui ouvre sur le symbole, sur l'irréductibilité des formes et des significations. Convaincu que le monde arabe vit une crise de modernité et que la littérature peut aider à trouver la modernité et recréer l'imagination du peuple, Nagîb Mahfûz déclare :

> Bien qu'il y ait beaucoup d'analphabètes et d'illettrés, la littérature se transforme, dans notre pays, en d'autres médias comme la télévision et le cinéma. Un livre de littérature, au bout du compte, est lu par toute la population. L'écriture a beaucoup d'effets sur la culture et sur toutes les valeurs civilisationnelles[2].

La fiction hérétique invite à réfléchir sur le sacré et le profane, l'héritage et la modernité, soi-même et l'autre. Lieu d'hospitalité et de solidarité où résonnent les voix des exclus des grandes narrations, la fiction hérétique est la cible du fondamentalisme.

---

1 J. Berque : « Lectures contradictoires du Coran : le figé et l'ouvert », *Penser les islams*, J. Couland (dir.), Paris, Le Temps des Cerises, 2008, p. 78-91.

2 « Nagîb Mahfûz : pour une modernité arabe », *op. cit.*

BIBLIOGRAPHIE SÉLECTIVE

SOURCES

BACHI, Salim, *Le Silence de Mahomet*, Paris, Folio, 2010.

DJAOUT, Tahar, *Le Dernier Été de la raison*, Paris, Seuil, 1999.

DJEBAR, Assia, *Loin de Médine*, Paris, Albin Michel, 1991.

EL-SAADAWI, Nawal, *Zina* / زينة, Beyrouth, Dâr Sâqi, 1996 ; *Zina, le roman volé*, trad. H. B. Ghacham, Bruxelles, Le grand miroir, 2008.

HUSSEIN, Tâha, *Al-Ayyâm* / الأيام, Le Caire, Markaz al-Ahrâm, 2004 [1929, 1939 et 1955] ; *Le Livre des jours*, trad. J. Lecerf et G. Wiet, Paris, Gallimard, 1947 et *La Traversée intérieure*, trad. G. Rocheblave, Paris, Gallimard, 1992.

KATEB, Yacine, *Parce que c'est une femme*, Paris, Éditions des femmes, 2004.

MAHFÛZ, Nagîb, *Awlâd hâratinâ* / أولاد حارتنا, Beyrouth, Dâr al-Âdâb, 1967 [1959], *Les Fils de la médina*, trad. J.-P. Guillaume, Paris, Sindbad, 1991.

AUTRES TEXTES LITTÉRAIRES

AL-HAKÎM, Tawfîq, *'Asfûr min al-sharq* /عصفور من الشرق (*L'Oiseau d'Orient*, 1938), Le Caire, Maktabat Misr, 1988.

BOUDJEDRA, Rachid, *La Répudiation*, Paris, Denoël, 1969.

BOUDJEDRA, Rachid, *Lettres algériennes*, Paris, Grasset, 1995.

BOUDJEDRA, Rachid, *La Vie à l'endroit*, Paris, Grasset, 1997.

CHRAÏBI, Driss, *Le Passé simple* (1954), Paris, Gallimard, 1986.

DJEBAR, Assia, *Ces voix qui m'assiègent. En marge de ma francophonie*, Paris, Albin Michel, 1999.

DJEBAR, Assia, *Le Blanc de l'Algérie*, Paris, Le livre de poche, 2002.

EL ASWANY, Alaa, *J'aurais voulu être Égyptien* (2004, نيران صديقة), trad. G. Gauthier, Actes Sud, Babel, 2009.

GIBRAN, Khalil-Gibran, *Al-'awâsif* /1920) العواصف), Beyrouth, Dar al-Jîl, 2005 (*Les Tempêtes*).
GIBRAN, Khalil-Gibran, *Le Prophète* / *The Prophet* (1923), trad. J. Levy, Paris, Librairie Générale française, 1993.
GÜRSEL, Nedim, *Les Filles d'Allah* (*Allah'in Kizlari*, 2008), trad. J. Descat, Paris, Seuil, 2009.
HUSSEIN, Tâha, *Au-delà du Nil*, trad. M. Hayek, A. Louca, A. Miquel, J. Berque et alii, Paris, Gallimard / UNESCO, 1997.
KATEB, Yacine, *Nedjma* (1956), Paris, Seuil, 1996.
KATEB, Yacine, *Le Polygone étoilé*, Paris, Seuil, 1966.
KATEB, Yacine, « Mohamed prends ta valise », *La Boucherie de l'espérance*, Paris, Seuil, 1999.
MAMMERI, Mouloud, *La Colline oubliée*, Paris, Plon, 1952.

ÉTUDES CRITIQUES

ESSAIS, ÉTUDES ET DOCUMENTS (AUTEURS)

Djebar

ADRAR, Fattah, « *Vaste est la prison* d'Assia Djebar : du genre biologique au genre littéraire », *Synergies Algérie*, n° 5, 2009, p. 209-215, en ligne.
CALLE-GRUBER, Mireille, *Assia Djebar ou la résistance de l'écriture*, Paris, Maisonneuve et Larose, 2001.
CHATTI, Mounira, « L'écriture du désastre chez Assia Djebar (*Oran, langue morte* et *Le Blanc de l'Algérie*) », *El-khitâb* / الخطاب, Publications de l'Université Mouloud Mammeri, Tizi Ouzou, novembre 2013, p. 113-128.

Hussein

BARBULESCO, Luc, « L'itinéraire hellénique de Tâhâ Husayn », *Revue des mondes musulmans et de la Méditerranée*, n° 95-98, 2002, en ligne.
BERQUE, Jacques, préface à T. Hussein, *Au-delà du Nil*, trad. M. Hayek, A. Louca, A. Miquel, J. Berque et alii, Paris, Gallimard / UNESCO, 1997.
BRUNEL, Pierre, « Tâha Hussein et la France. Quelques réflexions », *Revue de Littérature Comparée*, n° 315, Paris, Klincksieck, 2005, p. 311-325, en ligne.
CHATTI, Mounira, « L'aventure occidentale dans *Adîb* / أديب de Tâha

Hussein », *Orientalisme et comparatisme*, dir. Y. Clavaron, Saint-Étienne, Publications de l'Université de Saint-Étienne, 2014, p. 55-66.

DEHEUVELS, Luc-Willy, « Tâhâ Hussein et *Le Livre des jours*. Démarche autobiographique et structure narrative », *Revue des mondes musulmans et de la Méditerranée*, n° 95-98, 2002, en ligne.

Kateb

ARNAUD, Jacqueline, *La littérature maghrébine de langue française. Le cas de Kateb Yacine* (1982), Paris, Publisud, 1986.

BONN, Charles, *Kateb Yacine, Nedjma* (1990), Paris, L'Harmattan, 2009.

BRAHIMI, Denise, « Figures historiques et mythiques dans les œuvres théâtrales de Kateb Yacine », *Itinéraires et contacts des cultures*, dir. J. Girault et B. Lecherbonnier, n° 32, Paris, L'Harmattan, 2002.

KATEB, Yacine, *Le Poète comme un boxeur. Entretiens 1958-1989*, Paris, Seuil, 1994.

Mahfûz

'ASFÛR, Jâber (dir.), *Fûssûl*, Le Caire, Al-hay'â al-misriya al'âma li al-kûttâb, 1992.

BERQUE, Jacques, préface à N. Mahfûz, *Les Fils de la médina*, Paris, Sindbad, 1991, p. 9-13.

CHATTI, Mounira, « Quel statut pour la fiction ? À propos d'*Awlâd hâratinâ* de Nagîb Mahfûz », dans *Littérature d'émergence*, dir. S. Faessel et M. Pérez, 2004, p. 284-296.

GUILLAUME, Jean-Patrick, avertissement du traducteur à N. Mahfûz, *Les fils de la médina*, Paris, Sindbad, 1991, p. 15-19.

GORDIMER, Nadine, *L'écriture et l'existence*, Paris, Plon, 1996.

TARABÎCHI, Georges, *Allah fî rihlat Nagîb Mahfûz al – ramziyya* / الله في رحلة نجيب محفوظ الرمزية, Beyrouth, Dar Al-Talî'a, 1988 (*Dieu dans l'itinéraire symbolique de Nagîb Mahfûz*).

MAHFÛZ, Nagîb, *Mahfouz par Mahfouz. Entretiens avec Gamal Ghitany* (نجيب محفوظ يتذكر، 1987), trad. K. Osman, Paris, Sindbad, 1991.

MAHFÛZ, Nagîb, *Échos d'une autobiographie* (1994), trad. M. Francis-Saad, La Tour d'Aigues, L'Aube, 2004.

ÉTUDES CRITIQUES SUR LE MONDE ARABE

Littérature

ABDEL AZIZ, Ahmad Fouad, *Walîma li-a'châb al-bahr : al-ilhâd yakhla' aqni'atahû* / وليمة لأعشاب البحر. الإلحاد يخلع أقنعته (*Un festin pour les algues de mer : l'athéisme se démasque. Critique du texte et interprétation du discours de la crise*), Le Caire, Maktabat Madbûli, 2002.

BENCHEIKH, Jamel Eddine, *Poétique arabe*, Paris, Gallimard, 1989.

BENCHEIKH, Jamel Eddine, *Dictionnaire des littératures arabe et maghrébine francophones*, Paris, PUF, Quadrige, 2000.

DAMPIERRE-NOIRAY, Ève de, *De l'Égypte à la fiction. Récits arabes et européens du XXe siècle*, Paris, Classiques Garnier, 2013.

HUSSEIN, Tâha, *Fi el-chi'r el-jâhili* / (1926) في الشعر الجاهلي, Sousse, Dar al-Ma'ârif, 2000, (*La poésie antéislamique*).

JACQUEMOND, Richard, *Entre scribes et écrivains. Le champ littéraire dans l'Égypte contemporaine*, Arles, Actes Sud, 2003.

JIHAD HASSAN, Kadhm (dir.), *Le roman arabe (1834-2004) : bilan critique*, Arles, Actes Sud / Sindbad, 2006.

KILITO, Abdelfattah, *Les Arabes et l'art du récit. Une étrange familiarité*, Arles, Actes Sud / Sindbad, 2009.

MAKARIUS, Raoul et Laura, *Anthologie de la littérature arabe contemporaine. Le roman et la nouvelle*, Paris, Seuil, 1964.

MIQUEL, André, *La littérature arabe*, Paris, PUF, 1969.

MIQUEL, André, *Propos de littérature arabe*, Paris, Le Calligraphe, 1983.

NAIMY, Mikhaïl, *Al-ghirbal* / الغربال (*Le Tamis*, 1934), Beyrouth, Novel, 1998.

Histoire, politique, sociologie, islam

ABD RÂZIQ, Ali, *Al-islâm wa ûsul al-hûkm* / (1925) الإسلام وأصول الحكم. بحث في الخلافة والحكومة في الإسلام, Sousse, Dar Al-Ma'ârif, 2001 (*L'islam et les fondements du pouvoir. Essai sur le califat et le gouvernement en islam*).

ARKOUN, Mohamed, *La pensée arabe*, Paris, PUF, Que Sais-je ?, 2005.

ADHM, Sadeq Jalel, *Naqd al-fikr el-dînî* / نقد الفكر الديني (*Critique de la pensée religieuse* 1969), Beyrouth, Dar al-Talî'a, 1988.

ASFÛR, Jaber, *Dhidda el-ta'ssoub* / ضد التعصب (*Contre le fanatisme*), Casablanca, Markaz Thaqâfi Arabî, 2001.

BENSLAMA, Fethi, *Une fiction troublante. De l'origine en partage*, Paris, Éditions de l'Aube, 1994.

BENSLAMA, Fethi, et TAZI, Nadia, *La virilité en islam*, Paris, Éditions de l'Aube, 2004.

BERQUE, Jacques, « Lectures contradictoires du Coran : le figé et l'ouvert », dans *Penser les islams*, dir. J. Couland, Pantin, Le Temps des Cerises, 2008.

DERMENGHEM, Émile, *Mahomet et la tradition islamique*, Paris, Seuil, 2003.

DÉROCHE, François, *Le Coran*, Paris, PUF, Que sais-je ?, 2005.

ÉTIEMBLE, René, *Retours du monde*, Paris, Gallimard, 1969.

FAHMY, Mansour, *La condition de la femme dans l'islam* (1913), Paris Éditions Allia, 2002.

HADDÂD, Tahar, *Imr'âtûna fî el-charî'a wa el-mûjtama'* / (1929) امرأتنا في الشريعة والمجتمع, Sousse, Dar al-Ma'ârif, 2004 (*Notre femme dans la charia et la société*).

HARBI, Mohamed, avant-propos à M. Fahmy, *La Condition de la femme dans l'islam* (1913), Paris Éditions Allia, 2002.

SA'ADALLAH, Abû Qâçem, *Fi al-jadal el-thaqâfi* / في الجدل الثقافي, Sousse, Dâr al-Ma'ârif, 1993 (*Controverse culturelle*).

TAMZALI, Wassyla, *Une éducation algérienne. De la révolution à la décennie noire*, Paris, Gallimard, 2007.

TARABÎCHI, Georges, *Hartaqât* / هرطقات, Beyrouth, Dar al-Sâqi, 2002 (*Hérésies*).

TAZI, Nadia, « D'un paradis obscur », *Cliniques méditerranéennes*, n° 73, 2006, p. 97-114, en ligne.

Francophonie, courant postcolonial

ALI-BENALI, Zineb, « L'hybride comme "penser" du postcolonial » dans *Le Maghreb « writes back ». Figures de l'hybridité dans la culture et la littérature maghrébines*, dir. A. Toro et C. Bonn, Zurich, New York, Georg Olms, Hildesheim, 2009, p. 125-139.

COMBE, Dominique, *Les littératures francophones*, Paris, PUF, 2010.

CLAVARON, Yves, *Poétique du roman postcolonial*, Saint-Étienne, Publications de l'Université de Saint-Étienne, 2011.

DOBZYNSKI, Charles, « L'arabe s'écrit aussi en langue française », *Europe*, n° 834, octobre 1998, p. 249-255.

LANÇON, Daniel, KOBER, Marc et FENOGLIO, Irène (dir.), *Entre Nil et sable. Écrivains d'Égypte d'expression française (1920-1960)*, Paris, Centre National de Documentation Pédagogique, 1999.

MOURA, Jean-Marc, *Littératures francophones et théorie postcoloniale* (1999), Paris, PUF, 2007.

OUVRAGES ET ESSAIS GÉNÉRAUX (THÉORIE LITTÉRAIRE, ESTHÉTIQUE)

BAKHTINE, Mikhaïl, *Esthétique et théorie du roman*, Paris, Gallimard, 1978.
BARTHES, Roland, *Critique et vérité*, Paris, Seuil, 1999.
BESSIÈRE, Jean, *Quel statut pour la littérature ?*, Paris, PUF, 2001.
ECO, Umberto, *L'œuvre ouverte*, Paris, Seuil, 1979.
ECO, Umberto, *Dire presque la même chose. Expériences de traduction*, Paris, Grasset, 2006.
FREUD, Sigmund, *L'inquiétante étrangeté et autres essais*, Paris, Gallimard, 1985.
GÉLY, Véronique, « Le "devenir-mythe" des œuvres de fiction », dans *Mythe et littérature*, dir. S. Parizet, Paris, Éditions Lucie-SFLGC (Société Française de Littérature Générale et Comparée), « Poétiques comparatistes », 2008.
GOODY, Jack, *La peur des représentations. L'ambivalence à l'égard des images, du théâtre, de la fiction, des reliques et de la sexualité*, Paris, La Découverte, 2006.
HÉRITIER, Françoise, *Masculin / Féminin I La pensée de la différence*, Paris, Odile Jacob, 1996.
JAUSS, Hans Robert, *Pour une esthétique de la réception*, Paris, Gallimard, 1978.
LAVOCAT, Françoise, DUPRAT, Anne, *Fiction et cultures*, Société Française de Littérature Générale et Comparée, Paris, Lucie éditions, 2010.
LEJEUNE, Philippe, *Je est un autre*, Paris, Seuil, 1980.
RICŒUR, Paul, *Le conflit des interprétations*, Paris, Seuil, 1969.
RUSHDIE, Salman, *Patries imaginaires* (*Imaginary homelands : Essays and criticisms 1981-1991*, 1992), Paris, Christian Bourgois, 1993.
SAID, Edward, *Réflexions sur l'exil* (*Reflections on Exil and Other Essays*), trad. C. Woilliez, Arles, Actes Sud, 2008.
SALMON, Christian, *Tombeau de la fiction*, Paris, Denoël, 1999.
SCHAEFFER, Jean-Marie, *Pourquoi la fiction ?*, Paris, Seuil, 1999.
SIBONY, Daniel, *Entre-deux. L'origine en partage*, Paris, Seuil, 1991.
SIBONY, Daniel, *Les trois monothéismes. Juifs, chrétiens, musulmans entre leurs sources et leurs destins*, Paris, Seuil, 1992.

INDEX DES NOMS

ABDEL AZIZ, Ahmad Fouad : 88, 89, 221
ABD RÂZIQ, Ali : 22, 23, 222
ABOU ZEID, Nasr Hamid : 25, 26, 27
ABRAHAM : 151, 192, 207, 208, 209, 213
'ADAWIYYA (El) : 119
'ADHM (Al), Sadeq Jalel : 24, 25, 222
ADRAR, Fattah : 91, 220
AGAR : 207, 208, 209
AÏCHA : 98, 124, 125, 126, 128, 165, 166, 206, 207
ALI-BENALI, Zineb : 92, 223
APHRODITE : 212
AQQÂD (Al), Abbâs Mahmoud : 50, 72
ARISTOTE : 21, 46
ARKOUN, Mohamed : 19, 20, 21, 33, 37, 94, 173, 222
ARNAUD, Jacqueline : 120, 221
'ASFÛR, Jâber : 26, 221
ASWANY (El), Alaa : 7, 219
ATHÉNA : 212
AVERROÈS (Ibn Rush) : 21, 46, 47, 119
AVICENNE (Ibn Sîna) : 21, 79, 119
AZHAR (Al) : 11, 22, 39, 57, 59, 61, 62, 89, 109, 133, 137, 138, 139, 140, 141, 142, 153, 196

BACHI, Salim : 9, 12, 15, 99, 100, 107, 126, 127, 128, 163, 164, 167, 169, 190, 191, 195, 206, 214, 219
BAKHTINE, Mikhaïl : 38, 185, 224
BAKR (Abou) : 23, 123, 128, 162, 164, 165, 206
BARBULESCO, Luc : 59, 220
BARTHES, Roland : 32, 106, 224
BENCHEIKH, Jamel Eddine : 43, 65, 222
BENSLAMA, Fethi : 38, 39, 195, 196, 222
BENSLAMA, Raja : 195
BERQUE, Jacques : 39, 61, 65, 71, 105, 107, 108, 112, 131, 148, 149, 216, 217, 220, 221
BESSIÈRE, Jean : 86, 224
BONN, Charles : 83, 84, 92, 221, 223
BORGES, Jorge Luis : 47
BOUDJEDRA, Rachid : 90, 135, 136, 219
BRAHIMI, Denise : 200, 221
BRUNEL, Pierre : 11, 57, 220
BUKHÂRI (Al) : 36
BYRON : 52

CALLE-GRUBER, Mireille : 123
CHATTI, Mounira : 86, 220, 221
CHAULET-ACHOUR, Christiane : 12
CHEBEL, Malek : 35, 36, 105
CHÉDID, Andrée : 69
CHEIKH (Al), Abdel Aziz : 39
CHRAÏBI, Driss : 94, 95, 96, 219
CLAVARON, Yves : 10, 220, 223
CLAVEL, André : 211, 212
COMBE, Dominique : 82, 223
COSSERY, Albert : 69

DAMPIERRE-NOIRAY, Ève de : 10, 69, 222
DANTE : 52
DEHEUVELS, Luc-Willy : 110, 221
DÉJEUX, Jean : 91
DESCARTES : 57, 59, 79, 217
DERMENGHEM, Émile : 33, 222
DÉROCHE, François : 216, 222
DIB, Mohammed : 74, 79
DJAOUT, Tahar : 9, 12, 15, 71, 94, 136, 169, 187, 188, 190, 193, 195, 205, 209, 214, 219

DJEBAR, Assia : 9, 12, 15, 71, 74, 79, 91, 92, 96, 97, 98, 107, 121, 122, 123, 124, 125, 126, 127, 160, 163, 167, 169, 195, 207, 210, 214, 219, 220
DOBZYNSKI, Charles : 82, 223

ECO, Umberto : 46, 224
ENGELS : 119
ÉTIEMBLE, René : 223

FAHMY, Mansour : 207, 223
FATIMA : 124, 125, 126, 161, 162, 163
FERAOUN, Mouloud : 74, 79
FREUD, Sigmund : 37, 224

GÉLY, Véronique : 105, 106, 113, 224
GHAZÂLÎ (Al) : 21, 119
GHIFÂRI (Al) : 119
GIBRAN, Khalil-Gibran : 49, 53, 54, 55, 56, 95, 220
GOETHE : 52
GOODY, Jack : 62, 215, 224
GORDIMER, Nadine : 185, 221
GÜRSEL, Nedim : 38, 39, 211, 212, 220

HADDÂD (Al), Tahar : 23, 24, 74, 223
HADDAD, Malek : 74, 91
HAKÎM (Al), Tawfîq : 219
HALLÂJ (Al) : 36
HARBI, Mohamed : 207
HASSOUN, Jacques : 69, 196, 201, 205
HAYDAR, Haydar : 88
HEINE, Heinrich : 52
HENEIN, Georges : 69, 70, 215
HÉRITIER, Françoise : 195, 224
HICHAM (Ibn), Abû Muhammad : 122
HUGO, Victor : 52
HUSSEIN (ou Husayn), Tâha : 9, 11, 15, 19, 47, 57, 58, 59, 60, 61, 68, 72, 107, 108, 109, 110, 111, 112, 121, 131, 135, 136, 137, 142, 153, 169, 174, 196, 219, 220, 221, 222

ISIS : 119, 212

ISMAËL : 122, 124, 207, 208, 209

JABÈS, Edmond : 69
JACQUEMOND, Richard : 7, 49, 61, 87, 101, 222
JÂHIZ : 31
JAUSS, Hans Robert : 85, 224
JIHAD HASSAN, Kadhm : 11, 42, 43, 222
JOUNDÎ (Al), Anouar : 19

KAABA (Al) : 199, 212
KATEB, Yacine : 9, 12, 15, 73, 74, 79, 80, 81, 82, 83, 84, 96, 98, 99, 107, 119, 120, 121, 154, 157, 160, 167, 169, 187, 195, 197, 198, 200, 214, 219, 220, 221
KHALDÛN (Ibn) : 119, 138, 197, 198
KHATTAB (Al), Omar (Ibn) : 39, 123, 124, 166, 206
KHAYYÂM (Al), Omar : 119, 152
KILITO, Abdelfattah : 30, 222

LA FONTAINE, Jean : 44
LANÇON, Daniel : 69, 70, 223
LAT (Al) : 211, 212
LAVOCAT, Françoise : 8, 224
LEJEUNE, Philippe : 109, 110, 224
LUFFIN, Xavier : 10

MA'ÂRÎ (Al) : 111, 143
MAALOUF, Amin : 56
MAHFÛZ, Nagîb : 62, 68, 86, 87, 113, 115, 116, 143, 144, 145, 148, 149, 167, 169, 174, 184, 186, 187, 213, 217, 219, 221
MAHOMET : 9, 12, 28, 30, 33, 39, 43, 58, 99, 100, 101, 107, 124, 126, 127, 128, 160, 161, 162, 163, 164, 165, 166, 167, 174, 186, 190, 191, 206, 207, 210, 211, 212, 216, 219, 222
MAKARIUS, Raoul et Laura : 222
MAMMERI, Mouloud : 74, 79, 220
MANAT (Al) : 211, 212
MARX : 119

MIQUEL, André : 28, 29, 32, 42, 44, 45, 46, 47, 110, 213, 220, 222
MILTON : 52
MISKAWAYH : 21
MOURA, Jean-Marc : 13, 93, 95, 96, 167, 223
MUQAFFA‘ (Ibn Al) : 31, 43, 44
MUSLIM : 36

NAIMY, Mikhaïl : 13, 49, 50, 51, 52, 53, 66, 67, 95, 222
NASSER (Abd), Jamel : 49
NÉFERTITI : 119

OSIRIS : 199, 200

PAGEAUX, Daniel-Henri : 9

RICŒUR, Paul : 167, 224
RODINSON, Maxime : 101, 127
ROUMI : 119
RUSHDIE, Salman : 13, 14, 38

SAAD (Ibn) : 122, 123
SAADAWI (El), Nawal : 9, 11, 12, 15, 79, 87, 88, 107, 117, 118, 149, 151, 152, 153, 154, 167, 169, 187, 191, 193, 195, 201, 202, 203, 214, 219
SA‘DALLAH, Abû al-Qâçem : 71, 72, 73, 74, 75, 76, 77, 78, 79, 223
SAID, Edward : 120, 224
SALMON, Christian : 13, 14, 224
SCHAEFFER, Jean-Marie : 173, 224
SEBTI, Yousef : 71
SHAKESPEARE : 52
SIBONY, Daniel : 16, 32, 65, 168, 224
STORA, Benjamin : 76

TABARI : 210, 122, 123, 124
TAHTÂWÎ, Rifâ‘a : 41, 44, 45
TAMZALI, Wassyla : 97, 223
TARABÎCHI, Georges : 40, 42, 148, 221, 223
TAWHÎDÎ : 21
TAZI, Nadia : 195, 202, 222, 223
TUFAYL (Ibn) : 31

UZZA (Al) : 211, 212

VIRGILE : 52

WALID (Al), Khalid (Ibn) : 128, 161

ZOLA, Émile : 52

INDEX DES THÈMES ET NOTIONS

adab : 21

bad' : 8
bid'a : 8, 37, 38
blasphème : 24, 38, 50, 89, 100, 186

califat : 22, 23, 27, 222
censure : 8, 25, 39, 61
Coran : 10, 11, 12, 15, 16, 25, 26, 28, 29, 30, 31, 32, 33, 35, 47, 48, 57, 59, 65, 67, 77, 86, 87, 105, 107, 113, 117, 118, 122, 127, 129, 131, 133, 134, 135, 136, 137, 138, 139, 151, 152, 153, 163, 188, 202, 204, 206, 207, 208, 209, 210, 211, 216, 217, 222

dhikr : 108, 112, 113, 131, 132, 138
dhikrâ : 112, 132
doute : 10, 13, 15, 16, 20, 24, 26, 36, 39, 44, 49, 57, 58, 59, 60, 94, 102, 112, 118, 129, 132, 151, 152, 159, 165, 167, 174, 186, 188, 190, 215, 217

émigration (*al-mahjar*) : 45, 49
épopée : 121, 132, 185, 186

fanatisme : 25, 26, 37, 169, 190, 222
fatwa : 11, 28, 39, 62, 191, 202
fitna : 28, 31, 96
fondamentalisme : 39, 68, 85, 188, 193, 217
futuwwa : 114, 146, 147, 175, 176, 177, 182, 183

hadîth (al) : 43, 58, 122
hadîth (moderne) : 8

hâra : 114, 116, 143, 144, 145, 146, 147, 174, 175, 176, 178, 183, 184, 186
harâm : 154
hégire : 124, 208
hérésie : 7, 8, 11, 13, 19, 21, 23, 25, 27, 29, 31, 33, 35, 36, 37, 38, 39, 40, 41, 43, 45, 47, 49, 50, 51, 53, 55, 57, 59, 61, 63, 143, 207, 211, 223
hifdh : 113
houri : 201, 202, 203

i'jâz : 31
ijtihâd : 39, 122, 216
imamat : 22
ironie : 12, 24, 53, 73, 117, 127, 149, 186, 200, 201, 202
islam : 5, 12, 13, 15, 16, 19, 20, 22, 23, 24, 28, 29, 30, 31, 34, 35, 37, 39, 41, 58, 60, 62, 68, 71, 76, 79, 84, 88, 89, 93, 94, 98, 99, 100, 107, 117, 122, 124, 126, 127, 128, 138, 151, 153, 155, 160, 161, 162, 163, 165, 166, 173, 187, 188, 189, 190, 191, 195, 196, 198, 199, 201, 205, 206, 207, 209, 210, 211, 212, 216, 217, 222, 223

jadîd, tajdîd : 8, 215
jihâd : 22, 188

kâtib : 114, 115
kuttâb (ou école coranique) : 135, 142, 196

mythe : 15, 16, 24, 25, 35, 83, 96, 105, 106, 107, 113, 116, 120, 129, 143, 147, 155, 173, 174, 193, 199, 200, 202, 204, 214, 216, 224

nahda (renaissance arabe) : 40, 41, 42, 44, 45, 48, 49, 215
nakr : 108, 113

oumma : 32

paradigme réaliste : 7, 8
poète : 15, 51, 56, 59, 65, 107, 108, 111, 113, 118, 119, 121, 132, 133, 134, 135, 137, 143, 152, 161, 166, 212
postcolonial : 9, 10, 13, 82, 92, 93, 95, 223

qadîm : 8

scénographie : 10, 13, 15, 93, 101, 102, 103, 117, 163
sîra : 107, 127

virilité : 145, 195, 196, 200, 201, 202, 204, 205, 222

waqf : 144, 177, 178, 182, 184

TABLE DES MATIÈRES

INTRODUCTION 7

PREMIÈRE PARTIE

PROCÈS DE LA FICTION

FICTION ET HÉRÉSIE 19

Humanisme et islam 19

Le canon coranique 28

L'hérésiographie 35

Promesses et tensions de la *Nahda* 40

L'ancien et le nouveau 40

Le tamisage 50

L'ASYMBOLIE DE LA CRITIQUE 65

Splendeur et misère de l'arabe 65

« Le complot francophone » 70

Pour une Algérie plurilingue et multiculturelle 80

Controverses littéraires 85

DEUXIÈME PARTIE

SCÉNOGRAPHIES HÉRÉTIQUES

REMÉMORATION ET TRAVESTISSEMENT 105
La naissance du sujet 108
Le *Kâtib* : scribe et écrivain 114
Démystification des figures du passé 119

TROUBLE DANS L'ORIGINE 131
Mémorisation et oubli 131
Le meurtre du père 143
Recréation de l'histoire 155

TROISIÈME PARTIE

LA REPRÉSENTATION DE LA VIOLENCE HISTORIQUE

UNE ALLÉGORIE DU TEMPS 173

MODÉLISATIONS DE L'HISTOIRE
Entre fatalité et liberté 187

LE PERSONNAGE FÉMININ
Histoire et symbole 195

CONCLUSION 215

BIBLIOGRAPHIE SÉLECTIVE 219

INDEX DES NOMS 225

INDEX DES THÈMES ET NOTIONS 229